Gemüse

für jeden Garten

DORLING KINDERSLEY
London, New York, Melbourne,
München und Delhi

Redaktion Katie Dock
Gestaltung, verantw. Rachael Smith
Gestaltung Andrew Milne

Cheflektorat Anna Kruger
Chefbildlektorat Alison Donovan
DTP-Design Louise Waller

Bildrecherche Mel Watson, Lucy Claxton
Herstellung Mandy Inness

Für die deutsche Ausgabe:
Programmleitung Monika Schlitzer
Projektbetreuung Regina Franke
Herstellungsleitung Dorothee Whittaker
Herstellung und Covergestaltung Petra Kühner

Bibliografische Information Der Deutschen Bibliothek
Die Deutsche Bibliothek verzeichnet diese Publikation in der Deutschen Nationalbibliografie;
detaillierte bibliografische Daten sind im Internet über http://dnb.ddb.de abrufbar.

Titel der englischen Originalausgabe:
Grow Vegetables

Übersetzung Wiebke Krabbe
Redaktion Elisabeth Bobinger
Satz Roman Bold & Black

ISBN: 978-3-8310-1349-4

Colour reproduction by MDP, United Kingdom
Printed and bound in Singapore by Star Standard

Besuchen Sie uns im Internet
www.dk.com

Gemüse

für jeden Garten

ALAN BUCKINGHAM • Fachberatung JO WHITTINGHAM

INHALT

Warum Eigenanbau glücklich macht

Gemüse anzupflanzen kann nicht nur süchtig machen, es wird sich auch deutlich darauf auswirken, was Sie künftig essen und wie Sie es essen. Wer einmal Pellkartoffeln genossen hat, die kurz vorher aus dem Boden gegraben wurden, oder sonnenwarme Tomaten direkt von der Pflanze genascht hat, ist für welkende Massenware aus dem Supermarkt-Regal vermutlich verloren. Dazu kommt das unvergleichliche Gefühl intensiver Zufriedenheit, das sich einstellt, wenn man etwas erntet, das man selbst gesät, gegossen und gedüngt hat.

Saisonfrisch und einheimisch

Bewusste Ernährung ist ein Thema unserer Zeit. Woher kommen unsere Lebensmittel, wie wurden sie produziert und wie behandelt, bevor sie in unserem Einkaufskorb landen? Es leuchtet ein, lieber Lebensmittel zu essen, die gerade Saison haben und aus heimischem Anbau stammen, statt die zu kaufen, die auf Kosten der Umwelt um die halbe Welt transportiert wurden. Gemüse selbst anzubauen ist eine gute Möglichkeit, dieses zeitgemäße Anliegen konkret umzusetzen. Was kann frischer, saisongerechter und »einheimischer« sein als die eigene Ernte?

Die Biofrage

Dieses Buch ist keine Biogarten-Bibel. Wer sich aber bewusst ernährt, wird wahrscheinlich Kunstdünger und Pestizide weitestgehend vermeiden wollen. Wir geben Ihnen Tipps und Hilfen dazu. Doch letztlich ist es Ihre Entscheidung, ob Sie biologisch gärtnern oder nicht.

Erbsenblüten können mit ihrer zierlichen Form und den zarten Farben mit Zierpflanzen durchaus mithalten. Auch andere Gemüse sehen oft ausgesprochen dekorativ aus.

Was könnte köstlicher sein als Stangenbohnen, die eine halbe Stunde vor dem Servieren noch an den Pflanzen hingen?

(oben) **Salatmischung im Kübel.** Für einen großen Topf mit einer Tomatenpflanze, etwas Blattsalat und einigen Kräutern ist auch auf der Terrasse oder in einem Minigarten Platz genug.

(unten) **Selbst gezogene Gurken** haben einen intensiven Geschmack, mit dem sich ihre oft faden, wässrigen Verwandten aus dem Supermarkt nicht messen können.

Vielfalt und Auswahl

Beim Blättern in einem Saatgutkatalog werden Sie sehen, dass ein eigener Gemüsegarten eine viel größere Auswahl an Gemüse-, Salat- und Kräutersorten bieten kann als der bestsortierte Supermarkt. Experimentierfreudige Gärtner könnten sich auch einer Interessengemeinschaft anschließen, deren Mitglieder Saatgut alter Gemüsesorten tauschen, das im Handel nicht mehr erhältlich ist.

Gesund und natürlich

Selbst Gemüse zu ziehen hat aber nicht nur für den Feinschmecker Vorteile: Wer gärtnert, bewegt sich an der frischen Luft, entwickelt ein Gefühl für die Jahreszeiten und nimmt das Wetter bewusster wahr. Das tut Leib und Seele gut. Hinzu kommt, dass tagesfrisch geerntetes Gemüse nicht nur voller Aroma steckt, sondern auch besonders vitamin- und mineralstoffreich ist.

Wer einmal selbst Gemüse angebaut hat, wird die geputzten, unter Folie verschweißten Bohnen aus dem Supermarkt mit anderen Augen betrachten und eher selten eine Plastiktüte mit künstlich haltbar gemachtem, vorgewaschenem Salat in den Einkaufswagen legen.

Ungewöhnliche Sorten findet man zwar selten im Handel, aber man kann sie leicht selbst anpflanzen. Lohnende Kandidaten sind zum Beispiel (im Uhrzeigersinn von oben links) **Basilikum 'African Blue', Spitzpaprika 'Atris', Blumenkohl 'Romanesco', Rote Bete 'Detroit Tardel'.**

1. Der perfekte Gemüsegarten

Gibt es überhaupt den perfekten Gemüsegarten? Vielleicht – wenn Sie ein großes, geschütztes Grundstück in sonniger Lage mit fruchtbarem Boden besitzen. Und wenn nicht? Was, wenn Sie sogar von einem bescheidenen Gemüsebeet nur träumen können? Macht nichts. Eine Möglichkeit wäre, einen Schrebergarten zu pachten – sofern sich denn einer finden lässt. Und ist das nicht der Fall, teilen Sie ein Stück von einem Blumenbeet ab oder machen Sie eine unbenutzte Gartenecke urbar. Seien Sie bei der Gemüseauswahl einfallsreich. Nutzen Sie nicht nur die Bodenfläche, sondern ziehen Sie kletternde und aufrecht wachsende Arten wie Bohnen, Tomaten, Zucchini oder Gurken an Mauern, Zäunen und Spalieren. Selbst in einer dicht bebauten Stadt lässt sich fast immer ein Plätzchen finden, um Gemüse in Kübeln, Töpfen oder auch speziellen Säcken zu ziehen.

Perfekte Raumausnutzung: Viele Blumen vertragen sich gut mit Gemüse und locken nützliche Insekten an, die für die Bestäubung sorgen.

Das Zeitproblem

Jeder kennt wohl den einen oder anderen verwilderten Gemüsegarten, der mit besten Absichten angelegt wurde – aber dann fehlte die Zeit, ihn zu pflegen. Die Größe des Gemüsegartens und die Zeit, die man ihm widmen kann, sind untrennbare Faktoren. Je größer der Garten, desto mehr Zeit erfordert seine Pflege. Schätzen Sie realistisch ein, wie viel Zeit Sie einsetzen wollen. Ein paar Stunden pro Woche genügen für ein kleines Beet oder eine Gartenecke, aber nicht für einen großen Nutzgarten. Immerhin wurden früher zur Pflege großer Küchengärten Vollzeit-Gärtner beschäftigt!

Zeitraubende Arbeiten

In einem großen Garten ist das Jäten der größte Zeitfresser. Wenn es im Frühling wärmer wird, keimen die Unkräuter. Unternimmt man nichts, wachsen sie in rasantem Tempo und besiedeln schnell große Flächen.

Der Zeitspar-Trick besteht darin, Unkraut gar nicht erst Fuß fassen zu lassen. Legen Sie Mulchfolie aus, streuen Sie Mulchhäcksel auf das Beet, jäten Sie von Hand oder verwenden Sie notfalls ein Spritzmittel. Kleine Unkrautsämlinge lassen sich wesentlich schneller und einfacher beseitigen als etablierte Unkräuter mit kräftiger Wurzel. Später braucht nur wenig, aber regelmäßig gejätet werden.

Zu manchen Jahreszeiten kann auch das Bewässern viel Zeit kosten. Das ist natürlich in Trockenperioden der Fall, aber auch nach dem Auspflanzen der empfindlichen Setzlinge, zum Verhindern der Schoßbildung oder wenn Gemüse kurz vor der Reife an Masse zulegt und viel Wasser braucht. Erleichtern Sie sich das Bewässern, indem Sie Mulchfolie verlegen, die Feuchtigkeit im Boden hält, oder verwenden Sie Tropfschläuche. Außerdem müssen Sie nicht alle Pflanzen jeden Tag gießen. Interessanterweise empfinden die meisten Gärtner säen, pflanzen und natürlich ernten nur halb so anstrengend wie gießen und jäten. Also: alles Einstellungssache.

Klein ist schön

Wer wenig Zeit oder Platz hat, sollte kleinformatig denken. Pflanzen Sie kein Gemüse, das viel Platz braucht (Artischocken, Spargel oder Blumenkohl) oder viel Pflege erfordert (Tomaten beispielsweise). Es gibt viele Sorten, die man nahezu sich selbst überlassen kann.

Töpfe und Kübel brauchen wenig Platz und eignen sich gut für Minigemüse. Kübel sind eine gute Lösung für kleine Grundstücke, die Pflanzen müssen aber häufiger gegossen werden als im Beet. Wenn Sie mehrere Tage verreisen, sollten Sie einen Nachbarn als »Gemüsesitter« engagieren.

(im Uhrzeigersinn von oben)

Schön, aber anspruchsvoll: Viele unterschätzen den Zeitaufwand, den die Pflege eines großen Gemüsegartens erfordert.

In kleinen Stadtgärten mit wenig Beetfläche ist es sinnvoll, den Garten in die Höhe auszudehnen.

Töpfe und Kübel sind leicht zu bepflanzen und brauchen wenig Platz. Ernten Sie das Gemüse, bevor es zu groß wird.

Die Lage

Am Klima Ihres Gartens können Sie nichts ändern. Wenn Sie im kühlen Norden leben, werden Sie mit sonnenhungrigem Gemüse wie Tomaten, Paprika und Auberginen Mühe haben. Etwas Wissen über das lokale Klima und die Wetterverhältnisse im Jahreslauf sind wichtig, um für Sie und Ihren Garten geeignete Sorten auszuwählen. Fragen Sie bei örtlichen Gartenbauvereinen oder Gartenakademien nach. Finden Sie heraus, bis wann mit Frost zu rechnen ist – in vielen Gegenden noch bis Mitte Mai – und pflanzen Sie zarte Sämlinge nicht zu früh aus.

Das Mikroklima

Selbst in einem kleinen Garten können die Bedingungen von Bereich zu Bereich erstaunlich stark variieren. Ein Beet in Südlage ist natürlich wärmer als eins in Nordlage, aber auch der Weg der Sonne zu verschiedenen Jahreszeiten spielt eine Rolle. Ein Nordgrundstück kann beispielsweise während der meisten Monate im Schatten von Gebäuden liegen, jedoch nicht im Mai, Juni und Juli, wenn die Sonne am höchsten steht. Und ein nach Westen gewandtes Beet profitiert vielleicht von der Spätnachmittagswärme.

Oft bekommen frei liegende Grundstücke viel Sonne und Licht, sind aber eventuell starkem Wind ausgesetzt. Andererseits können tief liegende, geschützte Bereiche im Sommer Hitzestau verursachen und im Winter regelrechte Frostfallen sein.

Frostfallen

Als Frostfallen bezeichnet man Bereiche, in denen sich kalte Luft, die schwerer ist als warme, ansammelt. Wenn die Kaltluft weder entweichen noch von der Sonne erwärmt werden kann, ist dort Frost möglich, obwohl es überall sonst schon wärmer ist.

Eine Wand aus Sonnenblumen bietet – ähnlich wie eine Hecke – den Pflanzen im Hochbeet einen natürlichen Windschutz.

Sonnenfänger

Der Sonne zugewandte Ziegelsteinwände haben eine ähnliche Wirkung wie Nachtspeicherheizungen. Tagsüber absorbieren sie Wärme. Einen Teil davon reflektieren sie sofort, den Rest speichern sie und strahlen ihn allmählich im Lauf des Abends ab. Dadurch kann die Umgebungstemperatur beträchtlich ansteigen. Beete in solcher Lage sind ideal für wärmebedürftige Gemüsesorten wie Tomaten, Auberginen, Gurken, Chili-Schoten und Gurken, die normalerweise im Gewächshaus kultiviert werden.

Windschutz

Der Wind ist nicht gerade der Freund des Gärtners. Stürme und kräftige Böen können Pflanzenstützen und Stangenzelte umblasen, kletternde Arten wie Stangenbohnen und Erbsen oder gar Rosenkohl umwerfen, Folien und Vlies zerfetzen. Außerdem kann Wind die Temperatur absenken und die Wasserverdunstung beschleunigen. All das bedeutet für die Pflanzen Stress.

Generell wachsen Pflanzen an geschützten Standorten besser und bringen reichere Erträge. Darum friedete man früher Küchengärten mit Mauern ein. Heute wird man sich eher für Zäune oder Hecken entscheiden. Hecken haben den Vorteil, dass sie luftdurchlässig sind. Wird der Wind nämlich ganz blockiert, können auf der Windschattenseite Verwirbelungen entstehen. Eine Hecke bremst den Wind, blockiert ihn aber nicht ganz.

(von oben)
Gärten in Küstennähe sind oft starkem Wind ausgesetzt, der obendrein durch seinen Salzgehalt die Pflanzen strapaziert.

Im Gewächshaus lässt sich ein Mikroklima gezielt schaffen und kontrollieren.

Südwände sind natürliche Sonnenfänger, weil sie Wärme absorbieren und langsam abstrahlen.

Die Aufteilung

Wer einen Gemüsegarten plant, muss zuerst entscheiden, ob dieser eine dauerhafte oder eine veränderliche Aufteilung haben soll. Gepflasterte Wege und Hochbeete sehen schön aus und geben dem Garten eine klare Struktur, aber es sind langfristige Anlagen, mit denen man viele Jahre leben muss. Ein Beet mit wenigen permanenten Merkmalen kann man von Jahr zu Jahr verändern, je nachdem, was man gerade anbauen möchte.

Formal oder zwanglos?

Wenn Sie Gemüse zwischen Blütenpflanzen und Ziersträucher pflanzen, werden Sie vermutlich einen lockeren Stil bevorzugen. Naturnähe muss natürlich nicht Chaos bedeuten. Sind Gemüsepflanzen abgeerntet, hinterlassen sie eine unansehnliche Lücke im Gemüsebeet. Überlegen Sie also rechtzeitig, wie sie gefüllt werden soll.

Wird ein separates Gemüsebeet angelegt, ist es meist sinnvoll, eine klare Aufteilung festzulegen, vielleicht mit dauerhaften oder halbpermanenten Beeten und festen Plätzen für Komposttonne, Frühbeetkasten, mehrjähriges Gemüse und einen kleinen Kräutergarten.

Reihen oder Beete?

In traditionellen Küchengärten stehen die Gemüsesorten meist in ordentlichen, parallelen Reihen. So wird die Beetfläche gut ausgenutzt und das Säen und Pflanzen fällt leicht. Der Nachteil: beim Jäten, Gießen und Ernten geht man zwischen den Reihen auf und ab und verdichtet dabei den Boden zu stark. Eine Anlage mit Beeten (vor allem Hochbeeten) und dauerhaften Wegen stellt sicher, dass man alle Pflanzen erreicht, ohne die Beete zu betreten.

Gemüse in Reihen sieht eindrucksvoll aus. Solche Gärten vermitteln einen gepflegten und geordneten Eindruck.

Trittbohlen zwischen den Reihen verteilen das Gewicht und verhindern, dass der Boden – vor allem, wenn er nass ist – durch das Betreten verdichtet wird.

Einzelne Beete

Wer sich gegen Reihen entscheidet, muss seinen Gemüsegarten in Beet- und Wegeflächen aufteilen. Wege können rechteckig, rund oder rautenförmig sein, auch jede andere Form ist möglich. Sind die Konturen einmal festgelegt, treten Sie nicht mehr auf die Beete, sondern nur noch auf die Wege. Das heißt, dass Beete nur so groß sein dürfen, dass Sie alle Pflanzen erreichen können, ohne zwischen sie zu treten. Ideal ist eine Breite von 1,2 m. Kleiner können sie durchaus sein, aber wenn sie breiter sind, müssen Sie doch ins Beet treten – und verdichten den Boden.

Nach dem Anlegen der Beete könnten Sie sich angewöhnen, regelmäßig gut verrotteten Stallmist einzuarbeiten, um die Struktur des Bodens zu verbessern und ihm wichtige Nährstoffe zuzuführen.

Für eine Hochbeeteinfassung nageln Sie Pflöcke an Bretter. Dann werden die Pflöcke in den Boden gerammt.

Hochbeete und Tiefkultur

Wenn Sie die Beete mit Brettern, alten Eisenbahnschwellen, Ziegeln, Gasbetonsteinen oder Dachpfannen einfassen, können Sie das Bodenniveau über das der Wege anheben. Das ist besonders dann sinnvoll, wenn der Unterboden nährstoffarm oder von schlechter Qualität ist und Sie guten Mutterboden auffüllen wollen.

Erhöhte Beetkanten sind auch praktisch, um zu verhindern, dass Mulch, Stallmist oder andere organische Substanz von den Beeten auf die Wege rutscht. In Gegenden mit viel Regen und schwerem Lehmboden haben solche sanften Hochbeete den Vorteil, dass Wasser besser abfließt. Und in kalten Regionen erwärmen sie sich meist schneller.

Legt man Beete ohne erhöhte Einfassung an, spricht man von Tiefkultur.

Wege

Als Weg genügt festgetretener Boden. Allerdings muss man ihn unkrautfrei halten und bei Regen kann er unangenehm matschig werden. Rasenwege sehen schön aus, aber nur, wenn man sie regelmäßig mäht und die Kanten absticht. Mulch wie Stroh oder Holzhackschnitzel verteilt man, ebenso wie Kies oder Splitt, am besten auf einer schwarzen Folie, die Unkraut keine Chance lässt. Gepflasterte Wege sind die dauerhafteste Lösung. Wer sie verlegen möchte, sollte sich aber vorher genau überlegen, wie und wo sie verlaufen sollen.

(gegenüber, im Uhrzeigersinn von oben links) **Zweifarbiger Kiesweg, Hochbeet mit Holzeinfassung, Zwiebeln trocknen** auf einem Weg mit Strohauflage, **Wege mit Ziegelpflaster** im Kräutergarten

Die Fruchtfolge

Grundsätzlich sollte man in zwei aufeinanderfolgenden Jahren nicht das gleiche Gemüse auf ein Beet pflanzen, sonst können zwei Dinge geschehen: Erstens kann der Boden ausgelaugt werden. Pflanzt man beispielsweise wiederholt Kartoffeln, werden die Nährstoffe, die Kartoffeln benötigen, allmählich knapp. Zweitens können sich Krankheitserreger und Schädlinge, die bestimmte Gemüsearten bevorzugt befallen, im Boden anreichern. Mit einem regelmäßigen Wechsel der Pflanzen, die auf den einzelnen Beeten wachsen, vermeidet man solche Probleme leicht.

Fruchtfolgepläne

Alle Fruchtfolgepläne fassen Pflanzen mit ähnlichen Ansprüchen zu Gruppen zusammen. Die Mitglieder einer Gruppe werden in aufeinanderfolgenden Jahren nicht an den gleichen Platz gepflanzt. Manche Pläne sind kompliziert und basieren auf einem Rhythmus von vier, fünf oder mehr Jahren. Für die meisten Zwecke reicht aber ein Dreijahresplan völlig aus.

Jahr 1: Hülsenfrüchte und Fruchtgemüse

Erbsen und alle Bohnensorten sind Hülsenfrüchte. Sie bilden an ihren Wurzeln »Knöllchen«, die Stickstoff aus der Luft binden und an den Boden abgeben, wo er den Gemüsearten zunutze kommt, die im Folgejahr gepflanzt werden. Fruchtgemüse wie Tomaten, Paprika, Auberginen, Mais sowie Gurken und Zucchini werden ebenfalls dieser Gruppe zugeordnet.

Jahr 2: Kreuzblütler

In diese Gruppe fallen alle Kohlarten wie Weiß- und Rotkohl, Blumen- und Rosenkohl, Brokkoli und Grünkohl, aber auch Rüben und Steckrüben, Kohlrabi und Radieschen. Alle brauchen viel Stickstoff, darum gedeihen sie gut auf Beeten, auf denen im Vorjahr Hülsenfrüchte standen. Sie nutzen den Stickstoff aus, den die Hülsenfrüchte an den Boden abgegeben haben.

Jahr 3: Wurzelgemüse

Rote Bete, Karotten und Pastinaken brauchen nicht sonderlich viel Stickstoff, darum ist es sinnvoll, sie auf Beete zu pflanzen, auf denen im Vorjahr Kreuzblütler standen. Das Gleiche gilt für Kartoffeln, Süßkartoffeln und Topinambur. Zwiebeln, Schalotten und Porree werden dieser oder auch der ersten Gruppe zugeordnet.

(im Uhrzeigersinn von oben)
Kohl und andere Kreuzblütler pflanzt man auf Beete, auf denen im Vorjahr Hülsenfrüchte standen.

Stangenbohnen sind Hülsenfrüchte. Man pflanzt sie auf Beete, auf denen im Vorjahr Wurzelgemüse wuchs.

Rote Bete sind Wurzelgemüse. Sie brauchen wenig Stickstoff und gedeihen auf Beeten, auf denen im Vorjahr Kreuzblütler standen.

Der traditionelle Nutzgarten

Früher gehörte zu jedem größeren Haushalt ein Stück Land, auf dem man Gemüse, Obst und Kräuter anbaute und vielleicht auch Blumen für die Vase zog. Der Küchengarten versorgte die Familie mit frischen Produkten, die wenig kosteten und stets zur Hand waren. Mit der Zeit entwickelten sich Traditionen hinsichtlich der Anlage und Aufteilung solcher Gärten. Es gab zwar keine festen Regeln, wohl aber bewährte Strukturen und Pflanzschemata, die diesen traditionellen Nutzgärten ihren besonderen Charakter verliehen.

Der Küchengarten

Für einen traditionellen Küchengarten, der die Familie und die Bediensteten versorgte, teilte man oft einen Bereich des Grundstücks ab und friedete ihn mit einer Mauer ein. Die Aufteilung war geordnet und praktisch. Einen Teil der Fläche nahmen feste Elemente ein, etwa Gewächshaus und Schuppen sowie ein Platz für Kompost und Mist. Auf der restlichen Fläche wuchsen die Gemüse in langen, parallelen Reihen in großen Beeten. Ganz ähnlich sehen noch heute viele Nutz- und Schrebergärten aus.

Der Potager

In Frankreich entwickelte sich ein eher formaler, sehr dekorativer Stil der Nutzgartenanlage – der Potager. Wörtlich übersetzt bezeichnet das Wort einen Gemüseeintopf. Die Gartenfläche wurde geometrisch in viele kleine quadratische, rechteckige oder dreieckige Beete aufgeteilt, die von niedrigen Hecken eingefasst waren. Zwischen ihnen verliefen makellose Wege. Auch bei der Bepflanzung achtete man auf den dekorativen Aspekt, indem man beispielsweise mit Farbkontrasten spielte.

Mit etwas Planung lässt sich in einem kleinen Küchengarten jeder Quadratzentimeter nutzen. So bleibt wenig Platz für Unkraut.

Ein Potager ist ebenso dekorativ wie produktiv. Hier kreuzen sich Reihen aus grünen und roten Salatköpfen, in den entstehenden Dreiecken wachsen Zwiebeln, Schalotten und Karotten.

Kanten und Einfassungen

Typisches Merkmal eines Potagers sind die niedrigen Hecken, mit denen die Beete eingerahmt sind. Traditionell nimmt man gerne Buchsbaum dafür. Er wächst langsam, lässt sich aber wegen seiner kleinen, dicht stehenden Blätter sehr akkurat in Form schneiden. Duftender Lavendel und Heiligenkraut (*Santolina*) sind ebenfalls beliebt, manchmal auch Blütenpflanzen wie Ringelblumen oder Kapuzinerkresse. Die niedrigen Hecken haben durchaus praktischen Nutzen. Sie schützen frisch gepflanzte Sämlinge und sorgen, wenn sie immergrün sind, dafür, dass auch im Winter die abgeräumten Beete noch attraktiv aussehen. Allerdings macht das Schneiden und Jäten, das man meist auf den Knien erledigt, recht viel Arbeit. Und in einem kleinen Garten nehmen Hecken Platz ein, den man vielleicht lieber für Nutzpflanzen verwenden möchte.

Kräuter- und Salatgärten

Die kleinen, geometrischen Beete eines traditionellen Potagers eignen sich gut für Kräuter und Salate. In jedes Rechteck oder Dreieck kann man eine andere Gruppe von Salatpflanzen setzen.

Ein Pflanzplan hilft, geeignete Folgesaaten zu berücksichtigen. Ausdauernde Kräuter wie Rosmarin, Thymian und Lorbeer bekommen einen festen Platz. An geschützten Plätzen überstehen sie gar milde Winter. Besser ist aber die Pflanzung in einen Topf, um sie bei Frost ins Haus stellen zu können. An anderen Plätzen können nach frühen Salaten oder Radieschen einjährige Kräuter oder spät erntereife asiatische Blattsalate wie Mibuna und Mizuna gesät werden. Auch Endivie, Radicchio oder Chicoree eignen sich für die späte Aussaat auf frei gewordenen Flächen.

Buchsbaumhecken, akkurat in geometrische Formen geschnitten.

Traditionelle Dekorationen

In gestalterischer Hinsicht profitiert jeder Gemüsegarten von aufrechten Elementen, die den Blick in die Höhe ziehen und den flachen, geometrischen Beeten mit waagerechten Reihen von Pflanzen etwas entgegensetzen. An den Umfriedungsmauern traditioneller Gemüsegärten wuchs meist Spalierobst oder Wein. Gelegentlich errichtete man auch kunstvolle Bogengänge aus Schmiedeeisen für kletternde Pflanzen wie Bohnen oder Kürbisse. Selbst gebaute »Wigwams« aus Bohnenstangen, Spaliere oder Reihen aus Pflanzenstützen erfüllen den gleichen Zweck, wenn auch in bescheidenerem Rahmen.

Wer genug Platz hat, könnte auch einige größere Gemüsearten pflanzen. Besonders schön sieht es aus, wenn sie als natürlicher Blickfang in der Mitte der Anlage stehen. Fenchel, Angelika (Engelwurz) oder ein in Form geschnittener Lorbeerbaum eignen sich dafür ebenso gut wie ein attraktiver Kübel mit Kräutern darin.

(oben) **Kapuzinerkresse** quillt über den Rand eines Spargelbeetes, dahinter erhebt sich eine Vogelscheuche mit originellen Dreadlocks.

(unten) **Porree und Fenchel** haben schöne Blüten, die das Gemüsebeet durch ein aufrechtes Element sowie Farbe bereichern.

Geordnetes Chaos

Nicht jeder hat ein Grundstück, das groß genug für einen traditionellen Nutzgarten ist. Und auch die strenge Ordnung und Symmetrie ist nicht jedermanns Sache. In diesem Fall ist ein locker aufgeteilter Gemüsegarten die bessere Wahl. Solche Gärten entwickeln eine gewisse Eigendynamik und erfordern ein bisschen Improvisationstalent. Pflanzen werden in jedes freie Fleckchen Erde gesetzt, sodass ein Eindruck üppiger Fülle entsteht. Planung ist auch für solche Gärten nötig, doch davon sieht man nicht viel.

Der Bauerngarten

Kleine Bauernstellen hatten früher bescheidene Grundstücke, auf denen aber stattliche Obst-, Gemüse- und Kräutererträge heranwuchsen. Geometrische Beete mit sauberen Kanten, breiten Kieswegen und reinen Zierpflanzen waren ein Luxus, den sich Kleinbauern kaum leisten konnten. Blumen zwängte man zwischen die Nutzpflanzen, als schöne, aber nutzlose Beigabe.

Es ist einfach, einen modernen Gemüsegarten in diesem Stil anzulegen. Trotz des ungeordneten Aussehens muss die Aufteilung durchdacht sein. Anstelle geometrischer Beete mit schnurgeraden Pflanzenreihen wird man hier aber eher kurvige Wege, unregelmäßig geformte Beete mit kompakteren Pflanzengruppen und rustikale Rankhilfen aus Hasel- oder Weidenästen finden. Auch die Fruchtfolge muss gut überlegt sein.

Gemischte Bepflanzung

Reicht der Platz nicht aus, um Zier- und Nutzgarten zu trennen, kann man Obst, Gemüse und Zierpflanzen auch miteinander kombinieren. Diese Mischung kann sogar ganz bezaubernd aussehen. Zuckererbsen, die mit Stangenbohnen um die Wette klettern, sind ebenso hübsch wie Artischocken, roter Mangold oder Fenchel zwischen blühenden Zierstauden. Blühende Pflanzen locken Vögel und Insekten an, die Schädlinge vertilgen. Weil Gemüse viele Nährstoffe braucht, sollte man aber vor der Pflanzung organische Substanz in den Boden einarbeiten. Im Wurzelbereich von Hecken und Sträuchern ist Gemüse nicht gut aufgehoben.

Erbsen klettern am Gartenzaun empor, während Kapuzinerkresse ein Gerüst aus Bambusstäben berankt. In den Beeten wachsen Kohl, Salat und andere Gemüse.

Dichtes Gedränge ist in diesem kleinen Beet das Motto für Erbsen, Schnittlauch, Kohl, Salat und Co.

Der Designer-Küchengarten

Modernes Design macht vor dem Garten nicht halt. Gärten werden heute anders betrachtet (und anders genutzt) als früher. Natürlich sieht man noch viele konventionelle Anlagen mit kurz geschorenem Rasen, sauber gestutzten Sträuchern und klassischen Blumenbeeten, vielleicht einem kleinen Gemüsebeet und einem Gewächshaus. Auch Gemüsegärten im Cottage- oder Potager-Stil haben noch viele Freunde. Aber immer öfter findet man moderne Gärten mit Holzdecks oder großen Terrassen vor Häusern mit großen Glasfronten, die einen fließenden Übergang zwischen Innen- und Außenraum suggerieren. Moderne Materialien, manchmal in gewagten Farben, erregen ebenso viel Aufsehen wie Pflanzen. Aber auch in einem modernen Garten hat Gemüse durchaus seinen Platz.

Draußen leben

Heute wird der Garten oft als Erweiterung des Wohnraums betrachtet. Wir nutzen ihn wie ein Zimmer unter freiem Himmel zum Entspannen, zum Kochen und Essen, zum Plaudern mit Freunden. Dafür bevorzugen wir offene Bereiche mit fließenden Übergängen. Ein Grill- und Essplatz ist schon fast eine Selbstverständlichkeit, und in Gegenden mit warmem Klima ist sogar eine voll ausgestattete »Außenküche« nicht ungewöhnlich.

Es liegt nahe, in der Nähe des Essplatzes im Garten einige Gemüsepflanzen zu kultivieren. Kräuter zog man schon immer in Küchennähe, um bei Bedarf schnell ein Sträußchen pflücken zu können. Wer aber einige große, moderne Kübel aufstellt, kann darin auch anderes Gemüse ziehen, etwa Blattsalat, Tomaten, Frühlingszwiebeln, Radieschen, Paprika, Chili-Schoten, Gurken oder kleine Karotten – lauter Arten, die man ernten und sofort roh verzehren oder auf dem Grill und in der Pfanne kurz garen kann.

Moderne Baumaterialien

Moderne Baumaterialien bieten viele Möglichkeiten, die festen Elemente, die das Rückgrat des Gartens bilden, unter neuen Gesichtspunkten zu betrachten. Neben traditionellen Materialien wie Stein, Ziegeln, Holz und Schmiedeeisen stehen nun auch Beton mit Verputz in vielen Farben und Strukturen, Metalle wie Edelstahl und Aluminium, Kunststoff und Glas oder Spiegelglas zur Verfügung.

Gärten, in denen solche neuen Materialien zum Einsatz kommen, sind oft in klar umrissene Zonen und manchmal auch verschiedene Ebenen gegliedert. Typisch sind große, gepflasterte Terrassen oder Holzdecks, Flächen mit einem Belag aus Kieseln oder Splitt, Pavillons, Pergolen, Sichtschutzwände und große Pflanzkästen oder -kübel. Optisch haben diese Gärten mit dem einfachen Gemüsebeet oder dem von Blumenrabatten gesäumten Rasen nicht mehr viel gemeinsam.

Am Essplatz im Freien wächst in großen, modernen Kübeln aus Metall das Gemüse, das gerade auf dem Speiseplan steht.

Minimalismus

Klare Linien und übersichtlich-streng gestaltete Bereiche sind typisch für viele Gärten im modernen Stil. Im Gegensatz zu traditionellen, üppigen Gärten ist die Bepflanzung eher sparsam, doch die einzelnen Pflanzen sind mit Bedacht gewählt und besitzen oft interessante Wuchsformen. Eine solche Gestaltungsweise schließt Gemüsepflanzen nicht aus. Vor einer farbig verputzten Betonwand können beispielsweise Artischocken oder Kardonen ebenso eindrucksvoll aussehen wie bronzenfarbener Fenchel oder Spargel. Zwiebeln oder Porree tragen – wenn man warten kann – wunderschöne, kugelrunde Blütenstände. Und die Blätter von Mangold, Grünkohl und einigen Kopfkohlsorten zeigen reizvolle Farben und Texturen. Kübel mit sauber geschnittenen Lorbeerhochstämmchen oder eine Reihe von Töpfen mit Rosmarin, Thymian oder Majoran können erstaunlich »stylish« aussehen.

Traditionen neu interpretiert

Traditionelle Küchengärten assoziieren wir mit üppiger Fülle, doch im 18. und 19. Jahrhundert wurden sie oft verschämt versteckt. Man suchte seitlich vom Haus einen Platz für den Nutzgarten und friedete ihn mit Backsteinmauern ein. Heute genießt tagesfrisches, einheimisches, biologisch angebautes Gemüse eine ganz andere Wertschätzung, darum zeigen wir unsere Obst- und Gemüsepflanzen gern vor. Kaum jemand hat den Wunsch (oder den Platz), Zier- und Nutzgarten streng zu trennen. Stattdessen orientieren sich viele Grundstücksbesitzer am zwanglosen Stil der Bauerngärten des 19. Jahrhunderts.

(oben) **Ein verschnörkelter Drahtkorb** bildet ein verspieltes Gegengewicht zu den strengen Linien des Metall-Pflanzkastens.

(unten) **Stattliche, würfelförmige Metallkübel** sind groß genug für viele Gemüsesorten. Hier sind sie mit Cocktailtomaten, bronzefarbenem Fenchel und Erdbeeren bepflanzt.

Garten-Antiquitäten

Damit ein Garten im traditionellen Stil überzeugend aussieht, müssen die Details stimmen. Rankbögen, Bogengänge, Rankobelisken und andere Elemente aus Schmiedeeisen sind Klassiker, die den Ton angeben. Auch dekorative Kantensteine und Wege aus verwitterten Ziegeln oder alten Gehwegplatten passen gut zu diesem Gartenstil.

Antike Töpfe und Kübel aus Ton, Stein oder Metall wie Eisen und Blei sind teuer, zum Glück gibt es aber recht gute Reproduktionen für weniger Geld. Das Gleiche gilt für hohe Glockentöpfe aus Terrakotta oder Glasglocken zum Schutz zarter Sämlinge. Alte Gartenwerkzeuge, Schubkarren oder Rasenwalzen sehen als Dekorationsobjekte charmant aus, während Holzfässer, Zinkwannen oder alte Milchkannen als Pflanzkübel sogar praktischen Nutzen haben können. Pflanzenschilder aus Holz, Schiefer oder Kupfer und andere stilvolle Kleinigkeit zeugen von Liebe zum Detail.

Kreatives Recycling

Wer Gemüse anbaut, hat normalerweise Sinn für Recycling. Vor allem im Schrebergarten wird buchstäblich nichts weggeworfen, denn fast alles lässt sich irgendwie wieder verwerten oder zweckentfremden. Wundern Sie sich nicht, wenn Sie alte Fenster als Abdeckung auf Frühbeetkästen sehen, vielleicht auch ein ramponiertes Metallbett als Stütze für Stangenbohnen, eine Trittleiter als Regal für Pflanztöpfe oder einen verkehrsuntauglichen Wohnwagen als Schuppen. Gerade solche Kuriositäten fernab von jedem Design geben manchen Nutzgärten ihren besonderen Charme.

(oben) **Eine alte Milchkanne** aus verzinktem Eisen eignet sich als improvisierter Kübel für Buschbohnen.

(unten) **In der großen Konservendose**, blank poliert und mit einigen Dränagelöchern versehen, reift eine gelbe Zucchini heran.

Auf engem Raum

Gärten in dicht bebauten Gegenden sind fast immer sehr klein. Viele Menschen leben in Stadtzentren, in denen sich kaum Platz für etwas eigenes Grün finden lässt. Wer dennoch Gemüse ziehen will, muss sich etwas einfallen lassen. Es muss ja kein Nutzgarten im klassischen Sinn sein. Eine Ecke in einem winzigen Garten, ein paar Quadratmeter auf Terrasse oder Hof, selbst einige Kübel auf dem Balkon eines Wohnblocks reichen aus, um wenigstens ab und zu etwas Frisches aus eigener Ernte zu genießen. Mit etwas Einfallsreichtum lässt sich viel machen!

(links) **Für Bohnen** an einem hohen Stangenzelt aus Bambus lässt sich auch in einem kleinen Blumenbeet Platz finden.

(rechts) **In hölzernen Pflanzkästen** auf der Terrasse gedeihen verschiedene Gemüsesorten: Mais, niedrige Bohnen, Spinat und Mangold. Kompakt wachsende Cocktailtomaten hängen über den Rand.

Ernte aus dem Blumenbeet

Wer wenig Platz hat, sollte bei der Auswahl der Gemüsesorten wählerisch sein. Artischocken, Brokkoli, Blumenkohl, Grünkohl, Mais, Zucchini und Kürbis werden sehr groß und sind darum nicht die klügste Wahl. Besser beraten sind Sie mit niedrigen Buschbohnen, Knoblauch, Schalotten, Karotten, Roten Beten, Radieschen, Frühlingszwiebeln und Schnittsalaten – also Arten, die schnell wachsen, aber kompakt bleiben.

Wer einen Garten besitzt, kann Gemüse zwischen Blumen und Sträucher pflanzen. Und ist die Fläche begrenzt, breiten sie sich nach oben aus. Einfache Zeltstützen aus langen Bambusstäben brauchen nur wenig Platz, eignen sich aber gut für Stangenbohnen, Gurken und kletternde Kürbisse und lockern nebenbei die Gartengestaltung attraktiv auf.

Gemüse auf der Terrasse

Mit Töpfen, Kübeln und Substratsäcken können Terrasse, Patio oder Hof zum Mini-Küchengarten werden. Diese Art des Gemüseanbaus hat sogar Vorteile. Kübel kann man verschieben, um den Pflanzen immer beste Standortbedingungen zu bieten – offen und sonnig im Sommer, geschützt im Winter. Außerdem haben Sie die Qualität von Kübelsubstrat besser unter Kontrolle als die von Beeterde.

Für Kübel eignen sich flach wurzelnde Pflanzen am besten: Salat, asiatische Salate, Tomaten, Paprika, Chili-Schoten, Auberginen – und natürlich Kräuter. Spezielle kleinwüchsige Gemüse-Jungpflanzen für die Kübelkultur werden im Frühling in vielen Gartencentern angeboten. Weniger geeignet sind mehrjährige Gemüse wie Spargel und große Kohlarten wie Brokkoli und Blumenkohl.

(oben) **Kartoffeln** gedeihen in hohen Kübeln. Man legt sie ins untere Drittel und bedeckt sie mit Substrat. Wenn sie wachsen, wird Substrat nachgefüllt.

(unten) **Salat** braucht wenig Nährstoffe. Er gedeiht auch in Substratsäcken, in denen vorher andere Pflanzen standen.

Gärtnern im Hochhaus

Wenn Sie weder Garten noch Terrasse besitzen, haben Sie vielleicht einen Balkon oder eine Dachterrasse, auf der Gemüse in luftiger Höhe gedeihen könnte. Kübel und Kästen sind dafür gut geeignet, allerdings sollten Sie anstelle von Ton und Metall lieber leichte Kunststoffgefäße wählen. Bedenken Sie aber, dass Gemüse im Kübel mehr Pflege braucht. Es muss regelmäßig gegossen werden – an heißen Hochsommertagen eventuell zweimal täglich. Wegen der begrenzten Nährstoffmenge in Kübeln sollte auch gelegentlich gedüngt werden.

Pflanzen auf Balkons und Dachterrassen sind Wettereinflüssen stärker ausgesetzt als Gewächse im Erdboden. Der Wind kann in der Höhe recht heftig wehen, die Temperatur absenken und die Wasserverdunstung erhöhen. Netze oder Bambusmatten als Windschutz sind in solchen Fällen empfehlenswert.

Schnelle Ernte

Gemüsearten, die schnell heranwachsen, sät man traditionell als Markiersaat zwischen langsam wachsende Arten. Wenn sie abgeerntet sind, haben die langsameren Nachbarn genug Platz, um sich auszubreiten. Salat, Radieschen, Rauke und asiatische Blattsalate eignen sich für diesen Zweck gut. Im Erwerbs-Gemüseanbau ist die Verwendung von Markier- und Zwischensaaten üblich. Diese schnell wachsenden Gemüsearten eignen sich aber auch gut für die Kübelkultur auf beengten Stadtgrundstücken, sofern das Substrat genügend Nährstoffe enthält.

»Kein Platz?
Dann denken Sie nicht quer,
sondern steil!«

(Im Uhrzeigersinn von oben)

Fast alle Gemüsearten gedeihen in Töpfen und Kübeln, kleinwüchsige Sorten sind aber praktischer, weil ihnen ihr Quartier nicht so schnell zu eng wird.

Auf einer Dachterrasse kann man jeden freien Quadratmeter für Blumen, Sträucher, Obst, Gemüse und Kräuter nutzen.

Kletternde Kürbisse wie dieser 'Türkenturban' brauchen wenig Platz, wenn man sie am Gartenzaun zieht, statt sie über den Boden kriechen zu lassen.

Der Mikrogarten

Kann ein Küchengarten noch kleiner sein als ein Balkon oder eine Terrasse? Durchaus! Selbst in einem Blumenkasten, einer Ampel oder einigen Töpfen auf der Küchenfensterbank kann man Essbares heranziehen. Natürlich ist die Sortenauswahl sehr eingeschränkt, Artischocken und Spargel kommen nicht in Betracht. Es gibt aber eine Reihe flach wurzelnder Gemüse, Salate und Kräuter, die sich auch in kleinen Töpfen wohl fühlen.

Ampeln

Ampeln und Hängekörbe aus Draht oder Korbgeflecht bepflanzt man normalerweise mit Blumen, aber sie eignen sich ebenso gut für Kräuter, Blattsalate oder Tomaten. Einige Strauchtomaten-Sorten haben von Natur aus einen hängenden Wuchs und tragen köstliche, kirschgroße Früchte. Sie gedeihen gut in Ampeln, brauchen aber viel Wasser und Dünger.

Drahtkörbe legt man mit einer Wasser speichernden Matte aus Wolle, Kokosfaser oder einem anderen Recyclingmaterial aus. Auf das übliche Sphagnum-Moos verzichtet man neuerdings, es ist zu schade, um es nur als Unterboden zu verwenden. Häufeln Sie die Erde vorsichtig ein und pflanzen Sie. Anschließend regelmäßig düngen und gießen – im Sommer durchaus zweimal täglich. Wenn das Substrat einmal komplett austrocknet, lässt es sich nur schwer wieder durchfeuchten.

(Im Uhrzeigersinn von oben links)
Schnittsalat ist eine gute Wahl für den Blumenkasten vor dem Küchenfenster.

Kräuter wie Petersilie und Minze kann man im Freien aussäen, später in Töpfe umpflanzen und auf eine Fensterbank im Haus stellen.

Chili-Schoten benötigen viel Wärme. Sie fühlen sich auf dem Sims eines Südfensters wohl.

Hängeampeln sehen hübsch aus und schaffen zusätzlichen Pflanzplatz. Sie sind aber schwer und brauchen eine stabile Aufhängung.

Blumenkästen

Im Blumenkasten vor dem Küchenfenster ist der »Gemüsegarten« der Küche besonders nahe. Man braucht sich nur hinauszulehnen und ein paar Salatblätter oder Kräuter zu pflücken.

Schnittsalate sind eine gute Wahl für Blumenkästen. Sie sind problemlos aus Samen zu ziehen, brauchen wenig Pflege und wachsen nach der Ernte nach. Auch Frühlingszwiebeln, Radieschen, Chili-Schoten, Tomaten oder kleine Karotten und Rote Bete eignen sich gut. Bohren Sie in Blumenkästen Dränagelöcher, damit überschüssiges Gießwasser abfließen kann. Gießen Sie regelmäßig, denn das Substrat sollte nicht austrocknen.

Gemüse im Haus

Die meisten Kräuter lassen sich problemlos im Haus ziehen. Wer kein Gewächshaus hat, kann Sämlinge leicht auf der Fensterbank päppeln. Sie können Samen verwenden oder Stecklinge bewurzeln. Stellen Sie die Töpfe an einen hellen Platz außerhalb der prallen Sonne und lassen Sie Ihren Zimmer-Kräutergarten heranwachsen. Keimsprossen wie Senf und Kresse, Mungobohnen, Alfalfa, Kichererbsen und Bockshornklee kann man ebenfalls auf engem Raum in der Wohnung ziehen. Sie brauchen nur eine Keimschale oder ein anderes geeignetes Gefäß, Wasser und ein paar Tage Geduld (*siehe S. 204–205*).

2. Know-How für Gemüse-gärtner

Gemüseanbau ist eine geheimnisvolle Kunst. Viele Sprichwörter, Redensarten, Anekdoten und seltsame Bräuche gehen darauf zurück, allerdings auch eine Reihe zweifelhafter Binsenweisheiten. Ist etwas daran, dass man Schalotten am kürzesten Tag des Jahres pflanzen und am längsten ernten soll? (Im Prinzip ist das eine gute Zeit, aber natürlich sind andere Zeiten drumherum in Ordnung.) Schmecken sie wirklich besser, wenn man sie nach dem ersten Frost erntet? (Geschmackssache.) Offenbar gibt es für Neulinge eine Menge zu lernen. Aber es ist nicht so schwierig, wie es scheinen mag. Vieles kann man sich abgucken und durch Nachmachen lernen. Wenn im Nachbargarten viele kräftige, gesund aussehende Gemüsearten wachsen, schauen Sie über den Zaun und fragen Sie ruhig nach. Gärtner helfen meist gern mit gutem Rat weiter.

Es braucht nicht viel Know-how für so einen Gemüsegarten in Kübeln. Jeder, der es schafft, ans Gießen zu denken, sollte zu so einem »Garten« fähig sein.

Werkzeuge und Utensilien

Gartenwerkzeuge haben einen gewissen Reiz. Gehen Sie einmal durch ein gut sortiertes Gartencenter oder blättern Sie in einem sorgfältig aufgemachten Katalog, dann werden Sie bald überzeugt sein, ohne einen Spiral-Unkrautstecher oder eine Sprengdüse für den Gartenschlauch nicht mehr leben zu können. Tatsächlich kommt man auch ohne sie gut aus, denn solche Geräte fallen im günstigsten Fall in die Kategorie »manchmal ganz praktisch«. Im ungünstigsten Fall sind sie teuer und stehen im Weg. Wirklich unerlässlich sind nur wenige Gartenwerkzeuge.

Das brauchen Sie

Grabgabel und Spaten, Harke und Hacke, Handschaufel, Handgrubber und Rosenschere – diese Werkzeuge sollten Sie besitzen. Achten Sie beim Kauf auf Qualität. Je besser das Werkzeug, desto angenehmer ist die Handhabung und desto länger hält es. Empfehlenswert sind Werkzeuge aus Edelstahl oder Karbonstahl mit Griffen aus Aluminium oder Eschenholz. Pflegen Sie Ihr Werkzeug gut. Reinigen Sie es nach der Benutzung und trocknen Sie es ab, damit es nicht rostet. Vor dem Einlagern am Ende der Saison reiben Sie es mit einem öligen Lappen ab.

Grabgabeln haben eine Breite von etwa 20 cm und vier 30 cm lange Zinken. Es gibt auch kleinere, leichtere Modelle. Die Zinken haben meist einen quadratischen Querschnitt. Spezielle Kartoffelgabeln haben abgeflachte Zinken. Die Stiele an Gabel- und Spatengriffen können d-, t- oder y-förmig sein.

Spaten haben ein rechtwinkliges Blatt von ca. 20 cm Breite und 29 cm Länge. Sie eignen sich für schweren Boden und größere Flächen, sind aber recht schwer. Wer weniger umzugraben hat, kann einen kleineren, leichteren »Damenspaten« benutzen. Er ist für viele Arbeiten gut geeignet und leichter zu handhaben.

Die **Holländerhacke** ist der praktischste Hackentyp. Sie hat ein abgewinkeltes Blatt, das man parallel zum Boden hält und mit einer ziehenden Bewegung führt. Man benutzt sie, um flach wurzelnde Unkräuter rings um Nutzpflanzen bodennah abzuschneiden.

Eine **Harke** in Standardgröße hat einen Metallkopf von 30–38 cm Breite mit 12 bis 16 Zinken in gleichmäßigen Abständen. Sie wird zum Nivellieren des Bodens benutzt. Breitere Holzharken sind nützlich zum Bearbeiten größerer Flächen.

Eine **Handschaufel** braucht man zum Graben von Pflanzlöchern, zum Umpflanzen und zur Arbeit in Kübeln. Es gibt auch Schaufeln mit extraschmalem Blatt. Einen Handgrubber verwendet man zum Lockern des Bodens und zum Jäten. Wer nicht gern auf Knien arbeitet, kann Schaufeln und Grubber mit langem Stiel kaufen.

Eine **Rosenschere** braucht man für viele Zwecke, vom Schneiden eines Blumenstraußes bis zum Rückschnitt von Sträuchern. Ambossscheren haben oft gekrümmte Klingen. Sie sind besonders kräftig, kleinfingerdicke Zweige sollten sie schneiden. Die Schere regelmäßig schärfen, damit sie schneidet und nicht quetscht.

Nützliche Werkzeuge

Die folgenden Werkzeuge sind recht praktisch, aber man kommt als Anfänger zunächst auch ohne sie aus.

Dibber

Eigentlich ist ein Dibber nur ein Holzpflock, mit dem man Pflanzlöcher sticht. Er hat aber zwei Vorteile: Weil er angespitzt ist, lässt er sich auch leicht in schweren Boden drücken. Außerdem sind hochwertige Modelle meist mit einer Skala versehen, an der man die Pflanztiefe ablesen kann.

Kultivator

Ein Kultivator hat meist drei oder fünf gekrümmte, spitze Zinken. Man zieht sie durch den Boden, um ihn aufzulockern, um Unkraut zu entfernen oder um aufgestreuten Dünger oder Kompost einzuarbeiten.

Zughacke

Die bereits genannte Holländerhacke bewegt man abwechselnd schiebend und ziehend. Eine Zughacke jedoch setzt man überwiegend ziehend ein. Sie eignet sich gut zum Anhäufeln von Kartoffeln und anderem Gemüse. Auch Saatrillen lassen sich gut ziehen. Abgeflachte Hacken setzt man mit dem Blattgrund auf, v-förmige mit der Ecke des Blattes. Kleine Hacken mit kurzem Griff nennt man auch Zwiebelhacken.

Baumschere und Astsäge

Diese Werkzeuge benutzt man zum Schneiden von Holz, das für die Rosenschere zu dick ist – etwa zum Rückschnitt von Obstbäumen und -sträuchern im Nutzgarten. Auch zum Schneiden von Topinambur-Pflanzen und holziger Rosenkohl-Strünke sind sie praktisch.

(Im Uhrzeigersinn von oben links)
Kartoffelhäufler, Dibber, Schubkarre, Gießkanne

Kartoffelhäufler

Dies ist ein überraschend nützliches Werkzeug, wenn man größere Flächen zu bearbeiten hat. Es ähnelt einer Zughacke, aber das Blatt ist wie eine umgekehrte Pflugschar geformt. Zieht man es zum Körper hin, entstehen Furchen, in die man pflanzen kann. Beiderseits wird die Erde breit aufgehäufelt.

Unverzichtbares Zubehör

Einige Utensilien sollten Sie sich unbedingt anschaffen. **Gießkannen** gehören dazu. Zwei sollten Sie sich mindestens anschaffen: eine große aus leichtem Kunststoff und eine kleinere mit einem feinen Brausekopf, die Sie zum Bewässern empfindlicher Sämlinge benutzen. **Gartenspritzen** sind praktisch, obwohl man eigentlich drei benötigt: eine für Unkrautvernichter, eine für Insektizide und eine für Dünger.

Nur in einem winzigen Garten kommt man ohne **Schubkarre** aus. Man braucht sie zum Transportieren von Erde, Kompost und Mist und zum Einsammeln von Unkraut und Gartenabfällen. **Säcke** erfüllen den gleichen Zweck. Ein flacher Korb ist eine schöne Dreingabe, wer einen besitzt, wird ihn ständig benutzen – mal zum Jäten, mal zum Ernten.

Handschuhe brauchen Sie im Winter zum Schutz vor Kälte – und ganzjährig zum Schutz vor Verletzungen. Schaffen Sie sich am besten ein Paar robuste Leder-Arbeitshandschuhe für grobe Arbeiten und ein Paar leichterer Handschuhe für die wärmeren Jahreszeiten an.

Für den Gemüsegarten empfiehlt sich außerdem ein gutes Sortiment von Stütz- und Anbindstangen in verschiedenen Stärken und Längen, stabile Schnur, Draht auf der Rolle sowie Pflanzenschilder und wasserfeste Stifte. Zusätzlich brauchen Sie vielleicht Frühbeete, Folientunnel, Vlies und Netze (*siehe S. 58–59*).

Töpfe und Kübel

Schalen, Anzuchtkästen, verrottbare Töpfe und kleine Blumentöpfe aus Ton oder Plastik sind nötig, um Pflanzen einen guten Start zu geben. Man benutzt sie für die Aussaat, zum Umpflanzen der Sämlinge und zum Heranziehen von Stecklingen. Wenn die Pflänzchen dann etwas größer sind, werden sie vereinzelt, das heißt erneut umgepflanzt mit genug Platz.

Nicht alle Jungpflanzen ziehen ins Beet um. Einige bleiben ihr ganzes Leben lang in Töpfen oder Kübeln. Wer ein kleines Grundstück hat, kann einen kompletten Gemüsegarten in Töpfen, Trögen, Kübeln, Kästen und hängenden Ampeln anlegen. Fast alle Kübelarten eignen sich für Gemüsepflanzen. Wichtig ist nur, dass sie im Boden Löcher haben, durch die überschüssiges Wasser abfließen kann.

Ton oder Kunststoff?

Kübel aus Ton und Terrakotta sehen gut aus und werden mit dem Alter noch schöner. Sie sind solide und schwer, fallen also nicht so leicht um, wenn Pflanzen groß und kopflastig werden. Allerdings sind sie zuweilen zerbrechlich und können bei Frost platzen. Kunststofftöpfe sind preiswerter. Weil sie leichter sind, kann man sie problemlos verrücken. Und da Kunststoff wasserundurchlässig ist, trocknet das Substrat nicht so schnell aus.

(gegenüberliegende Seite, im Uhrzeigersinn von oben links)
Bauchige Tonkübel sehen hübsch aus. Es kann aber schwierig sein, die Pflanzen herauszunehmen, ohne die Kübel zu beschädigen.

Moderne Metallkübel gibt es in vielen Formen und attraktiven Farben.

Substratsäcke eignen sich für die Gemüsekultur, aber sie sind nicht sonderlich ansehnlich.

Ein Kräutergarten im Kübel ist eine hübsche Idee für einen sonnigen Platz gleich neben der Küchentür.

(rechts) **Löcher im Kübelboden** sorgen dafür, dass überschüssiges Wasser abfließen kann.

Substratsäcke

In Säcken mit Pflanzsubstrat kann man erfolgreich Gemüse ziehen, allerdings trocken sie schnell aus und müssen regelmäßig gegossen werden. Für kletternde Pflanzen müssen oft auch spezielle Stützen aufgestellt werden. Die Substratmenge lässt sich vergrößern, indem man von Plastiktöpfen den Boden abtrennt, diese Töpfe ins Substrat einsenkt und bepflanzt.

Der Boden

Gartenboden besteht aus winzigen Gesteinspartikeln, Wasser und organischer Substanz aus verrotteten Tier- und Pflanzenresten. Ein wichtiger Faktor ist die Größe der Gesteinspartikel. Toniger Boden besteht aus winzigen Partikeln. Er hat eine hohe Dichte und ist schwer. Sandiger Boden ist leichter und körniger, weil er aus größeren Partikeln besteht. Auch der Gehalt an organischer Substanz spielt eine Rolle. Je höher er ist, desto fruchtbarer ist der Boden und desto besser wachsen die Pflanzen. Außerdem kann der pH-Wert des Bodens, auf den manche Pflanzen sehr empfindlich reagieren, je nach Standort unterschiedlich sein.

Toniger Boden

Wenn Ihr Boden schwer und klebrig ist und sich zu einer Kugel formen lässt, die nicht zerfällt, ist er wahrscheinlich tonig. Toniger Boden enthält oft viele Nährstoffe, ist also fruchtbar. Andererseits ist seine Wasserdurchlässigkeit schlecht, sodass er im Winter schlammig wird und im Sommer eine harte Kruste bildet. Weil er leicht verdichtet wird, sollte man ihn möglichst nicht direkt betreten, sondern Bretter auslegen, um das Gewicht zu verteilen. Die Bodenstruktur lässt sich durch Zugabe von organischer Substanz und grobem Sand etwas verbessern.

Sandiger Boden

Versucht man, aus sandigem Boden eine Kugel zu formen, wird sie meist zerfallen. Dieser Boden fühlt sich zwischen den Fingern körnig an. Er ist leichter als toniger Boden und lässt sich besser umgraben, erwärmt sich im Frühling schneller und hat eine bessere Wasserdurchlässigkeit. Andererseits trocknet er bei Hitze schnell aus und Nährstoffe werden durch

(oben) **Toniger Boden** lässt sich in feuchten Zustand zu einer Kugel formen – ähnlich wie Teig oder Knetmasse.

(unten) **Sandiger Boden** besteht aus größeren Partikeln und bildet weniger leicht Klumpen. Er fühlt sich an wie feines Salz.

Gartenkalk wird mit einer Schaufel dünn auf das Beet gestreut und gleichmäßig eingeharkt. Nicht an windigen Tagen kalken, damit das Material nicht weggeweht wird. Bei der Arbeit immer Handschuhe und einen Gesichtsschutz tragen.

Regen oder Gießwasser leicht ausgeschwemmt. Darum ist er weniger fruchtbar und muss mit reichlich verrottetem Mist, Kompost oder anderer organischer Substanz verbessert werden.

Andere Böden

Als Schluff bezeichnet man Böden, die zwischen Ton und Sand angesiedelt sind. Sie fühlen sich glatter und »seidiger« an als Sandböden, sind aber nicht so schwer und klebrig wie tonige Böden.

Kalkige Böden haben einen hellen Farbton, enthalten oft viele Steine und sind selten tiefgründig. Sie sind relativ fruchtbar, aber wegen ihres hohen Kalkgehalts ausgeprägt basisch, was nicht alle Pflanzen gut vertragen.

Torfböden enthalten einen hohen Anteil organischer Substanzen, die nicht vollständig verrottet sind. Sie speichern Wasser gut, neigen deshalb zu Staunässe. Sie sind ausgeprägt sauer.

SAURER UND BASISCHER BODEN

Der pH-Wert gibt an, ob ein Boden sauer oder basisch ist. Die pH-Skala reicht von 1 (extrem sauer) bis 14 (extrem basisch). Ein pH-Wert von 7 ist neutral, und der pH-Wert der meisten Gartenböden liegt zwischen 4,5 und 7,5.

Die meisten Gemüsearten sind recht tolerant. Ideal für fast alle Arten ist ein pH-Wert von 6,5. Ein höherer Wert ist günstig für Kohl und andere Kreuzblütler, weil der Kalkgehalt das Risiko der Kohlhernie reduziert. Ein niedrigerer pH-Wert ist vorteilhaft für säureverträgliche Pflanzen wie Rhabarber, Rettich und Süßkartoffeln.

Mithilfe eines Testsets (*siehe unten*) können Sie den pH-Wert Ihres Bodens bestimmen. Nehmen Sie Proben von verschiedenen Stellen des Gemüsebeets. Es ist relativ einfach, einen sauren Boden alkalischer einzustellen. Man braucht nur Kalk oder ein kalkhaltiges Material wie Pilzkompost einzuarbeiten. Geben Sie dem Boden einige Monate lang Zeit, den Kalk oder Pilzkompost zu absorbieren, ehe Sie ihn bepflanzen.

Schwieriger ist es, einen alkalischen Boden saurer einzustellen. Allerdings werden Böden oft durch Regen von allein saurer.

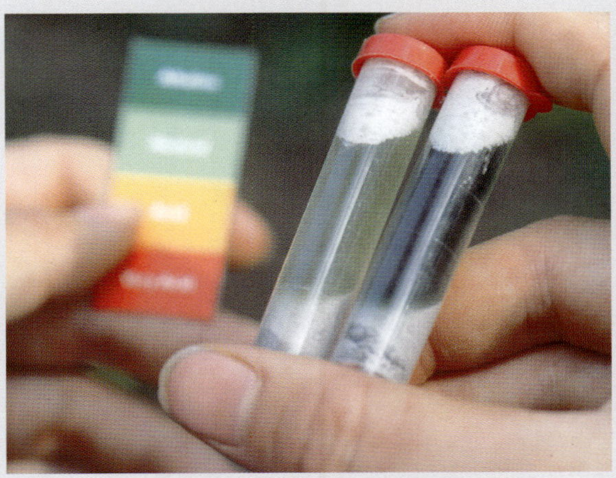

Kompost, Mist und andere Dünger

Gemüse ziehen weit mehr Nährstoffe aus dem Boden als Blütenpflanzen und Sträucher in einem Ziergarten. Wer dauerhaft gute Ernten einfahren will, muss dem Boden regelmäßig Nährstoffe zuführen. Durch Düngung bleibt der Boden gesund und fruchtbar – und nur auf gesundem, fruchtbarem Boden wachsen gesunde, ertragreiche Pflanzen.

Ein Gemüsegarten muss auf zweierlei Weise gedüngt werden. Erstens arbeitet man Kompost oder verrotteten Mist unter, um ihm Nährstoffe zuzufügen und seine Zusammensetzung und Struktur zu verbessern. Zweitens setzt man organische oder anorganische Dünger ein, um gezielt die Nährstoffe zuzuführen, die die Pflanzen für ein gesundes Wachstum brauchen.

Mist und Kompost

Beides sind natürliche, organische Substanzen, die aus kompostiertem Pflanzenmaterial oder verrottetem Stallmist bestehen. Sie sind voluminös und reichern den Boden mit Nährstoffen an, verbessern sein Wasserhaltevermögen und lockern ihn auf, sodass die Luft besser zirkulieren kann. In Böden mit solcher Struktur können die Wurzeln sich ungehindert ausbreiten – auch in die Tiefe.

Stallmist ist ein guter Dünger. Meist besteht er aus einer Mischung aus Stroh und tierischen Exkrementen. Der Anteil an Holzspänen oder Sägemehl sollte aber nicht zu hoch sein. Stallmist muss etwa sechs Monate lang verrotten, ehe er eingesetzt wird. Andernfalls enthält er zu viel Ammoniak, der Jungpflanzen »verbrennen« kann.

Kompost besteht aus verrottetem Pflanzenmaterial, beispielsweise Abfällen aus dem Gemüse- oder Ziergarten und aus der Küche. Im Komposthaufen leisten Mikroorganismen Schwerstarbeit. Sie zersetzen das Material und verwandeln es in eine dunkle Substanz, die guter Erde ähnelt.

Für eine erfolgreiche Kompostierung brauchen die Mikroorganismen Luft, Wärme und Feuchtigkeit. Stimmt das Verhältnis, fühlt sich der fertige Kompost angenehm weich und locker an und riecht wie Waldboden. Ist das Material zu nass oder enthält es zu wenig Luft, verrottet es nicht, sondern fault und beginnt

Eine Mulchschicht aus verrottetem Kompost oder Mist wird nach dem Gießen verteilt, um die Verdunstung zu verringern.

zu stinken. Anstelle von Gartenkompost kann man auch Laubkompost oder Pilzkompost verwenden. **Laubkompost** lässt sich leicht selbst herstellen. Sie brauchen nur Herbstlaub zusammenzuharken und in Drahtsilos oder – gemischt mit etwas Erde – in perforierten Säcken zu lagern. Es kann aber lange dauern, bis das Laub verrottet ist. **Pilzkompost** aus kommerziellem Pilzanbau ist im Fachhandel für Gartenbedarf erhältlich.

Mist und Kompost ausbringen

Es gibt zwei Methoden, den Garten mit organischer Substanz zu versorgen. Man kann sie untergraben oder als Mulch auf der Oberfläche verteilen.

Das Untergraben von Kompost oder Mist ist eine Arbeit für den Spätherbst. So hat das Material über Winter genug Zeit, um zu verrotten und sich mit dem Erdreich zu vermischen, bevor im Frühling gesät und gepflanzt wird. Diese Behandlung bekommt vor allem schweren, tonigen Böden gut, die hart und verdichtet sind.

Bei leichten, sandigen Böden genügt es oft, im Herbst eine 5–10 cm dicke Schicht Kompost oder Mist auf der Oberfläche zu verteilen und über Winter dort liegen zu lassen. Ein großer Teil wird von Würmern in den Boden gezogen, der Rest kann im Frühling leicht untergegraben werden.

(oben) **Ein selbst gebautes Kompostsilo** mit hohlen Wänden aus Maschendraht, die mit Stroh gefüllt sind.

(Mitte) **In den unteren Schichten** des Komposthaufens entsteht durch die Verrottung Wärme. Plastikfolie verhindert, dass die Wärme entweicht und dass der Kompost durch Regen zu nass wird.

(unten) **Komposttonnen** aus Kunststoff haben einen Einfülldeckel und unten eine Klappe zum Entnehmen des fertigen Komposts.

Loblied auf den Kompost

Es ist einfach und befriedigend, Kompost selbst herzustellen. Wer es nicht ohnehin schon tut, sollte sofort damit beginnen. Bauen oder kaufen Sie ein Kompostsilo und stellen Sie es an einen geeigneten Platz. Dann füllen Sie einfach Gartenabfälle, totes Pflanzenmaterial und Gemüseabfälle aus der Küche hinein.

Decken Sie den Haufen mit Plastikfolie oder einem alten Teppich ab. Je wärmer er wird, desto schneller verrottet das Material. Von Zeit zu Zeit sollte er umgesetzt werden, um die Luftzirkulation zu verbessern. Nach wenigen Monaten haben Sie sich ökologische Lorbeeren verdient. Ihre Gemüsepflanzen werden es Ihnen danken.

Das können Sie kompostieren

- Alle Arten von Gemüseabfällen, Schalen und sonstigen pflanzlichen Resten aus der Küche.
- Rasenschnitt nur in dünnen Schichten zugeben, sonst verschlechtert sich die Luftzirkulation.
- Bei Bedarf gießen – aber nicht so viel, dass der Haufen durchnässt wird.

Das lieber nicht

- Keine mehrjährigen Unkräuter und auch keine einjährigen Unkräuter, die Samen tragen.
- Teile erkrankter Pflanzen niemals kompostieren, sondern verbrennen oder in die Mülltonne werfen.
- Keine dicken, verholzten Pflanzenteile auf den Kompost geben. Sie verrotten zu langsam.
- Fleisch, Fisch oder gekochte Küchenabfälle locken Ratten und Mäuse an.

Gründünger

Kann ein Teil des Gemüsegartens sechs Wochen oder länger frei bleiben, säen Sie dort Gründüngerpflanzen. Das sind spezielle Pflanzen, die man am Ende vollständig untergräbt; Lupinen, Klee und Saatwicke etwa nehmen Stickstoff aus der Luft auf und geben ihn an den Boden ab. Andere Gründüngerpflanzen wie Luzerne, Senf, Roggen, Borretsch und Beinwell lockern mit ihren Wurzeln schwere Böden auf und reichern ihn beim Untergraben durch organische Substanz an.

Grundsätzlich müssen Gründüngerpflanzen abgemäht und untergegraben werden, bevor sie Samen ausbilden oder verholzen.

(links) **Flächen**, die bearbeitet werden, mit Bambusstäben markieren, um den Dünger korrekt zu dosieren.

(rechts) **Dünger auf den Wurzelbereich** der Pflanze streuen. Er darf die Blätter der Pflanze aber nicht berühren.

Dünger

Spezielle Düngemittel enthalten Nährstoffe in konzentrierter Form als Mist oder Kompost. Es gibt organische und anorganische Dünger in verschiedenen Darreichungsformen – Pulver, Granulat, Pellets oder Flüssigkonzentrat.

Organische Dünger sind pflanzlichen oder tierischen Ursprungs. In diese Gruppe fallen pelletierter Hühnermist, Knochenmehl, Hornspäne, Fischmehl und Blutmehl sowie Mischungen. **Anorganische** Dünger werden aus Mineralien gewonnen oder chemisch hergestellt.

Alle Düngemittel enthalten mindestens einen der drei wichtigsten Bodennährstoffe: Stickstoff (N), Phosphor (P) und Kalium (K). Viele enthalten alle drei Stoffe, manche darüber hinaus noch weitere, etwa wichtige Spurenelemente wie Mangan, Molybdän, Bor und andere (*siehe S. 320–323*). Kunstdünger haben aber ihren Preis. Wenngleich sie konzentrierter sind als organische Dünger, sind sie teurer und verbessern die Bodenstruktur nicht.

(ganz links) **Gründünger** führt dem Boden Nährstoffe zu, erhöht seine Fruchtbarkeit und verbessert die Struktur. Die Pflanzen in einer Höhe von etwa 20 Zentimetern abschneiden, einige Tage auf der Erde welken lassen, dann untergraben.

(links) **Rote Kompostwürmer** sind mit den Regenwürmern verwandt. Sie verwandeln Garten- und Küchenabfälle in hochwertigen, nährstoffreichen Kompost.

Dünger ausbringen

Verteilt man Dünger vor der Aussaat oder dem Auspflanzen von Sämlingen, spricht man von der **Grunddüngung**. Am besten steckt man die zu behandelnden Beetflächen mit Pflöcken und Schnur ab, um die Düngermengen genau berechnen zu können. Den Dünger auf dem Boden verteilen und mit der Harke einarbeiten. Wenn der Boden sehr trocken ist und es in den Tagen nach der Düngung nicht regnet, das Beet gießen.

Bei der **Nachdüngung** streut man den Dünger gezielt auf den Wurzelbereich der Pflanzen. Flüssigdünger verdünnt man vor der Anwendung mit Wasser, nur Blattdünger werden direkt auf die Blätter gesprüht. Weil Düngemittel giftig sein können, sollten Sie immer Handschuhe tragen und die Herstellerhinweise genau beachten.

Aussaat und Sämlingsaufzucht

Die meisten Gemüsepflanzen werden ausgesät. Einige werden aus Knollen (Kartoffeln und Topinambur) oder Steckzwiebeln (Zwiebeln und Schalotten) gezogen, manche vermehrt man durch Teilung oder Stecklinge (Rhabarber, Kräuter).

Die Anzucht aus Samen von einem renommierten Händler hat jedoch ihre Vorteile. Erstens sind die Samen frisch und es besteht eine hohe Keimsicherheit. Zweitens wächst tatsächlich die auf der Tüte angegebene Sorte heran – und keine Zufallskreuzung. Und drittens ist die Anzucht aus Samen relativ preiswert. Man kann Gemüse aus selbst gesammelten Samen ziehen, doch dabei bestehen einige Risiken (*siehe S. 68–69*).

Aussaat im Haus

Warum soll man im Haus säen statt direkt im Garten? Ganz einfach: Im Haus oder Gewächshaus ist es erheblich einfacher als im offenen Gartenbeet, Temperatur, Luftfeuchtigkeit, Substrattyp sowie Nährstoff- und Wassermenge unter Kontrolle zu halten. Viele Samen brauchen zur Keimung eine konstante Mindesttemperatur. Oft genügt es, sie im Folientunnel oder im Frühbeet auszusäen, aber manche keimen nur im geheizten Gewächshaus oder im Anzuchtkasten auf der Fensterbank.

Einige Arten wie Tomaten, Auberginen, Paprika und Okra haben eine lange Wachstumsperiode. Damit sie zum Ende der Saison reif sind, müssen sie sehr frühzeitig gesät werden – lange bevor es im Garten warm genug ist, um sie ins Freie zu pflanzen.

Außerdem sind Pflanzen, die im Haus unter kontrollierten Bedingungen gezogen wurden, oft kräftiger, gesünder und widerstandsfähiger gegen Schädlinge als im Freiland gesäte Artgenossen.

Wer nur einen kleinen Garten hat, sollte das Potenzial der Fensterbank nicht unterschätzen. Einige Gemüsesorten kann man in Töpfen im Zimmer kultivieren, ohne sie überhaupt jemals ins Freie zu stellen (*siehe S. 36–37*).

(oben) **Aussaat** in einer flachen Samenschale.

(unten) **»Töpfe«** aus Spezial-Papier werden mitsamt den Sämlingen ins Beet gepflanzt, wo sie verrotten.

Junge Sämlinge in Saatkästen und Töpfe auf einem Gewächshausregal. Darunter keimen Kartoffeln vor.

Töpfe, Schalen und Anzuchtkästen

Tontöpfe sehen hübscher aus, aber Plastiktöpfe sind preiswerter und lassen sich besser sauber halten. Anzuchttöpfe aus gepresstem Pflanzenmaterial setzt man mitsamt den Sämlingen ins Beet. Sie empfehlen sich vor allem für Pflanzen mit langen Wurzeln wie etwa Dicke Bohnen, Mais und Tomaten.

Manche Anzuchtschalen sind in einzelne Zellen unterteilt. In jede Zelle legt man Samen. Zum späteren Umpflanzen drückt man das Innere jeder Zelle im Ganzen heraus.

Zimmer-Gewächshäuser

Das einfachste Zimmergewächshaus ist ein transparenter Plastikbeutel, den man über einen Topf oder eine Anzuchtschale stülpt und zubindet. Unter dem Plastik entsteht ein feucht-warmes Mikroklima, in dem Samen gut keimen. Man kann aber auch Zimmergewächshäuser aus einer flachen Kunststoffschale mit fest schließendem Deckel kaufen. Manche sind mit einem Heizelement und einem Thermostat zur Regulierung der Temperatur ausgestattet.

Im Zimmergewächshaus entsteht ein Mikroklima. Ist die Luftfeuchtigkeit zu hoch, werden die Lüftungsschieber im Dach geöffnet, damit die Sämlinge nicht faulen.

Aussaat- und Topfsubstrate

Spezielle Aussaat- und Anzuchtsubstrate enthalten Inhaltsstoffe in festen Mischungsverhältnissen. Aussaatsubstrat erhält meist keine Erdanteile, sondern es besteht aus Torf oder Kokosfasern und Sand. Es enthält auch keine Nährstoffe. Sind die Sämlinge größer, werden sie in Topfsubstrat umgepflanzt. Es gibt Erdsubstrate und erdfreie Substrate. Beide Typen enthalten jedoch Nährstoffe, die nach der Wurzelbildung benötigt werden.

Pikieren

Wenn Sämlinge einige Blätter gebildet haben, werden sie pikiert – also in Einzeltöpfe oder Anzuchtkästen umgepflanzt. Mit einem Pikierstab oder einem Bleistift hebt man sie vorsichtig aus dem Substrat. Dabei darf die Wurzel nicht verletzt werden. Sämlinge immer an den Blättern anfassen, niemals am Stiel. Nach dem Umpflanzen können sich die Wurzeln entwickeln, ohne durch Nachbarpflanzen beengt zu werden.

(ganz links) **Bei nassem Boden** etwas Sand in die Saatrille streuen und die Samen darauf verteilen.

(Mitte) **Bei trockenem Boden** den Grund der Saatrille anfeuchten, ehe gesät wird.

(oben) **Breitwürfig** gesäte Saat vorsichtig in den Boden einharken, dann vorsichtig mit Wasser besprengen.

Aussaat im Freiland

Kohl, Porree und Wurzelgemüse sät man im Freiland direkt an den Platz, an dem die Pflanzen groß werden sollen. Einige muss man zuerst in einem Saatbeet säen und später an ihren endgültigen Platz umpflanzen. Meist zieht man sie jedoch in Anzuchtkästen oder Presstöpfen im Haus vor und pflanzt sie später aus.

Erwärmung des Bodens

Es ist nicht ratsam zu früh auszusäen. Die meisten Samen brauchen zur Keimung eine Mindesttemperatur. Ist der Boden noch zu kühl, liegen sie einfach darin, bis er sich erwärmt hat – oder bis sie faulen oder von Tieren gefressen werden. Rote Bete beispielsweise keimen bei etwa 7 °C und können im zeitigen Frühling gesät werden. Buschbohnen dagegen brauchen mindestens 12 °C. Die Differenz mag gering scheinen, ist aber für das Keimen entscheidend.

Man kann die Bodenerwärmung allerdings unterstützen, beispielsweise mit Folientunneln, Glasglocken oder schwarzer Folie (*siehe S. 58–59*). Dadurch wird nicht nur die Temperatur erhöht, sondern auch Regen abgehalten, sodass der Boden nicht zu feucht wird.

Bodenvorbereitung

Nehmen wir an, Sie haben im vorigen Herbst oder Winter die Beete umgegraben und organische Substanz eingearbeitet. Dann müssen nun grobe Erdklumpen zerkleinert werden, denn für die Aussaat sollte der Boden feinkrümelig sein. Dazu entfernt man zuerst mit einer Hacke das Unkraut. Dann harkt man kreuz und quer, bis das Erdreich in feine Partikel aufgebrochen ist. Wenn der Boden sehr trocken ist, gießen Sie ihn. Und klebt er beim Betreten an den Schuhen, geben Sie ihm noch etwas Zeit zum Abtrocknen.

Aussaatmethoden

Manche Samen werden in eine flache Rille im Boden gelegt, andere verteilt man »breitwürfig« auf einer größeren Fläche. Dann werden die Samen mit Erde bedeckt und angegossen. Wenn die Sämlinge erscheinen, stehen sie oft zu dicht und müssen ausgedünnt werden, damit sie genug Platz haben.

Ins Freie pflanzen

Sämlinge, die im Haus gezogen wurden, müssen schon bald in größere Gefäße oder an ihren endgültigen Platz im Beet umziehen. Es ist nicht ganz einfach, den richtigen Zeitpunkt abzupassen. Pflanzt man zu früh aus, kann der Boden noch zu kalt sein oder sogar Frostgefahr bestehen. Wartet man zu lange, sind die Pflänzchen schon zu groß und die Wurzeln lassen sich nicht verletzungsfrei aus dem Topf lösen. Bei Pflanzen, die in einem Saatbeet gezogen wurden, ist der Zeitfaktor nicht ganz so kritisch.

Abhärten

Sämlinge, die im Haus oder Gewächshaus gezogen wurden, haben sich an ein warmes, geschütztes Mikroklima gewöhnt. Pflanzt man sie plötzlich in den kalten Garten, erleiden sie einen Schock. Man muss sie zuerst abhärten, um sie auf die Umstellung vorzubereiten. Dazu stellt man sie entweder tagsüber ins Freie und holt sie nachts wieder ins Haus, oder man stellt sie in ein Frühbeet, das tagsüber geöffnet und nachts geschlossen wird. Alternativ kann man sie auspflanzen und nachts mit Folie, Vlies oder Glasglocken abdecken.

Umpflanzen aus Töpfen und Anzuchtkästen

Sämlinge werden umgepflanzt, wenn sie nach den Keimblättern etwa vier bis sechs echte Blätter gebildet haben – aber bevor ihre Wurzeln den Topf ausfüllen. Zuerst die Wurzelballen der Sämlinge und die Pflanzlöcher im Beet gründlich durchfeuchten. Die Sämlinge vorsichtig aus ihren Töpfen oder Anzuchtkästen nehmen und dabei

(oben) **Versandhändler** liefern Jungpflanzen in speziellen Schutzverpackungen. Die Pflanzen müssen sofort ausgepflanzt werden.

(unten) **In die Mulchfolie** wird ein Loch geschnitten, durch das die Gurkenpflanze mitsamt dem Topf aus Pressmaterial gepflanzt wird.

nicht an den Stielen, sondern an den Blättern festhalten. Es sollte möglichst viel Substrat an den Wurzeln haften bleiben. Die Wurzelballen in die Pflanzlöcher setzen und den Boden ringsherum vorsichtig andrücken.

Umpflanzen aus dem Saatbeet

Pflanzen Sie nicht in der Mittagssonne um. Sämlinge leiden durch das Umpflanzen ohnehin und bei Hitze welken sie umso leichter. Gehen Sie lieber an einem bedeckten Tag an die Arbeit. Gießen Sie die Sämlinge gründlich, ehe Sie sie vorsichtig mit einer Handschaufel aus dem Saatbeet heben. Dabei sollte möglichst viel Erde an der Wurzel haften bleiben. Die Sämlinge in eine Schale oder einen Eimer setzen, der zu 2,5 cm mit Wasser gefüllt ist. Dann die Pflanzlöcher anfeuchten, die Sämlinge vorsichtig einsetzen, Erde heranziehen und behutsam festdrücken.

Mulch

Als Mulch bezeichnet man eine Schicht organischen oder anorganischen Materials, die auf der Bodenoberfläche verteilt wird. Wer schwarze Folie auslegt, um den Boden zu erwärmen, kann später Löcher hineinschneiden und durch diese pflanzen. Alternativ kann man verrotteten Stallmist, Kompost oder Rasenschnitt verwenden. Am besten mulcht man nach dem Gießen frisch gesetzter Jungpflanzen, jedoch nicht, wenn der Boden sehr nass oder sehr trocken ist.

Mulch erfüllt verschiedene Funktionen. Er reduziert die Verdunstung von Oberflächenfeuchtigkeit. Wenn er Nährstoffe enthält, die der Boden aufnimmt, dient er auch als Dünger. Je nach Material kann Mulch auch Schädlinge und Parasiten fernhalten.

(oben) **Ein grobes Raster** auf dem Beet markieren: Das hilft, Sämlinge wie diese Salat-Jungpflanzen in gleichen Abständen zu pflanzen.

(unten) **Rasenschnitt** auf einer Lage Zeitungspapier eignet sich gut zum Mulchen von Mangoldsämlingen.

Pflanzen unter Dach und Fach

Gewiss träumt mancher davon, sein Gemüse in einem Gewächshaus oder wenigstens einem Folientunnel in bequemer Stehhöhe anzupflanzen. Doch in der Stadt lassen sich solche Ideen schon aus Platzgründen kaum umsetzen. Frühbeete, Glasglocken oder andere, improvisierte Abdeckungen erfüllen aber den gleichen Zweck. Sie erzeugen ein geschütztes Mikroklima, in dem Samen und Sämlinge früher heranwachsen als im Freien. Empfindliche Jungpflanzen sind unter Dach auch besser vor Vögeln, Mäusen, Schmetterlingen, Nachtfaltern und anderen Insekten geschützt.

Frühbeete

Ein Frühbeet, früher auch kalter Kasten genannt, dient zum Vorziehen und Abhärten von Pflanzen. Es hat traditionell niedrige Ziegelwände und einen Glasdeckel, den man öffnen und schließen kann. Solche Kästen legt man oft neben dem Gewächshaus an, weil sie eine Art Zwischenstation zwischen der Kultur unter Dach und im Freien darstellen. Man benutzte sie beispielsweise, um Pflanzen, die im Gewächshaus gezogen wurden, vor der Pflanzung ins Freiland abzuhärten.

Heutige Frühbeete basieren auf dem gleichen Prinzip, bestehen aber meist aus Aluminium oder Kunststoff. Natürlich kann man sie aus alten Fenstern auch selbst bauen. Wichtig ist eine sichere Verankerung im Boden und eine gute Isolierung gegen Zugluft. Der Deckel muss sich zur Belüftung öffnen lassen.

Glocken

Glocken kann man im Gemüsebeet immer dort einsetzen, wo sie gerade gebraucht werden. Früher hatten sie tatsächlich oft Glockenform und bestanden aus Glas. Auch dekorative Modelle in Form von Häuschen oder Laternen wurden hergestellt. Heute findet man meist schlichte Glocken aus klarem Plastik – selbst leere Getränkeflaschen sind geeignet.

Glocken sind vor allem zu Beginn und Ende der Saison nützlich. Im Frühling unterstützen sie die Bodenerwärmung und halten die Temperatur konstant, während die Samen keimen und die Sämlinge heranwachsen. Im Herbst schützen sie die letzten Gemüsepflanzen im Beet vor Kälte. Für Tomatenpflanzen werden spezielle Folienhauben angeboten, die den gleichen Zweck erfüllen. Glocken schützen vor Schädlingen, sofern diese nicht im Boden leben. Wie bei Frühbeeten muss auch hier auf regelmäßige Belüftung geachtet werden, damit die Pflanzen nicht faulen.

Folientunnel

Folientunnel bestehen aus Drahtbügeln, über die Bahnen aus transparenter Folie oder Vlies gespannt werden. Stabile, UV-resistente Folie ist etwas teurer, aber besonders langlebig. Die Enden der Folie werden verknotet, die Seiten im Erdreich festgesteckt.

(Im Uhrzeigersinn von oben links)
Traditionelles Frühbeet, Getränkeflasche statt Glasglocke, ein kleines Gewächshaus, Tunnel mit Vliesbespannung

Hoch hinaus

Manche Gemüsearten haben einen kletternden Wuchs. Dazu gehören die meisten Erbsen und Bohnen sowie einige Kürbisse. Sie alle benötigen eine Kletterhilfe. Sie wachsen zwar auch ohne Stütze, breiten sich dann aber auf dem Boden aus und es besteht Gefahr, dass die Früchte beschädigt oder von Tieren gefressen werden. Oft reichen zum Halten der Pflanzen einige Stöcke oder Bambusstäbe und etwas Schnur aus. Viel stabiler und zudem ansehnlicher sind aber Gerüste, Stangenzelte, Tunnel oder gar Obelisken, die man mit etwas Geschick selbst bauen kann.

Stöcke und Stäbe

Für Erbsen verwendet man traditionell »Erbsenreiser« – dünne Hasel- oder Birkenzweige. Die Pflanzen bilden Halteranken aus, die sich fest um diese Reiser winden. Maschendraht oder Plastiknetze erfüllen den gleichen Zweck, sehen aber nicht so natürlich aus – vor allem, wenn man laubarme Sorten sät, die sich leicht abernten lassen, ihre Stützen aber kaum verdecken.

Dicke Bohnen sind keine Kletterer im engeren Sinn, doch wenn sie viele Schoten tragen, können sie kopflastig werden. Dann brauchen sie Stützen, damit sie nicht umkippen. Zwei Reihen von Bambusstäben oder kurzen Stöcken beiderseits der Pflanzreihe, verspannt mit stabilem Bindfaden, geben ihnen den nötigen Halt.

Einzelne Stangen und Stangenzelte

Kletterbohnen erreichen Höhen von drei Metern und sogar mehr. Sie brauchen stabile Stützen. Für eine lange Reihe Bohnenpflanzen stellt man am besten zwei Reihen von Bohnenstangen auf, deren obere Enden überkreuzt und zusammengebunden werden.

Für weniger Bohnenpflanzen genügt ein Stangenzelt. Lange, gerade Äste von Hasel, Weide oder Kastanie sehen hübscher und rustikaler aus als gewöhnliche Rundhölzer. In jedem Fall sollte man die Stützen vor der Pflanzung der Bohnen errichten. Wartet man damit bis zum Sommer, ist der Boden vielleicht zu hart und die Stangen lassen sich nicht tief genug in den Boden rammen.

Die meisten Kletterbohnen winden sich von allein um die Stangen in die Höhe. Manche muss man aber anfangs mit Gartenschnur anbinden, um ihnen den Weg zu zeigen.

Tunnel und Spaliere

Kletternde Kürbissorten bilden, ähnlich wie Erbsen, Halteranken. Allerdings erreichen ihre Früchte bei voller Reife ein stattliches Gewicht, darum müssen die Kletterhilfen sehr stabil sein.

Spaliere sind meist kräftig genug. Man kann sie aus Holz bauen oder eine Kombination aus Holzstangen und Tauen verwenden. Neben einfachen Rasteranordnungen sehen auch Fächerspaliere gut aus. Bögen und Tunnel sind attraktiv, haben zusätzlich auch praktischen Nutzen: Es ist sehr einfach und bequem, durch den Tunnel zu gehen und die herabhängenden Früchte zu ernten.

(von ganz links)
Dicke Bohnen mit Stützen, ein Stangenzelt, Fächerspalier für Kürbis, Anbinden von Erbsen, Bohnengang

Kampf dem Unkraut

Eine erstaunliche Zahl vorweg: In jedem Quadratmeter Boden befinden sich etwa 100 000 Samen. Darum lässt sich das Jäten wirklich nicht vermeiden – am besten akzeptiert man, dass es ein ständiger Kampf ist. Unkräuter wachsen schnell und konkurrieren mit den Gemüsepflanzen um Wasser und Nährstoffe, um Platz und Licht.

Einjährige Unkräuter

Durch regelmäßiges Hacken lassen sich einjährige Unkräuter, die zwischen den Saatreihen auflaufen, in Schach halten. Lassen Sie sie nicht in Blüte gehen. Schneiden Sie die Pflanzen mit einer scharfen Hacke knapp unter der Erdoberfläche ab und entfernen Sie das Kraut gleich.

Mehrjährige Unkräuter

Es gibt zwei Möglichkeiten: entweder von Hand ausgraben und die Wurzeln oder Rhizome restlos entfernen – selbst kleine Wurzelstücke treiben neu aus – oder Sie legen dicke, schwarze Folie auf dem Boden aus. So bekommt das Unkraut kein Licht, wird geschwächt und stirbt schließlich ab. Diese Methode ist erstaunlich lang anhaltend. Manchmal kann man sogar Gemüse durch die Folie pflanzen (*siehe S. 56*).

Unkrautvernichter

Chemische Herbizide sollten Sie nur einsetzen, um extrem verwilderte Flächen von allen Pflanzen zu befreien. Hartnäckige, mehrjährige Unkräuter behandelt man am besten mit einem sogenannten systemischen Herbizid. Tragen Sie Handschuhe und Mundschutz, arbeiten Sie an einem windstillen Tag und beachten Sie die Hinweise des Herstellers.

(links) **Den Boden** um große Unkräuter mit der Grabgabel auflockern, dann die ganze Wurzel vorsichtig von Hand aus der Erde ziehen.

(rechts) **Die oberste Erdschicht**, in der einjährige Unkräuter wachsen, abheben und umgedreht wieder ablegen.

Ackerwinde kriecht oder klettert. Sie hat trompetenförmige Blüten und dicke Wurzeln, die man restlos entfernen muss.

Quecke breitet sich mit unterirdischen Rhizomen, die Wurzeln ähneln, aggressiv aus.

Kriechender Hahnenfuß breitet sich durch Ausläufer aus. Sorgfältig ausgraben.

Disteln bilden flach kriechende Wurzeln und lange Pfahlwurzeln. Bei starkem Bewuchs hilft ein systemisches Herbizid.

Löwenzahnblüten müssen entfernt werden, bevor sie sich zu »Pusteblumen« mit vielen Einzelsamen entwickeln.

Ampfer bildet eine lange Pfahlwurzel, die man ganz entfernen muss, damit sie nicht wieder austreibt.

Giersch ist mehrjährig und breitet sich mit unterirdischen Rhizomen aus. Selbst winzige Reststückchen treiben aus.

Kletten-Labkraut hat klebrige, grüne Blätter und breitet sich stark aus. Am besten ausgraben.

Brennnesseln vertreiben Blattläuse. Ein- und mehrjährige Arten wuchern aber und sollten beseitigt werden.

Biologisch gärtnern

Gemüse biologisch anzubauen bedeutet mehr, als nur auf chemische Dünger, Unkrautvernichter und Pestizide zu verzichten. Es geht auch um Umweltschutz, Wiederverwertung und schonenden Umgang mit Ressourcen. Es gibt viele Möglichkeiten, seine Pflanzen kräftig und gesund zu erhalten. Kompostiertes Pflanzenmaterial kann als Dünger dienen, durch sinnvolle Fruchtfolge lässt sich das Krankheitsrisiko eindämmen. Auch indem Sie Nützlinge in den Garten einladen, können Sie die Notwendigkeit zum Einsatz von Chemikalien deutlich reduzieren.

Der chemiefreie Gemüsegarten

Es ist durchaus möglich, auf Kunstdünger zu verzichten. Wenn Sie regelmäßig Kompost aus Küchen- und Gartenabfällen, verrottetem Stallmist, Laubkompost oder Pilzkompost (*siehe S. 48–50*) untergraben, führen Sie dem Boden die meisten wichtigen Nährstoffe zu und verbessern dazu noch seine Struktur.

Auch zu synthetischen Pestiziden und Unkrautvernichtungsmitteln gibt es biologische Alternativen, beispielsweise Spritzmittel und Insekten bekämpfende Seifen, die aus Pflanzenextrakten hergestellt sind. Unkräuter, die man nicht ausgraben kann, lassen sich mit einem Gasbrenner vernichten oder unter Plastikfolie abtöten.

Biologische Hilfsmittel

Manche Tiere, die man auf den ersten Blick für Schädlinge halten könnte, sind in Wirklichkeit Nützlinge. Man kann sie gezielt einsetzen, um die wirklichen Schädlinge im Gemüsegarten zu bekämpfen.

Bienen, Marienkäfer, Schwebfliegen, Florfliegen und andere nützliche Insekten fühlen sich in einem Garten wohl, der artenreich bepflanzt ist und auch einige nicht ganz makellos aufgeräumte Ecken bietet. Sie könnten auch einen Teich anlegen, um Fröschen und Kröten ein Zuhause zu bieten. In schweren Fällen ist es sogar denkbar, biologische Berufskiller zu engagieren – beispielsweise Nematoden zur Bekämpfung von Schnecken (*siehe S. 338–339*).

(Oben) **Kompostieren von Küchenabfällen**
(unten) **Eine Ohrwurmfalle aus Heu**

(Im Uhrzeigersinn von oben)
Regentonne, sparsamer Tropfschlauch, Brauchwasser aus dem Haushalt

Wasser sparen

Wasser ist kostbar, darum ist es sinnvoll, es sparsam einzusetzen, aufzufangen und zu recyceln. Nicht alle Pflanzen brauchen gleich viel Wasser. Einige müssen nur in bestimmten Entwicklungsphasen gegossen werden. Sämlinge, frisch umgepflanzte Gewächse und Kübelpflanzen haben den höchsten Bedarf. Gießen Sie den Boden, aber nicht die Blätter. Praktisch und sparsam sind Tropfschläuche. Mulch reduziert die Verdunstung von Oberflächenfeuchtigkeit und hält den Boden feucht. Sammeln Sie Regenwasser in Tonnen und verwenden Sie auch »Brauchwasser« aus dem Haushalt, sofern es keine Seife, Reinigungsmittel oder Fette enthält.

Ernten und lagern

Manche Gemüse sollte man gleich nach der Ernte essen. Bei Mais und Erbsen beispielsweise verwandeln sich vom Moment des Pflückens an die Zuckerstoffe in Stärke, es ist also eine Frage der Zeit, bis die Süße verloren geht. Salate und Blattgemüse welken schnell. Am besten erntet man sie morgens oder abends, nicht in der Mittagshitze. Viele andere Gemüsesorten halten sich aber bei richtiger Lagerung recht lange.

Gemüse lagern

Zwiebeln, Schalotten, Knoblauch, Kürbis, Kohl, Kartoffeln und andere Wurzelgemüse halten sich bei guter Lagerung bis in den Winter hinein. Kartoffeln lässt man abtrocknen und verpackt sie in Papiertüten. Zwiebeln, Schalotten und Knoblauch hängt man an einem kühlen, trockenen, gut belüfteten Platz auf. Kohlköpfe legt man auf Regale, die mit Stroh ausgelegt sind, oder hängt sie in Netzen auf. Wurzelgemüse wie Karotten und Pastinaken legt man in Holzkisten, die mit leicht feuchtem Sand gefüllt sind.

Einfrieren

Busch- und Stangenbohnen, Dicke Bohnen, Erbsen, Blumenkohl, Brokkoli und Rosenkohl eignen sich zum Einfrieren. Nach dem Waschen und Putzen werden sie einige Minuten lang in kochendem Wasser blanchiert, dann abgeschreckt, abgetrocknet, abgekühlt und eingefroren. Tomaten und Zucchini kann man ebenfalls einfrieren, aber nach dem Auftauen sind sie recht weich.

Einlegen und einmachen

Öl und Essig lassen sich gut mit Knoblauch, Chili-Schoten oder Kräutern aromatisieren. Für Chutneys und Sauerkonserven, die durch Zucker, Salz und Essig haltbar werden, verwendet man traditionell Zwiebeln, Tomaten, Paprika, Karotten, Bohnen, Blumenkohl oder Auberginen.

(links) **Herbstliche Ernte:** Kürbisse, Champignons, Knollensellerie, Süßkartoffeln, Pastinaken und andere Wurzelgemüse

(oben rechts) **Bohnen pflückt** man, wenn sie jung sind. Sonst werden sie hart und faserig.

(unten rechts) **Selbst gemachtes** Öl mit Rosmarin- und Chili-Aroma

Köstlich und umsonst

Die Idee, Gemüse selbst zu vermehren, ist verlockend. So kommt man an köstliche und beinahe kostenlose Lebensmittel. Fast alle Gemüsearten lassen sich aus Samen ziehen, aber beileibe nicht bei allen lohnt der Versuch, selbst gesammelte Saat zu verwenden. Bohnen, Erbsen, Zwiebeln, Tomaten, Kürbisse und manche Kräuter bringen meist gute Erfolge, andere sind unzuverlässig. Einige Gemüsearten lassen sich aber auch durch Teilung der Wurzeln vermehren, und von manchen Kräutern kann man recht leicht Stecklinge schneiden.

Welche Samen sind geeignet?

Nehmen Sie keine Samen von sogenannten F1-Hybriden ab. Diese Pflanzen sind Nachkommen von ausgewählten Elternsorten, die gekreuzt wurden, um spezifische Merkmale zu erhalten. Die Samen der Folgegeneration zeigen nicht unbedingt die Merkmale ihrer Eltern. Bei Pflanzen aus Samen, die ohne züchterisches Eingreifen erzeugt wurden, kann es im Garten durch unkontrollierte Bestäubung mit Pollen anderer Sorten zu spontanen Kreuzungen kommen. Darum sollte man Sorten, deren Samen man sammeln will, in ausreichend Abstand zu anderen anpflanzen.

Samen richtig sammeln

Tomaten und Kürbisse, deren Samen man verwenden will, müssen voll ausgereift sein. Erbsen und Bohnen lässt man an den Pflanzen, bis die Schoten vertrocknet sind. Um Samen von Zwiebeln, Schalotten oder Porree abzunehmen, lässt man einige gesunde Pflanzen über Winter im Garten, damit sie im folgenden Frühling blühen. Später bilden sich Samenstände, die man abschneiden und trocknen kann.

(gegenüber, im Uhrzeigersinn von oben links)
Chili-Schoten trocknen hängend,
Fenchelsamen liegend.
So teilt man Spargel.
Wurzeltriebe bei Süßkartoffeln.

Vermehrung durch Teilung

Wer mehrjährige Gemüse wie Spargel, Artischocken oder Rhabarber vermehren will, gräbt am besten alte Pflanzen aus, teilt sie und pflanzt die Teilstücke an einem neuen Platz wieder ein.

Vermehrung von Zwiebeln und Knollen

Kartoffeln und Zwiebeln, die im Boden bleiben, treiben im folgenden Jahr oft wieder aus. So können aber Krankheiten auftreten. Besser ist es, neue, virusfreie Pflanzkartoffeln und Steckzwiebeln zu kaufen.

Tomatensamen entnimmt man vollreifen Früchten. Tomate halbieren, Samen herausschaben, auf Küchenpapier trocknen lassen.

3. Kohl und Blattgemüse

Zur Familie der Kreuzblütler gehören viele Kohlsorten – nicht nur der sogenannte Kopfkohl, sondern auch Rosenkohl, Blumenkohl, Brokkoli, Grünkohl und Wirsing. Sie haben viele Merkmale gemeinsam. Die meisten haben eine lange Wachstumsperiode. Man sollte genau überlegen, wohin man sie pflanzt, denn sie bleiben dort einige Monate lang. Außerdem brauchen sie viel Platz. Leider sind sie auch für einige Krankheiten und Schädlinge anfällig. Besonders gravierend sind Kohlhernie und Kohlfliege, aber auch Vögel und Schmetterlingsraupen können Schaden anrichten. Trotzdem lohnt sich der Anbau. Mit einigen Vorbeugungsmaßnahmen wie Schutzkragen, Netzen und Beachten der Fruchtfolge lassen sich größere Probleme meist vermeiden. Und wer beim Timing der Aussaat geschickt ist, kann bis in den Winter hinein Kohl ernten.

Zierkohl mit seinen hübsch gefärbten, intensiv gekräuselten Blättern kann man sogar essen.

1 **Kopfkohl** nimmt viel Platz ein, pflanzen Sie deshalb nur wenige Köpfe pro Sorte und Reifezeit.

2 **Chinakohl** sieht fast aus wie aufrechter Kopfsalat mit dicht gedrängten, grünlich-weißen Blättern.

3 **Pak Choi** wächst sehr schnell. Schon einen Monat nach der Aussaat kann man oft die ersten Blätter ernten.

4 **Rosenkohl** erntet man, solange die Röschen noch ganz klein sind. Dann schmeckt er wunderbar mild und nussig.

5 **Spinat** steckt voll gesunder Nährstoffe und kann fast ganzjährig geerntet werden.

6 **Grünkohl** ist unproblematisch und leicht zu kultivieren. Er übersteht auch frostige Wintertage unbeschadet.

7 **Mangold** wird wie Spinat zubereitet. Manche Sorten haben leuchtend rote oder orangefarbene Blattstiele.

8 **Blumenkohl** gibt es in recht vielen verschiedenen Sorten, die zu unterschiedlichen Jahreszeiten geerntet werden.

9 **Brokkoli** enthält wertvolle Antioxidantien und kann fast ganzjährig geerntet werden.

7

8

9

Kohl

Kohlsorten werden oft anhand ihrer Erntezeit in Gruppen eingeordnet. Frühlings- und Sommersorten bilden runde oder spitze, relativ kleine Köpfe und sollten bald nach der Ernte verbraucht werden. Herbst- und Winterkohl bildet festere Köpfe, verträgt Kälte gut und kann darum lange im Beet bleiben. Außerdem lassen diese Sorten sich gut lagern. Beliebte Sorten sind Wirsing mit gekräuselten Blättern, Weiß- und Rotkohl. Als Frühlingskohl bezeichnet man sowohl spezielle Sorten, die keine Köpfe bilden oder die Blätter anderer Sorten, die geerntet werden, bevor sie sich zu Köpfen schließen.

JAHRESZEIT	**Frühling**	**Sommer**	**Herbst**	**Winter**
FRÜHLINGSKOHL				
Säen	■	■		
Auspflanzen		■		
Ernten	■			
SOMMER-/HERBSTKOHL				
Säen	■			
Auspflanzen		■		
Ernten		■	■	
WINTERKOHL				
Säen	■	■		
Auspflanzen		■		
Ernten			■	■
ROTKOHL				
Säen	■			
Auspflanzen	■	■		
Ernten		■	■	

Wo wird gepflanzt?

Kohl verträgt Sonne oder Halbschatten, braucht aber einen nährstoffreichen Boden mit gutem Wasserhaltevermögen. Der pH-Wert des Bodens sollte nicht unter 6,8 liegen (*siehe S. 47*).

Vor allem muss der Boden fest sein, immerhin müssen Wurzeln und Stiele die Köpfe tragen, die recht schwer werden können. Leichte, sandige Böden im Jahr vor der Pflanzung mit Kompost oder Mist anreichern.

Wichtig ist auch die Fruchtfolge. Pflanzen Sie Kohl nicht auf Beete, auf denen in den drei Vorjahren Kohlgewächse standen.

Wirsingkohl schmeckt gut und sieht mit seinen stark geäderten Blättern auch sehr schön aus.

In Schalen aussäen, Sämlinge umpflanzen, wenn sie drei bis vier Blätter haben.

KOHL-SÄMLINGE AUSPFLANZEN

Wenn die Sämlinge nach den Keimblättern drei bis vier echte Blätter gebildet haben, können sie ausgepflanzt werden. Im Haus gezogene Sämlinge zuerst abhärten. Nach der Pflanzung Kragen auslegen, damit das Weibchen der Kleinen Kohlfliege keine Eier im Boden ablegt (*siehe unten*).

1 Beim Umpflanzen aus dem Saatbeet die Pflanzen vor dem Ausgraben wässern. Die Sämlinge an den Blättern anfassen, um die Wurzeln nicht zu beschädigen und in einem Eimer oder einem Graben mit Wasser feucht halten.

2 15 cm tiefe Pflanzlöcher in Abständen von 45 cm vorbereiten. Die Löcher wässern, dann die Pflanzen einsetzen und den Boden vorsichtig andrücken.

Wann wird gepflanzt?

Wer fortlaufend ernten möchte, kann fast rund ums Jahr verschiedene Kohlsorten heranziehen. Früher Sommerkohl wird im zeitigen Frühling im Haus ausgesät. Im Spätfrühling legt man die Saat für die Herbst- und Winterernte. Und sät man im Hoch- oder Spätsommer, kann man im nächsten Frühling ernten.

Wie wird gesät?

Alle Kohlsorten sät man am besten in Schalen, Töpfe, Anzuchtkästen oder in ein Saatbeet. Erst wenn die Setzlinge größer sind, werden sie an ihren endgültigen Platz gepflanzt. Die Samen 2 cm hoch mit Substrat bedecken.

(ganz links) **Schutz-Kragen** verhindern, dass die weibliche Kohlfliege ihre Eier im Boden um die Stiele der Sämlinge ablegt.

(links) **Netze** schützen vor Vögeln und Kohlweißlingen, die junge Kohlköpfe unwiderstehlich finden.

Regelmäßige Pflege

Die Sämlinge unkrautfrei halten und regelmäßig gießen – bei Trockenheit zweimal täglich, ansonsten ein- bis zweimal pro Woche. Sie dürfen nicht austrocknen. Die Stiele anhäufeln, um die Standfestigkeit zu verbessern. Welke Außenblätter regelmäßig entfernen.

Ernte

Sobald sich im späten Frühling und Frühsommer junge Blätter zeigen, kann man sie ernten – noch bevor sich ein Herz bildet. Man kann aber auch warten, bis sie lockere Köpfe bilden. Diese mit einem scharfen Messer knapp unter dem Strunk abschneiden und rasch verbrauchen. Herbst- und Winterkohl erntet man entsprechend später. An einem kühlen Platz kann man ihn in Netzen oder auf Regalen sogar einige Monate lang lagern. Winterkohl verträgt durchaus etwas Frost und schießt kaum in Saat, darum besteht keine Notwendigkeit, alle Köpfe vor den ersten Frösten zu ernten.

Gleich nach der Ernte die Kohlwurzeln ausgraben, damit sich keine Krankheiten ausbreiten. Alternativ die Köpfe gleich mit der Wurzel aus der Erde ziehen, statt sie abzuschneiden.

Was schiefgehen kann

Schädlinge

Die **Kleine Kohlfliege** legt ihre Eier im Boden ab. Die Larven fressen die Wurzeln, wodurch die Strünke faulen. Ist der Befall einmal da, wird man seiner nicht mehr Herr. Um die Eiablage von vornherein zu verhindern, legt man »Kragen« um die Sämlinge, die man kaufen oder aus Teppichresten selbst zuschneiden kann. Auf den Kragen abgelegte Eier sterben ab, ehe die Larven schlüpfen.

Raupen fressen sich bis ins Herz vor. Die Raupen des Großen Kohlweißlings sind gelbschwarz und behaart, die des Kleinen Kohlweißlings sind hellgrün und die der Kohleule (ein Nachtfalter) gelbgrün oder braun. Abhilfe: von Hand absammeln oder mit einem geeigneten Spritzmittel behandeln.

Die Mehlige Kohlblattlaus trägt ihren Namen wegen des weißen, wachsartigen Belags auf den Schädlingen. Sie sitzen zwischen den Blättern, saugen Saft und verursachen gelbe Flecken und eingerollte Blätter. Zur Bekämpfung eignen sich verschiedene biologische Spritzmittel.

Außerdem können Larven von Erdraupen (Nachtfalter-Nachwuchs), Erdflöhen, Schnaken, Weißen Fliegen, Schnecken und Vögeln Schäden anrichten (*siehe S. 330–335*).

(oben) **Frühlingskohl** erntet man, wenn die Blätter noch keine festen Köpfe gebildet haben.

(unten) **Wenn sich die Köpfe** fest anfühlen, kann Kohl mit einem scharfen Messer knapp unter dem Strunk abgeschnitten werden.

Krankheiten

Die Kohlhernie ist ein gravierendes Problem. Die Pilzkrankheit befällt die Wurzeln und tötet sie ab. Dabei verbreiten sich die Sporen im Boden. Die Blätter verfärben sich, das Wachstum stagniert und die Pflanze stirbt ab. Schlimmer ist, dass die Sporen im Boden bis zu 20 Jahre überleben können und dass es kein Gegenmittel gibt. Vorbeugend sollte man eine konsequente Fruchtfolge einhalten, die Dränage verbessern, den Boden kalken (*siehe S. 47*) und Sämlinge erst auspflanzen, wenn sie schon recht robust sind. Kranke Pflanzenteile nicht kompostieren, sondern vernichten.

Weitere Krankheiten, die auftreten können, sind Echter und Falscher Mehltau, bakterielle Blattflecken und Weißrost (*siehe S. 324–329*).

Empfohlene Sorten

FRÜHLING **Duncan, Durham Elf, Mastercut First Early Market 21, Myatts Offenham, Pixie, Pyramid, Spring Hero**

SOMMER/HERBST **Derby Day, Stonehead**

WINTER **Alaska, Best of All, Celtic, Holly, January King, Julius, Marabel, Protovoy, Savoy Ice Queen, Tarvoy**

ROTE SORTEN **Red Jewel, Rodeo, Ruby Ball, Red Drumhead**

(gegenüber, im Uhrzeigersinn von oben links)
Savoy Ice Queen, Red Ruby Ball, Autumn Stonehead, Spring Hero

Winterkohl macht erste Kälte und sogar etwas Schnee nichts aus. Er kann lange im Beet bleiben.

Chinakohl

Die meisten Chinakohl-Sorten sehen ein bisschen aus wie aufrechte Kopfsalate. Sie bilden zylindrische Köpfe aus dicht gefügten, hellgrün-weißen Blättern. Die knackigen Blätter mit dem milden Kohlaroma schmecken roh als Salat oder nur kurz in Pfannengerichten gegart.
Chinakohl gehört zur Gruppe der asiatischen Kohlgewächse.

JAHRESZEIT	Frühling	Sommer	Herbst	Winter
Säen	■	■		
Auspflanzen		■		
Ernten		■	■	

Early Jade Pagoda

Wo, wann und wie wird gepflanzt?
Chinakohl braucht einen sonnigen, geschützten Platz und einen Boden mit viel organischer Substanz, der Wasser gut speichert. Bei Bedarf zusätzlich düngen.

Gesät wird entweder direkt ins Freiland oder in Saatschalen zum späteren Auspflanzen. Nicht zu früh säen, sonst schießt der Kohl in Saat. Warten Sie bis zum Spätfrühling oder Frühsommer, bis das Wetter sich erwärmt hat. Sämlinge auf etwa 30 cm Abstand verziehen.

Regelmäßige Pflege
Die Sämlinge unkrautfrei halten. Chinakohl hat kurze Wurzeln, die kein Wasser aus tiefen Bodenschichten ziehen können. Regelmäßig gießen und nie austrocknen lassen.

Ernte
Chinakohl wächst ausgesprochen schnell und ist etwa acht bis zehn Wochen nach der Aussaat erntereif.

Was schiefgehen kann
Wie bei allen Kohlarten sind Kohlhernie und Kleine Kohlfliege die größten Probleme. Auch andere Schädlinge und Krankheiten, die Kohlgewächse befallen, können auftreten (*siehe S. 77–78*).

Empfohlene Sorten

Early Jade Pagoda, Green Rocket, Kayoh, Nikko, Ruffles, Wong Bok

Pak choi

Pak Choi und der eng verwandte Tatsoi gehören zu den asiatischen Kohlarten. Er ist kleiner als Chinakohl und hat lockere Köpfe aus dunklen Blättern, die roh frisch und knackig schmecken. Gegart wird er möglichst nur kurz, damit er Biss und Aroma behält. Außer den Blättern und Stielen sind auch die Blütenstiele essbar.

JAHRESZEIT	Frühling	Sommer	Herbst	Winter
Säen	■	■		
Ernten		■	■	

Wo, wann und wie wird gepflanzt?

Wählen Sie einen warmen, geschützten Platz mit fruchtbarem Boden, der nicht austrocknet. Vor der Aussaat reichlich verrotteten Stallmist oder Kompost untergraben, eventuell auch etwas Dünger. Gesät wird im Spätfrühling oder Frühsommer direkt ins Freiland. Sät man zu früh, wenn es noch kalt ist, schießen die Pflanzen leicht in Saat. Die Samen mit 2 cm Substrat bedecken und nach der Keimung ausdünnen – auf 10 cm, wenn die Blätter einzeln geerntet werden sollen, und auf 30 cm, wenn Sie Köpfe ernten wollen.

Joi Choi

Regelmäßige Pflege

Häufig jäten und gießen. Pak Choi hat kurze Wurzeln und kann austrocknen, wenn Sie die oberste Erdschicht nicht feucht halten.

Ernte

Pak Choi wächst schnell. Einen Monat nach der Aussaat kann man bereits einzelne Blätter ernten. Alternativ die Pflanzen wachsen lassen, bis sie Köpfe bilden und die Blattrippen sich verdicken.

Was schiefgehen kann

Pak Choi geht leicht in Saat, wenn er zu früh gesät wird. Ansonsten treten die gleichen Probleme auf wie bei anderen Kohlgewächsen – z. B. Kohlhernie und Kleine Kohlfliege (*siehe S. 77–78*).

Empfohlene Sorten

Cantong White, Choko, Joi Choi

Rosenkohl

Rosenkohl ist eins der Gemüse, an denen sich die Geister scheiden. Entweder man liebt ihn oder man verabscheut ihn. Wer meint, ihn nicht zu mögen, sollte ihm allerdings noch eine letzte Chance geben und es einmal mit jungen, kleinen Röschen aus dem eigenen Garten probieren. Gleich nach der Ernte gekocht, schmecken sie wunderbar süßlich-nussig – das wird Sie überzeugen. Und wenn Sie auf den Geschmack gekommen sind, möchten Sie vielleicht auch eine der ungewöhnlichen roten oder violetten Sorten ausprobieren?

JAHRESZEIT	Frühling	Sommer	Herbst	Winter
Säen	■			
Auspflanzen	■	■		
Ernten		■	■	■

Wo wird gepflanzt?

Am besten wächst Rosenkohl in Beeten, in die im Vorjahr reichlich verrotteter Stallmist oder Kompost eingearbeitet wurde. Der Boden muss Zeit haben, sich zu setzen, denn die Pflanzen sind schwer und kopflastig und brauchen festen Halt in der Erde. Falls nötig, den pH-Wert mit Kalk auf mindestens 6,8 anheben und einen Universaldünger streuen.

Wie bei allen Kohlgewächsen ist die Fruchtfolge wichtig. Rosenkohl nicht auf Beete pflanzen, auf denen in den vorigen zwei oder drei Jahren Kohlgewächse standen.

Wann wird gepflanzt?

Für die Ernte im Spätherbst und Winter sät man im zeitigen oder mittleren Frühling und pflanzt die Sämlinge im Früh- oder Hochsommer um. Soll im Spätsommer und Frühherbst geerntet werden, sät man im vorhergehenden Winter im Haus und pflanzt die Sämlinge aus, sobald es warm genug ist.

Einen Monat nach dem Auspflanzen die Stiele anhäufeln, damit die kopflastigen Pflanzen nicht so leicht umkippen.

Moderne F1-Hybriden bilden dank züchterischer Auslese Röschen in gleichmäßiger Größe.

Wie wird gesät?

Dünn in Schalen, Töpfe oder Anzuchtkästen säen und mit 2 cm Substrat bedecken. Im Haus oder Gewächshaus heranziehen, bis es warm genug zum Auspflanzen ist. Alternativ direkt ins Freiland säen und die Sämlinge bei Frostgefahr schützen. Später werden sie an ihren endgültigen Platz verpflanzt.

Sämlinge auspflanzen

Ab Frühsommer, also etwa vier bis fünf Wochen nach der Aussaat, kann ausgepflanzt werden. Kleinwüchsige Sorten setzt man in Abständen von 45 cm, damit sie kleine, gleichmäßige Röschen bilden. Hohe Sorten brauchen Abstände von mindestens 60 cm. Sie bilden hohe Stiele, die man nach und nach aberntet. Die Pflanzen nicht zu eng setzen. Gute Luftzirkulation ist wichtig zur Vermeidung von Krankheiten.

Ein Kragen um die Sämlinge verhindert, dass die Kleine Kohlfliege Eier im Boden ablegt. Netze halten Schmetterlinge und Vögel fern.

(links) **Gelbe Blätter** im Herbst entfernen, damit sich auf ihnen keine Pilzkrankheiten ansiedeln, die auch Nachbarpflanzen befallen können.

(rechts) **Die Röschen** reifen von unten nach oben und werden auch in dieser Richtung abgeerntet.

Regelmäßige Pflege

Regelmäßig jäten und junge Pflanzen gießen, damit sie kräftig wachsen. Später nur wenig gießen. Vier bis fünf Wochen nach der Pflanzung die Stiele anhäufeln, um die Standfestigkeit zu verbessern. Pflanzen, die bis in den Winter im Beet bleiben sollen, stützen und anbinden. Welke und absterbende Blätter entfernen.

Im Hoch- bis Spätsommer sollte ein organischer oder anorganischer Dünger mit hohem Stickstoffanteil gegeben werden.

Wenn die untersten Röschen 1 cm Durchmesser haben, kneifen Sie die Triebspitze aus. Dadurch werden die anderen Röschen angeregt, auf gleiche Größe heranzuwachsen. Einheitliche Röschen garen gleichmäßiger.

(von ganz links) **Diablo, Red Delicious, Bosworth**

Ernte

Rosenkohl ist etwa fünf Monate nach der Aussaat erntereif. Herbst- und Wintersorten kann man aber über den ersten Frost hinaus im Beet lassen. Kälte tut dem Aroma gut. Abgeerntet werden die Stiele von unten nach oben. Die Röschen mit einem scharfen Messer abschneiden oder mit einer Abwärtsbewegung abbrechen.

Alternativ die Pflanze samt Wurzel aus dem Boden ziehen und die Röschen am Strunk lassen. In einem Eimer mit Wasser halten sie sich einige Tage, kopfüber an einem frostfreien Platz aufgehängt sogar mehrere Wochen.

Die jungen Blätter an den Triebspitzen kann man wie Frühlingskohl zubereiten. Nach der Ernte die Wurzeln ausgraben. Tipp: Die Strünke mit einem Hammer zerschlagen, erst dann auf den Kompost geben. So verrotten sie schneller und Krankheiten breiten sich nicht so leicht aus.

Was schiefgehen kann

Rosenkohl ist für die gleichen Probleme anfällig wie andere Kohlgewächse (*siehe S. 77–78*) – auch Kohlhernie und Kleine Kohlfliege – darum sind die gleichen Vorbeugemaßnahmen sinnvoll. Kohlläuse und Weiße Fliegen vernichten zwar die Ernte nicht unbedingt, sind aber lästig, weil sie sich kaum abwaschen lassen.

Empfohlene Sorten

Die meisten Sorten sind grün, es gibt aber auch einige rote und violette Sorten wie 'Rubine' und 'Red Delicious'.

Bosworth, Braveheart, Cascade Diablo, Evesham Special, Long Island Improved, Noisette, Peer Gynt, Red Delicious, Romulus, Rubine, Wellington

Spinat

Spinat gedeiht am besten in kühlem Klima. Sobald es warm und trocken wird, schießt er und bildet Samen. Es gibt »schussresistente« Sorten, doch auch diese bilden im Sommer meistens Blüten. Dennoch lohnt sich ein Versuch, denn frischer Spinat schmeckt großartig – gekocht oder roh als Salat – und ist obendrein sehr gesund.

Traditionelle Sorten haben entweder glatte oder gekräuselte Blätter. Glattblättrige Sorten sind zarter und milder und eignen sich besser für Salate. Krausblättrige dagegen behalten nach dem Kochen mehr Biss. Neue asiatische Sorten sind dunkler grün und haben meist längere Stiele.

JAHRESZEIT	Frühling	Sommer	Herbst	Winter
Säen	■	■	■	
Auspflanzen	■			
Ernten	■	■	■	

Wo wird gepflanzt?

Spinat stellt keine besonderen Standortansprüche. Ungewöhnlich ist, dass er auch Halbschatten gut verträgt – im Sommer sogar besser als pralle Sonne. Er ist aber hungrig und durstig. Der Boden muss fruchtbar sein, reichlich Stickstoff enthalten und Feuchtigkeit gut speichern. Am besten eine Weile vor der Aussaat reichlich verrotteten Kompost oder Mist untergraben. Magere Böden sollten zusätzlich mit einem natürlichen Universaldünger oder Mist angereichert werden.

Wann wird gepflanzt?

Moderne Spinatsorten können fast ganzjährig gesät werden, bei Hochsommerhitze keimen sie allerdings nicht ganz zuverlässig. Für eine fortlaufende Versorgung säen Sie alle paar Wochen vom frühen Frühling bis in den Spätsommer oder Herbst einige Pflanzen. Die ersten Saaten sind im Frühsommer erntereif, die letzten können geschützt im Beet sogar ein paar Minusgrade überstehen. Bei Frost sollten die Pflanzen mit Vlies geschützt werden.

»Spinat ist ungemein gesund und man kann ihn fast ganzjährig ernten.«

Asiatischer Spinat hat meist dickere, längere Blattstiele als seine westlichen Vettern.

Wie wird gesät?

Spinat sät man direkt ins Freiland. Die Samen 2 cm tief in Abständen von 2,5 cm legen. Der Reihenabstand beträgt 30 cm. Wenn die Sämlinge groß genug sind, um sie anzufassen, werden sie auf 7–15 cm vereinzelt – je nachdem, wie groß sie werden sollen. Wer schneiden und nachwachsen lassen will, sät in breiten Rillen.

Regelmäßige Pflege

Die Pflanzen unkrautfrei halten und unbedingt regelmäßig und reichlich gießen. Bei Trockenheit schießt Spinat sehr schnell in Saat. Im Hochsommer versucht er um jeden Preis, Blüten und Samen zu bilden – zu Lasten der Blätter. Wenn die Pflanzen langsam wachsen, kann stickstoffhaltiger Dünger – als Granulat oder flüssig – helfen.

Ernte

Etwa 10–12 Wochen nach der Aussaat ist Spinat erntereif. Junge Blätter für Salate kann man aber schon viel früher schneiden. Sobald sie ca. 5 cm lang sind, ernten Sie von jeder Pflanze einige der äußeren Blätter.

Soll die ganze Pflanze geerntet werden, zieht man sie aus der Erde oder schneidet sie 2,5 cm über dem Boden ab. Meist treibt sie dann noch einmal aus.

Acht Wochen nach der Aussaat können die äußeren Blätter gepflückt werden. Sie können aber auch die ganze Pflanze knapp über dem Boden abschneiden.

Was schiefgehen kann

Abgesehen von der verfrühten Saatbildung kann Falscher Mehltau (*siehe S. 327*) zum Problem werden. Gute Luftzirkulation durch ausreichende Pflanzabstände ist die beste Vorbeugung. Netze schützen junge Sämlinge vor hungrigen Vögeln.

Empfohlene Sorten

Schossresistente, glattblättrige Sorten sind besonders unkompliziert. Aber auch die Sorten in ungewöhnlichen Formen und Farben haben ihren Reiz.

Atlanta, Bloomsdale, Giant Thick Leaved, Melody, Monnopa, Palco, Sigmaleaf, Spokane

(oben) **Palco** (unten) **Monnopa**

NEUSEELÄNDER SPINAT

Botanisch ist dies eine andere Art, doch sie wird ebenso kultiviert und zubereitet wie Spinat. Abgesehen vom guten Geschmack hat Neuseeländer Spinat den Vorteil, dass er Hitze und Trockenheit besser verträgt und nicht so schnell schießt wie Spinat. Die Samen einweichen, damit sie besser keimen, und im Spätfrühling nach dem letzten Frost direkt ins Freiland säen. Später auf Abstände von 45 cm ausdünnen.

Schon sechs Wochen nach der Aussaat kann man die ersten jungen Blätter ernten (*siehe unten*). Die Pflanze bildet immer wieder neue Blätter, kann also den ganzen Sommer hindurch bis zum ersten Frost beerntet werden.

Grünkohl

Grünkohl ist ein echter Überlebenskünstler. Diese älteste aller Kohlsorten verträgt Frost problemlos. Selbst bei –15 °C stehen die hohen Strünke mit den gekräuselten Blättern aufrecht im Beet. In manchen Regionen ist Grünkohl das einzige Gemüse, das in der kalten Jahreszeit frisch verfügbar ist. Im Gegensatz zu anderen Kohlsorten bildet Grünkohl keine Köpfe, sondern trägt locker um den Mittelspross angeordnete Blätter. Diese sind je nach Sorte grün, rot, violett oder schwarz, fein gekräuselt oder locker gewellt.

JAHRESZEIT	Frühling	Sommer	Herbst	Winter
Säen	■	■		
Auspflanzen		■		
Ernten	■	■	■	■

(links) **Junge Blätter** pflückt man aus dem Zentrum jeder Pflanze. Die gesunden, äußeren Blätter bleiben zum Schutz stehen.

(rechts) **Nach der Ernte** die Pflanzen ganz aus dem Boden ziehen, damit sich keine Erreger der Kohlhernie oder anderer Krankheiten im Erdreich ansiedeln.

Wo wird gepflanzt?

Manche Grünkohlsorten erreichen 90 cm Höhe und 60 cm Durchmesser – sie brauchen also viel Platz. Der Boden muss fruchtbar und durchlässig sein und den kopflastigen Pflanzen guten Halt bieten. Winterliche Staunässe verträgt Grünkohl nicht.

Wann wird gepflanzt?

Für die Sommerernte sät man im zeitigen Frühling, für die Herbst- und Winterernte im Spätfrühling oder Frühsommer.

Richtig säen und auspflanzen

Die Samen 2 cm tief in Saatschalen oder ein Saatbeet im Freien legen und vor Frost schützen. 6–8 Wochen später können die Sämlinge verpflanzt werden. Dabei die Wurzeln möglichst wenig stören.

Für einen frühen Schnitt, nach dem die Pflanzen wieder austreiben, genügen Pflanzabstände von 8–10 cm. Sollen die Pflanzen auswachsen, sind Abstände von 45 bis 60 cm nötig.

(ganz links) **Redbor** (links) **Red Russian**

Regelmäßige Pflege

Regelmäßig jäten und sparsam gießen. Wenn sich die Blätter gelb färben oder langsam wachsen, im Frühherbst einen organischen Flüssigdünger geben.

Ernte

Für Sommersalate kann man einzelne Blätter oder ganze Jungpflanzen von 10–15 cm Höhe schneiden. Ausgewachsene Pflanzen können im Beet bleiben, bis sie verbraucht werden sollen.

Was schiefgehen kann

Grünkohl ist ein Kohlgewächs und darum theoretisch durch alle typischen Kohl-Probleme bedroht (*siehe S . 77–78*). Er ist aber insgesamt sehr robust und wesentlich weniger anfällig für Kohlhernie als andere Kohlsorten.

Bei Befall mit Weißer Fliege die Blätter vor der Zubereitung gründlich mit Salzwasser abwaschen. Schmetterlinge und Vögel mögen einige Grünkohlsorten gern – eventuell müssen Sie zum Schutz Netze spannen.

Empfohlene Sorten

Afro, Black Tuscan (Cavolo Nero), Dwarf Green Curled, Pentland Brig, Ragged Jack, Redbor, Red Russian, Reflex

Mangold

Dass Mangold ein enger Verwandter der Roten Bete ist, erkennt man an der Form der Blätter. Allerdings gibt es einen entscheidenden Unterschied: Vom Mangold verwertet man die Blätter, denn seine Wurzel ist klein und nicht essbar, bei der Rübe schmeckt die Wurzel. Es gibt verschiedene Mangold-Sorten. Einige bilden kleine Blätter mit dunklen, grünen Stielen. Andere haben fleischige Stiele in leuchtendem Gelb, Orange, Pink, Violett oder strahlendem Weiß und oft auch farbig geäderte Blätter. Alle werden wie Spinat zubereitet.

JAHRESZEIT	Frühling	Sommer	Herbst	Winter
Pflanzen	■	■		
Auspflanzen	■	■		
Ernten	■	■	■	

Auch im Kübel gedeiht Mangold gut. Bedenken Sie aber, dass die Blätter recht groß werden können, wenn sie nicht jung geerntet werden.

Wo wird gepflanzt?

Mangold bevorzugt fruchtbaren Boden mit gutem Wasserhaltevermögen. Graben Sie vor der Aussaat reichlich verrotteten Kompost oder Mist unter. Der Boden-pH-Wert sollte neutral oder leicht alkalisch sein (*siehe S. 47*).

Wann wird gepflanzt?

Im Frühling oder Frühsommer für die Ernte im mittleren oder späten Herbst säen. Sommeraussaaten werden im folgenden Frühling geerntet.

Wie wird gesät?

Die Samen dünn in 2,5 cm tiefe Rillen mit einem Reihenabstand von 45 cm legen. Später verziehen: auf 10 cm, wenn kleine Blätter für Salat geerntet werden sollen und auf 30 cm, wenn Sie ausgewachsene Pflanzen wünschen. Wenn der Boden noch kalt ist, kann auch in Saatschalen oder Anzuchtkästen ausgesät und nach den letzten Frösten ausgepflanzt werden.

Regelmäßige Pflege

Blütentriebe abschneiden, um die Blattbildung anzuregen. Pflanzen, die bis zum Winter im Beet bleiben sollen, danken eine Versorgung mit organischem Flüssigdünger im Spätsommer und brauchen Kälteschutz. Überwinternde Pflanzen gedeihen in milden Wintern eventuell unter einem Folientunnel.

Ernte
Junge Blätter für Salate kann man ernten, sobald sie groß genug sind. Bei früher Aussaat kann die Ernte meist nach 8–10 Wochen beginnen. Ernten Sie jede zweite Pflanze, sodass die verbleibenden mehr Platz bekommen. Ausgewachsene Blätter können jederzeit bei Bedarf geschnitten werden, bis die Pflanzen blühen und Samen bilden.

Was schiefgehen kann
Sehr wenig. Mangold ist ungewöhnlich gesund und robust.

Empfohlene Sorten
So attraktiv die Mangoldsorten mit den bunten Stielen und den farbig geäderten Blättern aussehen: Beim Kochen oder Dünsten verblassen die Farben normalerweise.

Bright Lights, Feurio, Perpetual Spinach, Rainbow, Rhubarb Chard, Swiss Chard, White Silver

(unten links) **Mulch rund** um die jungen Schösslinge hält Unkraut zurück und verringert die Verdunstung von Bodenfeuchtigkeit.

(unten rechts) **Erntet man** Mangold regelmäßig und maßvoll, wachsen laufend neue Blätter nach.

(oben rechts) **Schnittmangold 'Perpetual Spinach'**

(unten rechts) **White Silver**

Blumenkohl

Mit etwas Planung ist es einfach, rund um das Jahr frischen Blumenkohl zu ernten. Der Trick liegt darin, zur rechten Zeit die richtige Sorte zu säen. Schnell wachsende Sorten sät man im Frühling und erntet im Sommer und Herbst. Langsam wachsende Sorten sind im späten Herbst erntereif. Die meisten Blumenkohlsorten bilden weiße Köpfe, es gibt aber auch hellgrüne und violette Sorten. Die größte Schwierigkeit besteht darin, das Schießen zu unterbinden. Wenn man ihn lässt, bildet Blumenkohl Samen aus.

JAHRESZEIT	**Frühling**	**Sommer**	**Herbst**	**Winter**
FRÜHSOMMERERNTE				
Säen			■	
Auspflanzen	■			
Ernten		■		
SOMMER-/HERBSTERNTE				
Säen	■			
Auspflanzen		■		
Ernten		■	■	
WINTERERNTE				
Säen	■			
Auspflanzen		■		
Ernten				■
FRÜHLINGSERNTE				
Säen	■			
Auspflanzen		■		
Ernten	■			

Wo wird gepflanzt?

Blumenkohl fühlt sich in fruchtbarem Boden mit gutem Wasserspeichervermögen wohl. Ideal sind Beete, in die in den Vorjahren Mist oder Kompost eingearbeitet wurde. Falls nötig, den Boden-pH-Wert mit Kalk auf mindestens 6,8 einstellen (*siehe S. 47*) und als Grundversorgung einen Universaldünger streuen.

Vor der Aussaat den Boden nicht umgraben. Er muss sich gesetzt haben, damit er die schweren Kohlköpfe trägt.

Wie bei allen Kohlarten ist die Fruchtfolge wichtig. Blumenkohl nicht auf Beete pflanzen, auf denen in den vorigen zwei oder drei Jahren Kohlgewächse standen.

Blumenkohlröschen sind genau besehen zahllose Blütenknospen, die sich noch nicht geöffnet haben.

Pflanzen für die Frühsommerernte unter Tunneln aussäen, weil die Samen zur Keimung Wärme brauchen.

BLEICHEN UND FROSTSCHUTZ

1 Im Sommer können sich die Röschen durch Sonnenbestrahlung unschön gelb färben, im Winter sind die zarten Knospen durch Frost gefährdet. Beide Probleme lassen sich auf recht einfache Weise verbessern:

2 Zum Bleichen im Sommer legt man einige Blätter über den Kopf. Der beste Frostschutz: Im Winter wickelt man den Kopf in seine Blätter und umschnürt alles mit Bindfaden.

Wann wird gepflanzt?

Wer im Frühsommer Blumenkohl ernten will, sät im vorausgehenden Herbst oder Winter, stellt die Sämlinge ins Frühbeet oder Gewächshaus und pflanzt sie im zeitigen Frühling aus. Für die Sommer- und Herbsternte wird im Frühling gesät und im Frühsommer ausgepflanzt. Für die Winterernte sät man im Spätfrühling und pflanzt im Spätsommer um. Sie gelingt nur vereinzelt und in milden Wintern. Natürlich muss mit Vlies vor Frost geschützt werden.

Wie wird gesät?

Die Samen dünn in Schalen, Töpfe oder Anzuchtkästen geben und mit 2 cm Substrat bedecken. Die Keimtemperatur liegt bei 21 °C, deshalb ist ein beheizter Anzuchtkasten praktisch. Jungpflanzen gleich ins Frühbeet oder unter Folientunnel ins Freie setzen, bis es warm genug zum Auspflanzen ist. Alternativ in ein Saatbeet säen und bei Bedarf vor Frost schützen. Denken Sie daran, die Sämlinge vor dem Auspflanzen ins Freiland abzuhärten.

Sämlinge auspflanzen

Sämlinge sollten ausgepflanzt werden, ehe sie größer als 5 cm sind. Sonst besteht Gefahr, dass die Wurzel beschädigt wird und die Pflanzen in Saat schießen. Je später im Jahr Sämlinge ausgepflanzt werden, desto größer werden sie – desto mehr Platz müssen Sie ihnen also im Beet geben. Frühe Sommer- und Sommer/Herbst-Sorten brauchen Abstände von etwa 60 cm. Wintersorten sollten 70 cm Abstand haben. Knausern sie nicht mit dem Platz, denn Licht und gute Luftzirkulation helfen, die Pflanzen gesund zu halten.

Kragen um die Stiele der Sämlinge halten die Kleine Kohlfliege fern und Netze schützen das Gemüse vor Vögeln und Schmetterlingen.

Regelmäßige Pflege

Die Pflanzen unkrautfrei halten und während der Wachstumssaison regelmäßig wässern. Wenn sie austrocknen, stagniert das Wachstum und sie neigen zum Schießen. Sorten für die Winterernte können im Spätwinter oder zeitigen Frühling mit Stickstoffdünger oder organischem Flüssigdünger versorgt werden, um vor der Ernte das Wachstum noch einmal anzuregen – aber nicht früher düngen, sonst sinkt ihre Kältetoleranz.

Ernte

Blumenkohl wird geerntet, solange die Röschen fest geschlossen sind. Wird er nicht sofort verbraucht, entfernen Sie nicht alle Blätter, denn sie schützen die Köpfe. Sommerblumenkohl hält sich einige Wochen, wenn man ihn kopfüber in einen kühlen Schuppen hängt und gelegentlich mit Wasser besprüht. Herbst- und Winterblumenkohl hält sich länger, weil er zur Erntezeit bereits das Wachstum eingestellt hat. Übrigens eignen sich alle Blumenkohlsorten gut zum Einfrieren.

Was schiefgehen kann

Blumenkohl ist für alle typischen Kohl-Probleme – auch Kohlhernie und Kleine Kohlfliege – anfällig und wird mit den gleichen Vorbeugemaßnahmen geschützt (*siehe S. 77–78*). Falscher Mehltau kann auftreten, außerdem kann ein Mangel an Magnesium, Bor und Molybdän zu Verformungen der Blätter führen.

Empfohlene Sorten

FRÜHSOMMER **Fargo, Idol**

SOMMER/HERBST **All-The-Year-Round, Beauty, Dok Elgon, Graffiti, Kestel, Limelight, Plana, Snow Crown, Wallaby, White Rock**

WINTER/FRÜHLING **Penduick, White Dove, Galleon, Jerome, Mayfair, Patriot, Purple Cape, Red Lion, Walcheren Armado May**

Wer Mini-Blumenkohl ernten will, setzt die Pflanzen in Abständen von 15 cm. Durch die Enge wird das Wachstum behindert. Die Technik eignet sich am besten für schnell wachsende Frühsommersorten.

(links) **Mayfair**

(rechts) **Violetter Blumenkohl** verliert seine Farbe beim Kochen meist. Gart man ihn im Dampf, bleibt die Färbung eher erhalten.

Brokkoli

Es gibt heutzutage zwei voneinander leicht unterschiedliche Sorten. Große, geschlossene Brokkoliköpfe sind seit geraumer Zeit bekannt, das ist der klassische Brokkoli. Noch recht neu auf dem deutschen Markt ist eine zweite Form, die offene und zahlreiche kleinere Köpfe bildet, der sogenannte Spross-Brokkoli. Er wird in der asiatischen Küche verwendet und deshalb oft als Wok-Brokkoli verkauft. Kopf-Brokkoli wurde früher hauptsächlich im Sommer geerntet, Spross-Brokkoli dagegen über den Winter. Durch moderne Zuchtmaßnahmen konnten die Anbauzeiten für beide jedoch verlängert werden.

JAHRESZEIT	Frühling	Sommer	Herbst	Winter
KOPF-BROKKOLI				
Säen	■	■	■	
Ernten	■	■	■	
SPROSS-BROKKOLI				
Säen	■	■		
Auspflanzen	■	■		
Ernten	■	■	■	■

Wo wird gepflanzt?

Brokkoli braucht einen geschützten Platz mit festem Boden, der den hohen Pflanzen sicheren Stand gibt. Der pH-Wert des Bodens sollte nicht unter 6,8 liegen (*siehe S. 47*), gegebenenfalls muss er mit Kalk reguliert werden. Vor der Aussaat von Spross-Brokkoli kann ein Universaldünger ausgebracht werden, bei Kopf-Brokkoli ist das meist nicht nötig.

Um die Kohlhernie zu vermeiden, pflanzen Sie Brokkoli nicht auf Beete, auf denen vorher Kohlgewächse standen.

Wann wird gepflanzt?

Kopf-Brokkoli sät man vom mittleren Frühling bis in den Frühsommer. Die Herbstaussaat für eine Ernte im nächsten Frühling ist möglich, wenn die Jungpflanzen im Frühbeet oder Gewächshaus überwintern. Spross- oder Wok-Brokkoli sät man im Frühling. Die Pflanzen bleiben in der Erde, bis sie im Spätherbst geerntet werden. Neue Sorten für die Sommer- und Herbsternte können vom Spätwinter an im Haus oder unter Abdeckung gesät werden.

Später Spross-Brokkoli

Hohe Brokkolipflanzen stützen oder anhäufeln, um die Standfestigkeit zu verbessern.

KOPF-BROKKOLI ERNTEN

1 Den mittig sitzenden Hauptkopf ernten, wenn er etwa 10 cm Durchmesser hat und die Knospen noch fest geschlossen sind.

2 Ist der Mittelkopf geerntet, bilden sich Köpfe an Seitentrieben. Sie können später geerntet werden.

Wie wird gesät?

Sämlinge von Kopf-Brokkoli vertragen das Umpflanzen schlecht (vor allem bei warmem Wetter), darum sät man sie direkt ins Freiland. Folgesaaten sind sinnvoll, damit nicht alle Pflanzen gleichzeitig erntereif sind. Jeweils zwei oder drei Samen in 2 cm tiefe Löcher mit Abständen von 30 cm legen. Der Reihenabstand beträgt 45 cm. Nach dem Auflaufen nur den kräftigsten Sämling stehen lassen.

Kopf-Brokkoli, der überwintern soll, wird im mittleren Herbst in Saatschalen gesät. Im Frühwinter in größere Töpfe pflanzen und in ein Frühbeet oder Gewächshaus stellen.

Spross-Brokkoli sät man in Saatschalen, Anzuchtkästen oder in ein Saatbeet im Freien – in beiden Fällen 2 cm tief. Abdecken, bis keine Frostgefahr mehr besteht.

Sämlinge auspflanzen

Die Sämlinge ganz behutsam umpflanzen, sie nehmen es übel, wenn die Wurzel gestört wird. Bei Kopf-Brokkoli Pflanzabstände von 30 cm und Reihenabstände von 45 cm einhalten. Spross-Brokkoli braucht mehr Platz. Hier sind je 60 cm Pflanz- und Reihenabstand empfehlenswert.

Regelmäßige Pflege

Die Sämlinge unkrautfrei halten und regelmäßig gießen, bis sie sich etabliert haben. Danach braucht Kopf-Brokkoli weiterhin regelmäßig Wasser. Spross-Brokkoli übersteht einen milden Winter eventuell, wenn er sparsam gegossen und abgedeckt wird.

Wenn sich Köpfe oder Röschen bilden, werden die Pflanzen oft kopflastig und müssen angehäufelt werden. Spross-Brokkoli im Herbst – vor allem in windigen Gebieten – zusätzlich stützen und anbinden.

Ernte

Kopf-Brokkoli wächst meist recht schnell. Drei bis vier Monate nach der Aussaat kann oft schon geerntet werden. Spross-Brokkoli ist etwas langsamer, aber man kann ihn dann bis zu zwei Monate fortlaufend beernten. Die Röschen abknipsen, wenn sie etwa 15 cm lang sind – und ehe sich die Blüten öffnen. Je öfter man erntet, desto mehr neue Blüten werden gebildet.

Was schiefgehen kann

Generell ist Brokkoli von denselben Problemen bedroht wie andere Kohlgewächse (*siehe S. 77–78*) – einschließlich der Kohlhernie. Doch normalerweise ist er unproblematisch. Lästig werden vor allem Vögel (insbesondere Tauben) und Raupen von Schmetterlingen.

Empfohlene Sorten

KOPF-BROKKOLI **Corvet, Decathlon, Jewel, Lord, Tenderstem**

SPROSS-BROKKOLI **Bordeaux, Claret, Early Purple Sprouting Improved, Early White Sprouting, Late Purple Sprouting, Rudolph, White Eye, White Star**

(im Uhrzeigersinn von oben)
Romanesco, Claret, Early White Sprouting

4. Wurzel- und Sprossgemüse

Das folgende Gemüse wird in zwei Hauptgruppen unterteilt: Kartoffeln, Karotten, Rote Bete und Rüben sind Gemüse, von denen man die unterirdisch wachsenden Wurzeln oder Knollen verwertet. Die andere Gruppe wird wegen ihrer essbaren Sprosse und Stängel kultiviert. Sie umfasst zum Beispiel Stangensellerie, Frühlingszwiebeln, Porree. Nicht immer ist eine Zuordnung eindeutig möglich: Knollensellerie, Kohlrabi und Zwiebeln beispielsweise sehen aus wie Wurzeln, sind aber in Wirklichkeit verdickte Stängel.

Fast alle Gemüse in diesem Kapitel haben ein gemeinsames Merkmal: Man kann sie nach der Ernte lange lagern und im Winter verbrauchen, wenn frisches Gemüse knapp ist. Nur Stangensellerie, Gemüsefenchel und Frühlingszwiebeln müssen bald nach der Ernte verbraucht werden.

Fruchtbarer, gut vorbereiteter Boden ist notwendig, um gut geformtes Wurzelgemüse wie diese frisch gezogenen Karotten anzubauen.

WURZEL- UND SPROSSGEMÜSE

1 **Kartoffeln** ordnet man anhand des Erntezeitpunkts in verschiedene Gruppen ein: Frühkartoffeln, Haupternte und späte Kartoffeln.

2 **Süßkartoffeln** brauchen einen langen, heißen Sommer, um im Freiland gute Erträge zu bringen.

3 **Rote Bete** schmecken am besten, wenn man sie erntet, solange sie jung und klein sind.

4 **Karotten** sind einfach zu kultivieren, brauchen wenig Platz und sind in vielen interessanten Sorten erhältlich.

5 **Pastinaken** sollten vor der Ernte einmal Frost bekommen. Sie schmecken dann intensiver und süßer.

6 **Rüben** bilden essbare Knollen, aber man kann auch ihre Blätter ernten und wie Frühlingskohl zubereiten.

7 **Kohlrüben** wachsen langsam und sind nicht ganz unkompliziert, aber sie lassen sich gut für den Winter einlagern.

8 **Stangensellerie** bleibt länger knackig, wenn man die Pflanzen vor der Ernte noch einmal kräftig gießt.

9 **Knollensellerie** schmeckt besser, als er aussieht. Man kann ihn roh essen oder garen.

10 **Kohlrabi** bildet hübsche, rundliche Knollen, die einen Schopf aus kohlähnlichen Blättern tragen.

11 **Gemüsefenchel** sieht aus wie eine Knolle, tatsächlich sind es aber verdickte, überlappende Blattstiele.

12 **Zwiebeln** sind ganz einfach zu kultivieren. Probieren Sie einmal Sorten, die es auf dem Markt nicht zu kaufen gibt!

13 **Schalotten** zieht man am besten aus Steckzwiebeln, die sich im Boden teilen und immer neue Zwiebeln bilden.

14 **Frühlingszwiebeln** sind genau besehen unreife Zwiebeln, die man erntet, solange sie frisch und grün sind.

15 **Knoblauch** ist für sein Aroma und seine Heilwirkung berühmt. Sein Geruch vertreibt allerdings nicht nur Vampire.

16 **Porree** passt in jede Lücke – zum Beispiel an Stellen, die frei werden, wenn die Zwiebeln geerntet sind.

Kartoffeln

Eine Hand voll frischer Kartoffeln, eben ausgegraben, kurz abgespült, schnell gekocht oder gedämpft und mit einem Klecks Butter und ein paar Kräutern serviert – gibt es ein besseres Argument, eigene Kartoffeln anzupflanzen? Das gilt natürlich ebenso für mehlige Kartoffeln zum Backen und Stampfen. Oder mögen Sie lieber Bratkartoffeln oder Pommes frites?

Kartoffeln ordnet man anhand ihrer Reifezeit in Gruppen ein. Im Mai/Juni sind die sogenannten Frühkartoffeln erntereif, dann folgt die Haupternte, und an diese schließt sich die späte Ernte an. Aus Samen werden Kartoffeln nicht gezogen. Stattdessen kauft man spezielle Saatkartoffeln. Im Fall besonderer, alter Sorten (*siehe S. 111*) kann man Mikropflanzen für die Knollenproduktion kaufen.

JAHRESZEIT	**Frühling**	**Sommer**	**Herbst**	**Winter**
Pflanzen	■			
Ernten		■	■	

Wo wird gepflanzt?

Arbeiten Sie in ein offen liegendes Beet mit durchlässigem Boden möglichst schon im Herbst organische Substanz ein, beispielsweise Kompost oder verrotteten Stallmist. Der Boden-pH-Wert sollte bei 5–6 liegen (*siehe S. 47*).

Pflanzen Sie Kartoffeln nicht in aufeinander folgenden Jahren auf das gleiche Beet, sonst steigt das Krankheitsrisiko. Planen Sie die Fruchtfolge so, dass Kartoffeln nicht nach Wurzelgemüse oder Zwiebeln angebaut werden. Günstig ist ein Beet, auf dem im Vorjahr Hülsenfrüchte standen.

Kartoffelblüten zeigen an, dass mit der Ernte begonnen werden kann. Eine Probe-Ausgrabung verschafft endgültige Gewissheit.

Wann wird gepflanzt?

Kartoffeln können bei uns im Frühling ins Freiland gepflanzt werden, wenn sich der Boden auf mindestens 7 °C erwärmt hat und keine harten Fröste mehr drohen. Wer die Zeit bis zur Ernte verkürzen möchte, kann die Pflanzkartoffeln auch im Haus vorkeimen.

Um vom Sommer bis in den Herbst ernten zu können, sollten Sie Frühkartoffeln und späte Sorten kombinieren.

Kartoffeln, frisch aus dem eigenen Beet geerntet, schmecken unwiderstehlich gut.

PFLANZKARTOFFELN VORKEIMEN

Pflanzkartoffeln aus dem Handel sind normalerweise krankheitsfrei. Sie kommen im Winter in die Geschäfte.

1 Die Kartoffeln in die Fächer von Eierkartons oder in Aussaatkästen legen. Das Ende mit den meisten »Augen« zeigt nach oben. An einem kühlen, hellen Platz bilden sich bald dunkle, kräftige Keime von 2 cm Länge. Ist es zu warm oder zu dunkel, sind die Keime blass, schwach und deutlich länger.

2 Vor der Pflanzung entfernen manche Gärtner die meisten Keime und lassen nur drei pro Knolle stehen. Dadurch werden die Kartoffeln größer, aber ihre Anzahl fällt meist geringer aus. Einen 15 cm tiefen Graben ausheben und die Kartoffeln mit den Keimen nach oben hineinsetzen.

3 Mit einer Harke mindestens 2,5 cm Erde über die Kartoffeln ziehen.

Kartoffeln richtig pflanzen

Heben Sie in der Länge der Reihe einen 15 cm tiefen Graben aus. Wer möchte, streut etwas Universaldünger auf den Grund. Die Kartoffeln so in kleine Vertiefungen drücken, dass das Ende mit den meisten Keimen nach oben zeigt. Erstlinge brauchen 30–35 cm Abstand zueinander, der Reihenabstand beträgt 45 cm. Für andere Kartoffeln beträgt der Pflanzabstand 40 cm und der Reihenabstand 75 cm.

Die Kartoffeln mit mindestens 2,5 cm Boden bedecken.

Regelmäßige Pflege

Früh gepflanzte Kartoffeln wässern und unkrautfrei halten. Bei Frostgefahr die Jungpflanzen abdecken. Später gepflanzte Kartoffeln brauchen erst bewässert zu werden, wenn sie Knollen bilden.

Wenn die Pflanzen wachsen, müssen sie angehäufelt werden, damit die Kartoffeln immer von Erde bedeckt sind. Wenn sie Licht bekommen, werden sie grün und ungenießbar. Wenn die Stiele etwa 25 cm hoch sind, so viel Erde anhäufeln, dass noch 10 cm Blattwerk herausschauen. Eventuell muss diese Arbeit ein- oder zweimal im Lauf des Sommers wiederholt werden.

Organischer Flüssigdünger oder aufgestreutes, stickstoffhaltiges Düngergranulat können den Ertrag steigern.

Ernte

Sehr frühe Frühkartoffeln sind etwa 100–110 Tage nach der Pflanzung erntereif, Frühkartoffeln nach 110–120 Tagen und die der Haupternte nach 125–140 Tagen. Die genaue Reifezeit hängt aber von der Sorte, dem Wetter, den Bodenverhältnissen und anderen Faktoren ab. Die Blüten sind ein guter Hinweis – wenn sie sich öffnen, kann meist die Ernte beginnen. In jedem Fall ist es notwendig, etwas Erde abzutragen und einmal nachzuschauen.

Kartoffeln der späten Sorten können auch länger im Boden bleiben, solange kein Frost droht. Das Timing ist aber nicht ganz einfach. Der Vorteil ist, dass sie im Boden weiter wachsen. Der Nachteil besteht darin, dass sie von Schnecken, Würmern und Krankheiten bedroht sind. In jedem Fall sollten Sie im Herbst das Kraut abschneiden.

Wer Kartoffeln einlagern will, sollte sie an einem trockenen Tag ernten und einige Stunden in der Sonne trocknen lassen. Beschä-

Zum Anhäufeln die Erde am Stängel hochziehen, sonst werden die Kartoffeln grün und ungenießbar.

Im Frühherbst die welkenden Stiele 5 cm über dem Boden abschneiden.

Kartoffeln in einem trockenen, sauberen Sack dunkel aufbewahren. Beschädigte Knollen nicht einlagern.

digte Knollen zum sofortigen Verbrauch aussortieren, die übrigen in doppellagige Säcke füllen und an einem kühlen, trockenen, gut belüfteten und vor allem dunklen Platz lagern. Alternativ kann man sie in einer Miete im Freien aufbewahren (*siehe S. 128*).

Was schiefgehen kann

Schädlinge

Kartoffelzysten-Nematoden greifen die Wurzeln an. Jede kleine Zyste ist der Körper eines weiblichen Wurms, der bis zu 600 Eier legen kann. Wenn die Larven schlüpfen, entziehen sie der Pflanze alle Nährstoffe und diese stirbt ab. Die Eier können mehrere Jahre im Boden überleben. Gegen den Befall gibt es kein Mittel. Eine konsequente Fruchtfolge ist die einzig sinnvolle Vorbeugung.

Kartoffelkäfer mit den schwarz-gelb gestreiften Flügeln stammen aus den USA, sind aber heute in ganz Europa verbreitet. In England hat die Regierung den Schädling als so gefährlich eingestuft, dass sogar Meldepflicht besteht. Befall durch Erdraupe, Drahtwürmer und Schnecken kann vorkommen (*siehe S. 330–335*).

Krankheiten

Kraut- und Knollenfäule zeigt sich zuerst durch braune Flecken an Blattspitzen und -rändern, manchmal mit weiß-filzigem Pilzbelag auf der Unterseite. Die Blätter sterben langsam ab, auf den Stängeln zeigen sich braune Flecken, ehe diese umfallen. Die Kartoffeln tragen dunkle Flecken, zwischen denen sich das Fleisch rötlichbraun färbt und schleimig wird, ehe es verfault. Verursacht wird die Krankheit durch einen Pilz, dessen Sporen durch Wind und Regen verbreitet werden. Zur Vorbeugung, vor allem bei feuchtwarmem Wetter, kann eine Spritzung mit einem kupferhaltigen Mittel sinnvoll sein.

Kartoffelschorf zeigt sich in Form korkigrauer, brauner Flecken auf der Schale der Kartoffeln. Er tötet die Pflanze nicht, aber die Verfärbungen müssen beim Schälen entfernt werden. In sauren Böden mit viel organischer Substanz tritt das Problem seltener auf, es wird jedoch durch trocken-heiße Witterung verschärft.

Ob Pilzkrankheiten, bakterielle Krankheiten oder Viruserkrankungen der Kartoffel: Man begegnet ihnen am besten, indem man befallene Pflanzen vernichtet. Zur Vorbeugung die Fruchtfolge einhalten und zertifizierte, krankheitsfreie Pflanzkartoffeln verwenden.

Empfohlene Sorten

Bei Kartoffeln wählt man einerseits anhand des Erntezeitpunktes (Frühkartoffeln, Haupternte oder späte Sorten), andererseits natürlich nach Konsistenz und Geschmack. Wer mehlige Kartoffeln zum Backen und Rösten mag, könnte 'King Edward' oder 'Wilja' versuchen. Wer fest kochende Salatkartoffeln bevorzugt, ist mit 'International Kidney', 'Roseval', 'Charlotte', 'Belle de Fontenay' oder der knubbeligen Sorte 'Pink Fir Apple' gut beraten.

Jahrelang waren die traditionellen, alten Kartoffelsorten auf den Märkten nicht mehr zu bekommen (*siehe Kasten*), weil sie nicht gewerblich angebaut wurden. Inzwischen ist das Interesse an ihnen wieder gestiegen. Amateurgärtner haben einige erhalten und inzwischen sind bei speziellen Händlern auch wieder Pflanzkartoffeln dieser Sorten zu haben.

FRÜHE KARTOFFELN **Accent, BF15, Concorde, Dunluce, Epicure, Foremost, International Kidney, Red Duke of York, Swift, Winston**

HAUPTZEIT **Belle de Fontenay, Charlotte, Estima, Kondor, Picasso, Ratte, Roseval, Wilja**

EHER SPÄTE SORTEN **Desiree, King Edward, Maxine, Navan, Nicola, Pink Fir Apple, Yukon Gold**

(im Uhrzeigersinn von oben links)
Foremost, Red Duke of York, Maxine, Charlotte

ALTE SORTEN

Manche Sorten sehen mit ihrer leuchtend roten, violetten oder schwarzen Haut oder – im Fall von 'Salad Blue' – knallblauem Fleisch ziemlich exotisch aus. Gelegentlich bekommt man Pflanzkartoffeln dieser Sorten, manchmal werden auch Mikropflanzen im Topf angeboten. Im ersten Jahr bilden diese Pflanzen nur wenige Knollen. Probieren Sie einige und bewahren Sie genug zum Pflanzen im folgenden Jahr auf.

Empfohlene Sorten

Champion, Highland Burgundy Red, Kepplestone Kidney, Mr Little's Yetholm Gypsy, Salad Blue, Witch Hill

(oben) **Highland Burgundy Red** (unten) **Salad Blue**

Süßkartoffeln

Süßkartoffeln sind gar nicht mit Kartoffeln verwandt, sondern, wie man ihrem Laub ansieht, mit der Ackerwinde (einem hartnäckigen Unkraut) und der hübschen Prunkwinde. Sie bilden unterirdische Knollen mit süßlichem, weißem oder orangefarbenem Fleisch. Ursprünglich stammen Süßkartoffeln aus den Tropen und Subtropen. Man kann sie zwar in gemäßigtem Klima ziehen, doch nur in heißen Sommern oder im Gewächshaus bringen sie gute Erträge. Die Anzucht aus Samen ist möglich, einfacher ist es aber, Stecklinge zu bewurzeln oder Jungpflanzen zu kaufen und direkt ins Freiland zu pflanzen. Weil Süßkartoffeln tiefgründigen, fruchtbaren Boden brauchen, werden sie oft in Hügel- oder Wallbeeten kultiviert.

JAHRESZEIT	**Frühling**	**Sommer**	**Herbst**	**Winter**
Säen/Pflanzen	■			
Auspflanzen	■	■		
Ernten			■	

Wo wird gepflanzt?

Süßkartoffeln brauchen viel Platz und einen warmen, geschützten Standort mit fruchtbarem, sandigem, stickstoffreichem Boden und einem pH-Wert von 5,5–6,5 (*siehe S. 47*).

Wann wird gepflanzt?

Wer die Aussaat versuchen will, muss im zeitigen oder mittleren Frühling im Haus beginnen. Jungpflanzen werden im Spätfrühling gepflanzt, wenn sich der Boden ausreichend erwärmt hat.

Wie wird gesät?

Die Samen 2,5 cm tief in Schalen oder mittelgroße Töpfe legen. Wenn die Sämlinge 10–15 cm hoch sind, werden sie abgehärtet und später ausgepflanzt.

Beauregard

(ganz links) **Jungpflanzen** in 30 cm hohe Erdwälle setzen, zwischen denen 75 cm Abstand nötig sind. Vorher den Boden mit schwarzer Folie abdecken, um ihn zu erwärmen (und Unkraut zu unterdrücken).

(links) **Süßkartoffelblätter** sind essbar. Sie werden wie Spinat zubereitet.

Sämlinge und Jungpflanzen pflanzen

Einen Erdwall von etwa 30 cm Höhe aufhäufen. Sollen mehrere Reihen angelegt werden, sollten die Abstände mindestens 75 cm betragen. Sämlinge in Abständen von 25–30 cm auf den Kamm des Walls pflanzen, für gekaufte Jungpflanzen in gleichen Abständen 5–8 cm große Pflanzlöcher graben.

Alternativ kann man in Substratsäcke pflanzen und diese an einen warmen, geschützten Platz im Garten oder ins Gewächshaus legen.

Regelmäßige Pflege

Süßkartoffeln sind durstig, also gießen Sie reichlich. Vor allem in der Wachstumsphase, in der sie Knollen bilden, sollten sie alle zwei bis drei Wochen mit einem Universaldünger versorgt werden.

Die Blätter breiten sich kräftig aus. Man kann sie stutzen, um sie im Zaum zu halten, oder an Drähten in die Höhe leiten.

Ernte

Die Ernte sollte im Spätsommer beginnen. Lässt man Süßkartoffeln länger im Boden, werden sie größer. Wenn die Blätter sich gelb färben – und unbedingt vor dem ersten Frost – sollte man sie aber ausgraben. Benutzen Sie eine Grabgabel, aber achten Sie darauf, die Knollen nicht zu beschädigen.

Vier bis sieben Tage sollten Süßkartoffeln in der Sonne trocknen. Dabei härtet sich ihre Schale und man kann sie danach einige Monate in flachen Steigen lagern.

Was schiefgehen kann

Im Freien treten häufiger Blattläuse (*siehe S. 332*) auf, manchmal auch Pilz- und Viruskrankheiten. Im Gewächshaus muss auf die Rote Spinnmilbe (*siehe S. 336*) und die Weiße Fliege geachtet (*siehe S. 337*) werden.

Empfohlene Sorten

Beauregard, Centennial, Eland, Gem, Goldrush, Jewel, Nemagold

Rote Bete

Rote Bete gibt es in viel mehr Sorten, als die meisten Menschen wissen. Wir alle kennen die großen Knollen vom Markt und die kleinen, süßsauer eingelegten aus dem Glas. Auf Bauernmärkten und bei Spezialanbietern sieht man aber immer mehr Sorten in leuchtendem Rot, Orange, Goldgelb, Weiß und sogar in Pink mit weißen Ringeln. Neben runden Beten sieht man auch walzen- und zapfenförmige.

Unabhängig von Form und Farbe isst man Rote Bete am besten, wenn sie ganz jung sind und mild und süßlich schmecken. Sie dürfen gern kleiner sein als die Ware, die in Geschäften angeboten wird. Grund genug, eine Tüte Samen zu kaufen und sie selbst zu ziehen.

JAHRESZEIT	**Frühling**	**Sommer**	**Herbst**	**Winter**
Säen/Pflanzen	■	■		
Ernten		■	■	

Wo wird gepflanzt?

Rote Bete wachsen fast überall, mögen aber besonders gern Sonne und einen leichten, sandigen Boden. Am besten gräbt man vor der Aussaat reichlich verrotteten Mist oder Kompost unter. Der Boden sollte neutral oder leicht sauer sein, ein pH-Wert von 6,55–7 ist ideal (*siehe S. 47*).

Wann wird gepflanzt?

Legen Sie möglichst Folgesaaten, damit die fortlaufende Versorgung gesichert ist. Beginnen Sie im zeitigen Frühling mit der Aussaat im Haus und verwenden Sie schussresistente Sorten. Nach dem letzten Frost kann bis in den Sommer hinein direkt ins Freiland gesät werden.

»Am besten isst man sie ganz **jung**, wenn sie **süßlich** schmecken.«

Schneidet man die Sorte 'Chioggia' durch, sieht man die rot-weißen, konzentrischen Ringe.

Saatband ist praktisch, weil die Samen in den richtigen Abständen darin liegen und das Verziehen entfällt.

Sämlinge ausdünnen, wenn sie etwa vier Blätter haben. Von überflüssigen Pflanzen die Blätter abknipsen, sodass zwischen den Pflanzen jeweils 7,5–10 cm Abstand entstehen.

ROTE BETE ERNTEN

1 Im Herbst, vor den ersten harten Frösten, die letzten Roten Bete aus dem Boden ziehen. Vorsicht – wenn sie dabei verletzt werden, läuft ihr Saft aus.

2 Die Blattschöpfe abschneiden oder abdrehen. Die Wurzeln in einer Holzkiste mit feuchter Erde oder Sand lagern.

Wie wird gesät?

Die Samen keimen nicht immer leicht. Weichen Sie sie eine halbe Stunde vor der Aussaat in warmem Wasser ein. Dabei werden auch Keimhemmer abgewaschen.

Für die Erstaussaat unter Dach je zwei Samen in Töpfe oder Anzuchtkästen legen. Später den schwächeren Sämling auszupfen und den stärkeren auspflanzen, wenn er 5 cm hoch ist. Vorsicht, die Wurzeln nicht verletzen!

Im Freiland kann gesät werden, sobald die Bodentemperatur über 7 °C gestiegen ist. Für Rote Bete in Standardgröße beträgt der Pflanzabstand 10 cm und der Reihenabstand 30 cm. Sollen Sie zum Einlegen kleiner geerntet werden, genügen 5 cm Pflanzabstand und 15 cm Reihenabstand. Falls zu viele Sämlinge auflaufen, von den überflüssigen die Blätter abzupfen, aber die Wurzeln ungestört lassen.

Regelmäßige Pflege

Wenn die Pflanzen sich etabliert haben und die Wurzeln größer werden, sparsam gießen, sofern es nicht zu trocken ist. Zu viel Wasser regt zu stark die Laubbildung an, bei zu wenig Wasser werden die äußeren Blätter gelb und die Wurzeln holzig. Die Reihen unkrautfrei halten und die Pflanzen ein- oder zweimal mit einem Blattdünger auf Algenbasis spritzen, um ihnen Stickstoff, Mangan und Bor zuzuführen.

Ernte

Wenn Sie Folgesaaten legen, können Sie den ganzen Sommer lang bis in den Herbst Rote Bete ernten. Wenn die ersten Wurzeln die Größe von Golfbällen haben, ziehen Sie einige aus den Reihen heraus – fast wie beim Ausdünnen. So bekommen die verbleibenden Pflanzen mehr Platz. Auch die jungen Blätter sind essbar.

Was schiefgehen kann

Rote Bete sind unkompliziert und pflegeleicht. Gravierende Probleme treten selten auf. Gelegentlich sorgen Blattläuse oder Erdraupen für Ärger (*siehe S. 333–334*), manchmal auch Umfallkrankheiten oder pilzbedingte Blattflecken (*siehe S. 326–327*). Falls Vögel sich über die Pflanzen hermachen, schaffen Netze Abhilfe.

Empfohlene Sorten

Schussresistente, glattschalige Sorten sind sicherlich die beste Wahl. Es lohnt sich aber auch, einige der ungewöhnlicheren Sorten auszuprobieren.

Bikores, Boltardy, Burpees Golden, Cheltenham Green Top, Chioggia, Detroit Tardel, Forono, Pronto, Red Ace, Regala

(im Uhrzeigersinn von oben) **Boltardy, Forono, Bikores**

Karotten

Saatgut für Karotten ist in einer fast verwirrenden Vielfalt erhältlich. Im privaten Garten muss man sich nicht auf die orangefarbenen Sorten beschränken, die jeder kennt, denn es gibt viel interessantere. Manche sind rund, andere kurz, gedrungen oder zapfenförmig. Außerdem sind einige »alte« Sorten in Weiß, Gelb, Zinnoberrot oder Violett auf dem Markt. Man kann Karotten anhand der Erntezeit in Gruppen einordnen. Frühe Sorten werden im Frühling gesät, die der Haupternte im Spätfrühling bis Frühsommer. Außerdem gibt es weitere Unterscheidungsmerkmale, beispielsweise nach der Form. Der Typ Amsterdam ist klein, schlank und zylindrisch, der Typ Nantes etwas dicker und länger. Chantenay-Karotten sind kurz und konisch, Berlicum-Karotten lang und kräftig, und Autumn King sind die längsten von allen.

JAHRESZEIT	Frühling	Sommer	Herbst	Winter
Säen/Pflanzen	■	■		
Auspflanzen	■			
Ernten	■	■	■	■

Wo wird gepflanzt?

Karotten gedeihen am besten in offener Lage in leichtem, eher trockenem Boden, in den im vorherigen Herbst reichlich verrotteter Kompost oder Stallmist eingearbeitet wurde. Der Boden darf weder steinig noch verdichtet sein, sonst wachsen die Wurzeln nicht schön geformt oder bleiben zu dünn. Ideal sind Hochbeete.

Wichtig ist auch die Fruchtfolge. Karotten nicht auf ein Beet pflanzen, auf dem im Vorjahr Kartoffeln, Rote Bete, Pastinaken, Stangensellerie, Auberginen, Tomaten oder Paprika standen (*siehe S. 20–21*).

Wann wird gepflanzt?

Wer fortlaufend ernten will, sollte Folgesaaten legen. Für die Frühsommerernte beginnt man im zeitigen Frühling mit der Aussaat unter Dach, für die Herbsternte wird im Spätfrühling oder Frühsommer gesät. Es ist in milden Gegenden sogar möglich, im Herbst oder Winter zu säen, dann auf eigenes Risiko und unter reichlich Abdeckung. Aber manche Samen überstehen es. Die Jungpflanzen mit Vlies oder Folientunneln vor Frost schützen.

»Alte Karottensorten gibt es in Gelb, Weiß, Scharlachrot und Violett«.

Frisch aus dem Beet gezogen, kurz abgespült und roh gegessen – knackiger und intensiver können Karotten nicht schmecken.

AUSDÜNNEN
UND ERNTEN

1 Beim Ausdünnen von Karottensämlingen nicht die ganze Wurzel aus der Erde ziehen, sondern nur die Blätter abknipsen. So geben sie weniger Geruch ab, auf den die Möhrenfliege reagiert.

2 Frühe Sorten sind etwa sieben Wochen nach der Aussaat erntereif. Sie schmecken gut in Salaten und kurz gebratenen Gemüse-Gerichten.

Wie wird gesät?

Am besten sät man Karotten an Ort und Stelle, weil sie das Umpflanzen schlecht verkraften. Die Samen in 2,5 cm Abstand 1–2 cm tief legen und bei kaltem Wetter mit Folientunneln, Plastikfolie, Vlies oder tragbaren Frühbeetkästen schützen. Die Sämlinge auf Abstände von 5 cm verziehen. Später jede zweite Karotte ernten, sodass Abstände von 10 cm entstehen. Möglich ist auch die Aussaat runder Sorten in Anzuchtkästen. Sie werden in Gruppen ausgepflanzt und nicht vereinzelt.

Regelmäßige Pflege

Sobald sich Sämlinge zeigen, oft und sorgfältig jäten. Das ist mühsam, weil man von Hand an die Arbeit gehen muss. Später unterdrückt das Laub der Karotten einen Teil der Konkurrenten. Gegossen wird bei Trockenheit, aber nur sparsam, sonst bilden die Karotten vorwiegend Laub statt Wurzeln.

Ernte

Frühe Sorten sind etwa sieben Wochen nach der Aussaat erntereif und haben einen Durchmesser von etwa 12 mm. Ziehen sie einige und lassen Sie die anderen weiter wachsen. Die Haupternte ist 10–11 Wochen nach der Aussaat erntereif. Meist kann man sie einfach aus dem Boden ziehen. Bei sehr festem Boden nehmen Sie eine Grabgabel zu Hilfe.

An einem geschützten Platz in Gegenden mit nicht ganz tiefen Frösten können Karotten eventuell sogar im Winter im Beet bleiben. Gegen Kälte schützt eine Schicht Stroh oder Reisig. Je später sie aber geerntet werden, desto größer ist das Risiko, von der Möhrenfliege befallen zu werden oder durch Frost Schaden zu nehmen. Besser ist es, sie in Kisten mit Sand an einem kühlen Ort im Haus (Keller) zu lagern.

Was schiefgehen kann

Das einzige gravierende Problem ist die Möhrenfliege. Befallene Pflanzen müssen vernichtet werden. Die weiblichen Fliegen finden die Karotten anhand des Geruchs und legen ihre Eier ringsum im Boden ab. Die weißen Larven fressen Gänge in die Wurzeln, die als Folge faulen.

Vorbeugend ist es sinnvoll, den Karottengeruch zu minimieren. Verlegen Sie das Verziehen und Ernten in den Abend. Zwiebeln sind gute Nachbarn für Karotten, weil sie den Geruchssinn der Möhrenfliegen verwirren. Auch durch geschicktes Timing lässt sich der Befall vermeiden. Sät man erst nach dem Spätfrühling, umgeht man die erste Generation frisch geschlüpfter Larven. Und erntet man vor dem Spätsommer, umgeht man auch die zweite, die vor allem spät erntereife Sorten angreift.

Gelegentlich treten Blattläuse (*siehe S. 332*) und Krankheiten wie Falscher Mehltau und Violetter Wurzeltöter auf (*siehe S. 327–329*).

Empfohlene Sorten

Karotten sind einfach zu kultivieren und brauchen wenig Platz. Probieren Sie doch neben Ihrer Lieblingssorte einmal eine der ungewöhnlichen aus.

FRÜHE SORTEN **Amsterdam Forcing Amstel , Amsterdam Forcing Sweetheart, Early French Frame, Nairobi, Nanco, Nandor, Nantes Express, Nantes Tiptop, Parmex, Suko, Sytan**

HAUPTERNTE **Autumn King, Bangor, Berjo, Camberley, Campestra, Cardinal, Chantenay Red Cored Favourite, Liberno, Narman**

ALTE SORTEN **Danvers, James Scarlet Intermediate, New Red Intermediate, Purple Haze, St Valery**

Die Möhrenfliege kann man einfach aussperren. Bauen Sie aus transparenter Folie, feinem Netz oder Wachspappe eine Barriere und häufeln Sie den Boden unten etwas an. Weibliche Möhrenfliegen können nicht höher als etwa 45 cm fliegen, darum sollte die Barriere mindestens 60 cm hoch sein.

(oben links) **Parmex**
(unten links) **Purple Haze**
(Mitte) **Bangor**
(rechts) **Campestra**

Pastinaken

Pastinaken sind ein klassisches Herbstgemüse. Der unverwechselbare, erdig-süßliche Geschmack gerösteter Pastinaken gehört für Kenner zur kühlen Jahreszeit dazu wie Glühwein. Außerdem sind sie ganz einfach zu kultivieren. Wer genug Platz hat, sollte es unbedingt einmal probieren. Sie werden immer direkt ins Freiland gesät, und danach muss man sie noch gelegentlich gießen und jäten, während sie in Ruhe heranwachsen.

JAHRESZEIT	Frühling	Sommer	Herbst	Winter
Säen	■			
Ernten	■		■	■

Wo wird gepflanzt?

Pastinaken bevorzugen einen offenen, sonnigen Standort mit leichtem, sandigem Boden, in den im vorherigen Herbst verrotteter Stallmist eingearbeitet wurde. Weil die Wurzeln recht lang werden können, sollte der Boden tiefgründig sein. Ideal ist ein schwach saurer pH-Wert von 6,5 (*siehe S. 47*).

Wann wird gepflanzt?

Obwohl die Samen langsam keimen, sollte man nicht zu früh säen. Wenn es nicht ungewöhnlich warm ist, warten Sie bis zum mittleren oder späten Frühling, sonst keimen die Samen eventuell gar nicht.

Wie wird gesät?

Direkt ins Freiland säen – in Reihen oder in Gruppen von 2–3 Samen, falls nicht alle keimen.

Wenn die Sämlinge vier Blätter haben, bei Bedarf ausdünnen. Für mittelgroße Wurzeln sind 10–14 cm Abstand nötig, für größere, die spät geerntet werden, sollte der Abstand 20 cm betragen.

Gruppen von drei Samenkörnern legen, weil Pastinaken für unzuverlässige Keimung berüchtigt sind.

Durch Frost intensiviert sich der süßliche Geschmack der Pastinaken.

Radieschen als Markiersaat sind praktisch, weil sie wachsen, ehe die Pastinaken keimen und so anzeigen, wo die Reihen verlaufen. Außerdem werden sie lange vor den Pastinaken geerntet.

Regelmäßige Pflege

Sorgfältig jäten, bis die Pflanzen kräftig sind. Bis zur Keimung der Samen regelmäßig gießen, danach aber nur, wenn der Boden auszutrocknen droht. Gießt man erst, wenn der Boden bereits trocken ist, können die Wurzeln aufplatzen.

Wenn der Boden fruchtbar ist, brauchen Pastinaken keinen Dünger. Es schadet aber nicht, sie mit etwas Flüssigdünger zu verwöhnen.

Weil das Laub im Winter abstirbt, sollte man die Positionen der Wurzeln, die im Beet bleiben sollen, kennzeichnen. Sonst wird die Ernte schwierig.

Ernte

Pastinaken brauchen etwa vier Monate bis zur Reife. Je nach Aussaatzeitpunkt kann die Ernte ab dem Spätsommer beginnen. Viele Gärtner lassen sie aber gern bis in den Winter im Boden, weil sich durch Frost das Aroma verstärkt. In milden Gegenden können sie sogar den ganzen Winter lang im Beet bleiben und nach Bedarf geerntet werden. Vor Frost mit einer 15 cm dicken Strohschicht schützen.

Was schiefgehen kann

Die Möhrenfliege macht sich gern auch über Pastinaken her, deshalb sind die gleichen Vorbeugungsmaßnahmen wie bei Möhren sinnvoll (*siehe S. 120–121*).

Besonders unangenehm ist die Wurzelfäule. Der Pilz verursacht raue, rotbraune, orange-braune oder schwarze Flecken auf den Wurzeln, die später faulen. An den Befallsstellen dringen auch die Larven der Möhrenfliege ein. Ein Gegenmittel gibt es nicht, befallene Pflanzen müssen vernichtet werden. Verhindern lässt sich die Krankheit durch Beachtung der Fruchtfolge, durch Aussaat resistenter Sorten und durch Vermeidung von Staunässe. Später und relativ dicht gesäte Pastinaken scheinen weniger anfällig zu sein.

Bei starker Trockenheit kann Falscher Mehltau auftreten, bei Feuchtigkeit Echter Mehltau. Außerdem auf die Sellerie-Blattminierfliege und den Violetten Wurzeltöter achten (*siehe S. 326–329*).

(ganz links) **Im Beet überwinternde Pflanzen** mit einer Schicht Stroh oder Reisig schützen, die mit Drahtbügeln oder einem Netz fixiert wird.

(links) **Pastinaken nach der Ernte** in flachen Kisten mit feuchtem Sand lagern. An einem kühlen, trockenen, gut belüfteten Platz aufstellen.

Empfohlene Sorten

Schussfeste, glattschalige Sorten sind die beste Wahl, es lohnt sich aber auch, einmal mit Sorten in ungewöhnlichen Farben und Formen zu experimentieren.

Avonresister, Andover, Cobham Improved Marrow, Gladiator, Javelin, Tender and True, White Spear

(links) **Tender and True**
(rechts) **Javelin**

Steckrüben

Steckrüben, manchmal auch Mairüben genannt, hatten lange Zeit ein schlechtes Image. Sie galten als altmodisch und fade. Das mag stimmen, wenn man sie zu groß werden lässt, denn zum Ende der Saison können sie holzig und bitter werden. Dennoch sollte man nicht vorschnell urteilen. Junge Rüben, kaum größer als Golfbälle, schmecken gedämpft oder kurz gebraten wunderbar nussig. Roh eignen sie sich auch für Salate. Neben neueren, schnell wachsenden Sorten gibt es auch ungewöhnliche Rüben mit violetter Schale oder längliche Sorten wie die weiße 'Blanc de Croissy'.

JAHRESZEIT	**Frühling**	**Sommer**	**Herbst**	**Winter**
Säen	■	■		
Auspflanzen	■			
Ernten		■	■	

Wo wird gepflanzt?

Steckrüben gedeihen in fast jedem Boden, sofern er genug Stickstoff enthält und der pH-Wert mindestens 6,8 beträgt (*siehe S. 47*). Im Herbst vor der Aussaat sollte verrotteter Kompost untergegraben werden.

Wann wird gepflanzt?

Sobald der Boden sich im Frühling bearbeiten lässt, kann ins Freiland gesät werden. Die Sämlinge mit Folientunneln oder Vlies vor Frost schützen. Um eine Ernteschwemme zu vermeiden, alle drei Wochen nur einige Pflanzen säen. Allerdings: Wenn es zum Sommer hin wärmer wird, keimen die Samen manchmal nicht ganz zuverlässig.

Wie wird gesät?

Wer Mini-Rüben ernten will, verwendet Anzuchtkästen und legt in jedes Abteil etwa vier Samen. Wenn die Sämlinge nach dem Keimblättern ein oder zwei echte Blätter tragen, aber die Wurzeln sich noch nicht verdicken, werden die Gruppen umgepflanzt. Man dünnt sie nicht aus, sondern erntet sie, wenn die Wurzeln die Größe von Golfbällen haben.

Direkt im Freiland wird 2 cm tief dünn in Reihen gesät. Der Reihenabstand sollte 25–30 cm betragen. Angießen und später auf Abstände von 10–15 cm verziehen.

Regelmäßige Pflege

Regelmäßig jäten und vor allem bei Trockenheit gewissenhaft gießen. Wird in fruchtbaren Boden gesät, ist keine zusätzliche Düngung notwendig.

Ernte

Rüben können nach fünf oder sechs Wochen geerntet werden. Frühe Aussaaten sind also schon im Frühsommer reif. Sie werden geerntet, wenn sie einen Durchmesser von 4–5 cm haben, und sofort verwertet. Sie können die Rüben auch etwa zehn Wochen – bis zum Spätsommer oder Herbst – im Boden lassen, damit sie größer werden. Aber nicht zu lange warten, sonst werden sie holzig.

Tipp: Auch die Blattschöpfe sind essbar, man schneidet, wenn sie 13–15 cm lang sind und bereitet sie wie Frühlingskohl.

Was schiefgehen kann

Rüben sind Kreuzblütler, also sind sie durch alle »Feinde« der Kohlfamilie gefährdet: Kleine Kohlfliege, Kohlhernie, Erdraupen (Raupen der Hausmutter), Erdflöhe, Mehlige Kohlblattlaus, Drahtwürmer, Falschen und Echten Mehltau (*siehe S. 326–337*).

Die Liste sieht eindrucksvoll aus, aber tatsächlich werden Rüben selten so schwer befallen, dass die Ernte ausbleibt.

Empfohlene Sorten

Blanc de Croissy, Golden Ball, Ivory, Market Express, Milan Red und Milan White, White Globe, Tokyo Cross

(ganz links) **Blanc de Croissy** (links) **Tokyo Cross**

(oben) **Wer Mini-Rüben ernten will**, legt je vier Samen in je ein Fach eines Anzuchtkastens und verpflanzt die Sämlinge später in Gruppen, ohne sie auszudünnen.

(unten) **Rüben ernten**, ehe sie zu groß werden. Sie lassen sich meist leicht am Blattschopf aus dem Boden ziehen.

Kohlrüben

Die großen Kohlrüben mit dem gelblichen oder orangefarbenen Fleisch wachsen langsam. Als Kreuzblütler sind sie für alle Krankheiten und Schädlinge anfällig, die Kohlgewächse bedrohen. Weil sie in Kriegs- und Nachkriegszeiten ein Hauptnahrungsmittel waren, haben sie kein sonderlich gutes Image. Dabei eignen sie sich nicht nur sehr gut für kräftige, wärmende Eintopfgerichte, sondern man kann sie pürieren oder im Ofen backen oder rösten. Wenn sie richtig gelagert werden, halten sie sich den ganzen Winter.

JAHRESZEIT	Frühling	Sommer	Herbst	Winter
Säen	■	■		
Ernten			■	■

In einer Miete lassen sich Kohlrüben gut lagern. An einem trockenen, geschützten Platz eine 20 cm dicke Strohschicht ausbreiten. Die Rüben pyramidenförmig darauf stapeln, die Hälse zeigen nach außen. Mit Stroh abdecken. Bei starker Kälte zusätzlich mit Erde bedecken.

Wo wird gepflanzt?

Kohlrüben schätzen einen offenen, sonnigen Platz mit leichtem, stickstoffarmem Boden und einem pH-Wert von mindestens 6,8 (*siehe S. 47*). In der vorherigen Saison sollte möglichst verrotteter Mist oder Kompost in den Boden eingearbeitet worden sein.

Wann wird gepflanzt?

Von der Aussaat bis zur Ernte brauchen Kohlrüben recht lange – bis zu sechs Monate. Darum sollte man sie so früh wie möglich säen, sobald der Boden warm genug ist, um bearbeitet zu werden. Bei Frostgefahr geben Folientunnel oder Vlies den Sämlingen Schutz.

Wie wird gesät?

Gesät wird dünn in 2 cm tiefe Rillen mit Reihenabständen von 40 cm. Später die Sämlinge auf Abstände von 25 cm verziehen.

Regelmäßige Pflege

Jäten und vor allem bei trockenem Wetter regelmäßig gießen.

Ernte

Ernten Sie Kohlrüben im Herbst oder Frühwinter, wenn sie einen Durchmesser von 10–15 cm haben. Man kann sie länger im Boden lassen, dann werden sie aber leicht holzig. Bei sehr kaltem Wetter müssen sie mit einer Schicht Stroh geschützt werden.

Nach der Ernte lagert man Kohlrüben in Holzkisten mit Sand oder in traditionellen Rübenmieten.

Was schiefgehen kann

Kohlrüben sind durch die meisten Schädlinge und Krankheiten gefährdet, die auch andere Kreuzblütler befallen: Kleine Kohlfliege, Kohlhernie, Erdflöhe, Mehlige Kohlblattlaus, Echter und Falscher Mehltau (*siehe S. 326–337*).

Empfohlene Sorten

Best of All, Invitation, Marian, Ruby

(oben) **Best of All** (unten) **Marian**

Stangensellerie

Neben grünem und selbst bleichendem Stangensellerie gibt es Sorten, die man in Gräben pflanzt und später anhäufelt oder einpackt, um sie zu bleichen. Außerdem gehört Blatt- oder Schnittsellerie, von dem man nicht die Stängel, sondern die Blätter verwertet, dazu. Einige neuere Züchtungen mit grünen, rosafarbenen oder roten Stängeln sind ebenfalls im Handel. Die Kultur im Graben ist aufwändig und das Bleichen gelingt nicht immer, darum werden diese Sorten heute selten angebaut.

Selbst bleichende Sorten mit hellen, gelblich-weißen Stängeln werden allgemein bevorzugt.

JAHRESZEIT	**Frühling**	**Sommer**	**Herbst**	**Winter**
SELBST BLEICHENDER UND GRÜNER SELLERIE				
Säen/Pflanzen	■			
Auspflanzen	■	■		
Ernten		■	■	
SORTEN FÜR GRABENPFLANZUNG				
Säen/Pflanzen	■	■		
Auspflanzen	■	■		
Ernten			■	■
BLATTSELLERIE				
Säen/Pflanzen	■	■		
Auspflanzen	■	■	■	
Ernten	■		■	■

Wo wird gepflanzt?

Sellerie braucht fruchtbaren, nicht zu schweren Boden mit gutem Wasserhaltevermögen. Im Jahr vor der Pflanzung reichlich Kompost untergraben und den pH-Wert bei Bedarf mit Kalk regulieren. Er sollte bei 6,6–6,8 liegen (*siehe S. 47*).

Blattsellerie ist relativ frosttolerant. Selbst bleichender Sellerie ist empfindlich, verträgt keinen Frost und muss im frühen Herbst geerntet werden.

Wann wird gepflanzt?

Die Aussaat kann im zeitigen oder mittleren Frühling beginnen. Stangensellerie keimt sehr langsam und nur bei mindestens 15 °C, darum empfiehlt sich für frühe Saaten ein beheizter Anzuchtkasten oder ein Gewächshaus.

Selbst bleichende Sorten mit hellgrünen oder gelblichen Stängeln brauchen seltener angehäufelt oder eingepackt zu werden, um sie dunkel zu halten.

»Stangensellerie schmeckt besser, wenn man die Stängel **bleicht**.«

(oben) **Die Pflanzung** von selbst bleichendem Sellerie geschieht am besten gruppenweise, sodass die äußeren die inneren beschatten. Die äußeren Pflanzen bekommen einen »Kragen«.

(darunter) **Selbstgemachte »Kragen«** aus schwarzer Folie mit einer Innenlage aus Zeitungspapier eignen sich zum Bleichen. Einfach mit Gartenschnur um die Pflanzen binden.

Wie wird gesät?

Die Samen in Anzuchtkästen legen und andrücken oder nur dünn mit Substrat bedecken. Zur Keimung brauchen sie Wärme, Feuchtigkeit und Licht. Die Sämlinge bei mindestens 10 °C aufstellen, sonst besteht Gefahr, dass sie in Saat schießen.

Sämlinge auspflanzen

Wenn die Sämlinge nach den Keimblättern vier bis sechs echte Blätter gebildet haben, können sie abgehärtet und ausgepflanzt werden. Selbst bleichende Sorten nicht in Reihen pflanzen, sondern in Gruppen mit Pflanzabständen von 25 cm. So tief pflanzen, dass der Blattschopf auf Bodenniveau liegt. Die Sämlinge gut angießen und bei Frostgefahr abdecken.

Sellerie, der gebleicht werden soll, in Abständen von 30–45 cm in vorbereitete Gräben pflanzen, in deren Grund reichlich organische Substanz eingearbeitet wurde. Blattsellerie braucht Pflanzabstände von etwa 15 cm.

Stangensellerie bleichen

Alle Stangensellerie-Sorten schmecken besser und sind zarter, wenn die Stängel gebleicht werden. Selbst bleichende Sorten halten nicht immer, was sie versprechen, doch man kann mit selbst gemachten Kragen nachhelfen.

Oft bleicht man bestimmte Stangensellerie-Sorten, indem man sie in Gräben pflanzt und diese allmählich auffüllt und später anhäufelt, sodass die Stängel immer von Erde bedeckt sind. Das ist aber mühsam und es spricht nichts dagegen, auch solche Sorten mit Kragen zu bleichen.

Regelmäßige Pflege

Wichtig ist, Stangensellerie immer feucht zu halten, damit die Stängel sich verdicken. Bei Wassermangel werden die Stängel leicht faserig. Eine Mulchschicht hilft, die Verdunstung von Bodenfeuchtigkeit zu reduzieren.

Wenn sich die Blätter gelb färben, versorgen Sie die Pflanzen mit Flüssigdünger oder streuen Sie Stickstoffsulfat.

Ernte

Selbst bleichender Sellerie kann vom Hochsommer an geerntet werden. Nicht zu lange im Beet lassen, sonst werden die Stängel faserig und die Blätter gelb. Vor der Ernte die Pflanzen kräftig wässern, dann halten sie sich länger frisch und knackig. Die Wurzeln und die äußeren Stängel abschneiden, den Sellerie im Kühlschrank aufbewahren und immer so viele Stängel abbrechen, wie sofort verbraucht werden.

In Gräben gepflanzter Sellerie kann bis in den Spätherbst oder Frühwinter im Freien bleiben, braucht aber Frostschutz.

Was schiefgehen kann

Schnecken und Möhrenfliegen (*siehe S. 120–121*) mögen Sellerie recht gern.

Bei Befall mit der Sellerie-Blattminierfliege zeigen die Blätter trockene, braune Flecken. Sie werden von den kleinen, weißen Larven verursacht, die das Innere der Blätter fressen. Befallene Blätter vernichten, bevor sich das Problem ausweitet und der Sellerie bitter und ungenießbar wird. Andere Behandlungsmöglichkeiten gibt es nicht.

Weiterhin können pilzliche Blattfleckenkrankheiten, Stängelgrund- und Wurzelfäule und Violetter Wurzeltöter auftreten (*siehe S. 327–329*).

VORSICHT: Alle Stangensellerie-Sorten können bei empfindlichen Menschen Hautreizungen verursachen. Zur Vermeidung lange Ärmel und Handschuhe tragen.

Empfohlene Sorten

SELBST BLEICHENDER UND GRÜNER STANGENSELLERIE **Greensleeves, Lathom Self Blanching, Pink Champagne, Tango, Victoria**

ZUR GRABENPFLANZUNG **Ideal, Giant Pink, Mammoth Pink, Giant Red, Pascal**

(oben) **Selbst bleichenden Sellerie** im Herbst vor dem ersten Frost ernten. Mit einer Grabgabel vorsichtig die ganze Pflanze samt Wurzeln ausgraben.

(unten) **Victoria**

Knollensellerie

Die großen, knubbeligen Kugeln mit dem Gewirr dunkler Wurzeln sehen ein bisschen aus wie behaarte Rüben. Aber die Knolle ist nicht – wie bei Rüben – eine Wurzel, sondern ein verdickter Spross. Der grandiose Geschmack macht das merkwürdige Aussehen mehr als wett. Knollensellerie kann nach dem Schälen mit anderem Wintergemüse gebacken werden, man kann ihn auch mit Kartoffeln pürieren oder roh raspeln und als Salat essen, zum Beispiel mit senf-würziger Mayonnaise.

Auch weil die Knollen sehr robust sind und sich bis in den Winter halten, haben sie einen guten Platz im Gemüsebeet verdient.

JAHRESZEIT	Frühling	Sommer	Herbst	Winter
Säen/Pflanzen	■			
Auspflanzen	■	■		
Ernten	■		■	■

Wo wird gepflanzt?

Knollensellerie verträgt Sonne oder Schatten, braucht aber feuchten, fruchtbaren Boden, in den im Vorjahr reichlich Kompost oder Mist eingearbeitet wurde.

Wann wird gesät?

Sellerie wächst langsam. Es kann sechs Monate dauern, bis die Knollen so groß sind, dass sich die Ernte lohnt. Säen Sie darum schon im zeitigen oder mittleren Frühling unter Dach.

(ganz links) **Gespaltene und beschädigte Blätter** entfernen, wenn sich im Spätsommer Knollen bilden. Die obere Wölbung soll aus der Erde schauen.

(links) **Eine Strohschicht** um die Pflanzen schützt sie vor Frostschäden.

Wie wird gesät?
Die Samen in Töpfe, Saatkästen oder Schalen geben, nur andrücken (nicht mit Substrat bedecken) und bei mindestens 10 °C in einen Anzuchtkasten stellen. Später in jedem Abteil des Saatkastens oder Topf nur den kräftigsten Sämling stehen lassen und weiterhin bei mindestens 10 °C aufstellen.

Sämlinge auspflanzen
Die Sämlinge im Spätfrühling oder Frühsommer abhärten, dann mit Pflanzabständen von mindestens 30 cm und Reihenabständen von 45 cm auspflanzen. Nicht dichter pflanzen, Sellerie braucht viel Licht und Luft. Nicht zu tief pflanzen, der Stängelgrund soll gerade aus der Erde schauen.

Regelmäßige Pflege
Während der Wachstumsphase regelmäßig gießen – bei trockenem Wetter mindestens zweimal wöchentlich. Mulchen, um die Verdunstung von Bodenfeuchtigkeit zu reduzieren.

Wenn sich Knollen bilden, alle beschädigten äußeren Blätter entfernen. Die obere Wölbung der Knolle soll aus der Erde herausragen.

Ernte
Ab Frühherbst kann geerntet werden. Die Pflanze mit einer Grabgabel ausgraben, danach Wurzeln und Blätter abschneiden.

Knollensellerie kann in Kisten mit feuchtem Sand an einem kühlen, dunklen Platz gelagert werden. Besser ist es, ihn möglichst lang im Beet zu lassen. Man legt eine 15 cm dicke Strohschicht um die Pflanzen, dann überstehen sie Temperaturen bis –10 °C.

Monarch

Was schiefgehen kann
Knollensellerie ist sehr robust. Es können die gleichen Krankheiten und Schädlinge auftreten wie bei Stangensellerie (*siehe S. 133*).

Empfohlene Sorten

Alabaster, Balder, Monarch, Prinz, Snow White

Kohlrabi

Die abgerundeten Knollen scheinen, wenn sie ausgewachsen sind, über dem Boden zu schweben. Darüber wächst aufrecht der Blätterschopf recht merkwürdig aus – eine eigentümlich anzusehende Pflanze. Kohlrabi ist ein Kohlgewächs: Die grüne, weiße oder rötlich-violette Knolle ist keine Wurzel, sondern genau genommen ein verdickter Stängel. Gekocht schmeckt Kohlrabi bemerkenswert gut, ähnlich wie eine milde, süßliche Rübe. Junger Kohlrabi kann sogar roh gegessen werden. Gärtner mögen ihn, weil er unkompliziert ist und schnell wächst.

JAHRESZEIT	**Frühling**	**Sommer**	**Herbst**	**Winter**
Säen	■	■		
Auspflanzen	■			
Ernten		■	■	

Wo wird gepflanzt?

Kohlrabi gedeiht in fast allen Böden. Der pH-Wert sollte hoch sein und kann bei Bedarf mit Kalk reguliert werden. (*siehe S. 47*).

Wann wird gepflanzt?

Im zeitigen Frühling wird unter Schutz ausgesät, später direkt im Freiland – aber nicht zu früh, sonst schießen die Pflanzen in Saat.

Zum Ernten entweder die ganze Pflanze samt Wurzeln aus dem Boden ziehen oder die Knolle über der Wurzel abschneiden. Die jungen Blätter an der Knolle lassen, dann hält sie sich länger frisch.

Grüne und weiße Sorten reifen meist schneller und empfehlen sich darum für die erste Ernte im Sommer. Blaue Sorten sät man später, weil sie langsamer wachsen und erst im Herbst oder Spätherbst reif sind. Folgesaaten sind praktisch, um während der ganzen Saison kleine Mengen ernten zu können.

Richtig säen und Sämlinge auspflanzen

Samen 2 cm tief in Töpfe oder Saatkästen legen und im Haus oder Gewächshaus aufstellen, solange es noch kalt ist. Die Sämlinge umpflanzen, ehe sie 5 cm hoch sind, sonst schießen sie leicht. Die Pflanzabstände sollten 25 cm groß sein, die Reihenabstände 30 cm.

Im Freiland wird erst gesät, wenn die Temperatur zuverlässig über 10 °C bleibt, sonst schießen die Pflanzen. Je drei Samen pro Pflanzstelle legen und später nur den kräftigsten Sämling stehen lassen. Beim Umsetzen vorsichtig mit der Wurzel sein.

Purple Danube

Regelmäßige Pflege

Regelmäßig gießen und jäten, viel mehr ist nicht zu tun. Wenn Kohlrabi austrocknet, wird er holzig.

Ernte

Schnell wachsende Sorten sind fünf bis sechs Wochen nach der Aussaat erntereif. Am besten schmecken Kohlrabi, wenn sie etwa so groß wie ein Tennisball sind. Neuere Sorten bleiben aber auch zart, wenn sie größer werden. Unter der Knolle abschneiden und die größeren Blätter entfernen. Die zarten, inneren Blätter sind essbar. Langsam wachsende Sorten sind erst nach vier Monaten erntereif. Je nach Witterung können sie im Beet bleiben, bis der erste Frost kommt.

Was schiefgehen kann

Kohlrabi ist ein Kohlgewächs und durch alle Schädlinge und Krankheiten bedroht, die seine Gattungsgenossen befallen, vor allem von der Kohlhernie (*siehe S. 77–78*).

Empfohlene Sorten

Azur Star, Delikatess, Kongo, Logo, Purple Danube, Purple Vienna, Quickstar

Gemüsefenchel

Gemüsefenchel schmeckt nicht nur köstlich, er sieht auch sehr dekorativ aus. Mit seinen hellgrünen, fedrigen Blättern macht er im Blumenbeet eine ebenso gute Figur wie im Gemüsegarten. Die weißen Knollen sind streng genommen fleischig verdickte, überlappende Blätter – ähnlich Zwiebeln. Fenchel hat einen zarten Anisgeschmack und kann roh im Salat oder gegart genossen werden.

JAHRESZEIT	Frühling	Sommer	Herbst	Winter
Säen/Pflanzen	■	■		
Auspflanzen	■			
Ernten		■	■	

Wo wird gepflanzt?

Ideal ist ein Beet mit durchlässigem, möglichst etwas sandigem Boden ohne Staunässe. Im Vorjahr sollte reichlich Mist eingearbeitet worden sein.

Wann wird gepflanzt?

Fenchelsamen keimen nicht unter 15 °C, deshalb sät man im zeitigen und mittleren Frühling im Haus oder Gewächshaus in Saatkästen. Die Sämlinge nach dem Auspflanzen abdecken, bis das Wetter wärmer ist.

Wie wird gesät?

Schnell wachsende Sorten in Saatkästen mit frischem Anzucht- oder Universalsubstrat säen. Wenn sich nach den Keimblättern vier echte Blätter gebildet haben, kann ausgepflanzt werden. Dabei die empfindlichen Wurzeln nicht stören. In den ersten Nächten die Pflanzen mit Vlies, Folientunneln oder transportablen Frühbeetkästen abdecken.

Bei der Freilandaussaat drei oder vier Samen pro Pflanzstelle 2,5 cm tief legen und später nur den kräftigsten Trieb stehen lassen. Der Pflanzabstand beträgt 30 cm. Wird nicht tief genug gesät, haben die Pflanzen keinen festen Halt.

Regelmäßige Pflege

Während des Wachstums regelmäßig gießen und möglichst mit einer Mulchschicht die Verdunstung von Bodenfeuchtigkeit verringern.

Wenn die Pflanzen höher werden, etwas anhäufeln, um sie vor Wind zu schützen und die Farbe schön hell zu halten.

Ernte

Bis zur Erntereife dauert es von der Pflanzung an mindestens drei Monate. Warten Sie, bis die Knollen eine gute Größe erreicht haben, aber noch gedrungen sind. Wenn sie sich strecken, wollen sie Blüten bilden und werden faserig. Die Knollen knapp über dem Boden mit einem scharfen Messer abschneiden.

Lässt man die Wurzel im Boden, erscheinen neue Triebe, die man für Suppen und Salate schneiden kann. Manchmal bilden sich auch kleine Knollen.

Was schiefgehen kann

Das größte Problem ist die Saatbildung. Selbst sogenannte schossfeste Sorten halten nicht, was sie versprechen, wenn es zu trocken oder zu kalt ist. Die Pflanzen feucht halten und nicht zu früh auspflanzen!

Rhizoctonia ist ein Pilz, der krüppeligen Wuchs und gelbe, rote oder schwärzlich-grüne Flecken und Streifen auf Blättern und Stielen verursachen kann. Ein Gegenmittel gibt es nicht, man muss die befallene Pflanze vernichten, ehe sie fault. Im Bereich des Befalls in den nächsten Jahren keinen Fenchel (und keinen Sellerie, Salate oder Radieschen) pflanzen. Vorbeugend kann mit einem Fungizid auf Kupferbasis gespritzt werden.

Empfohlene Sorten

Kaufen Sie möglichst schossfeste Sorten. Man kann sie früher säen und auspflanzen, darum haben sie mehr Zeit, größere Knollen zu entwickeln.

Cantino, Perfection, Rubrum, Rudy Selma, Sirio, Zefa Fino, Zefa Tardo

Zefa Fino

GEMÜSEFENCHEL ERNTEN

1 Mit einem scharfen Messer die Knolle 2,5 cm über dem Boden waagerecht abschneiden. Die Wurzel im Boden lassen.

2 In den nächsten Wochen treiben aus der Wurzel fedrige Blätter aus, die man für Salate verwenden kann.

Zwiebeln

Zwiebeln gehören zu den ältesten Gemüsepflanzen, die von Menschen kultiviert werden. Man kann sie säen oder kleine Steckzwiebeln pflanzen. Steckzwiebeln empfehlen sich für Gartenneulinge. Sie sind zwar etwas teurer, aber die Kultur ist ganz unkompliziert. Zwiebeln brauchen nur wenig Pflege. Wenn man sie unkrautfrei hält und vor allem Jungpflanzen nicht zu reichlich wässert, kann man am Ende der Saison eine gute Ernte erwarten.

JAHRESZEIT	**Frühling**	**Sommer**	**Herbst**	**Winter**
Säen/Pflanzen	■		■	
Auspflanzen	■			
Ernten		■	■	

Wo wird gepflanzt?

Geeignet ist ein Platz in offener Lage mit durchlässigem, nicht zu feuchtem Boden. Graben Sie einige Monate vorher gut verrotteten Kompost unter. Zwiebeln mögen keinen sauren Boden. Bei einem pH-Wert unter 6,5 sollten Sie kalken (*siehe S. 47*).

Zwiebeln nicht in aufeinanderfolgenden Jahren an den gleichen Platz pflanzen, sonst erhöht sich die Krankheitsgefahr. Stellen Sie einen Fruchtfolgeplan auf und pflanzen Sie Zwiebeln als Nachfolger von Erbsen, Bohnen oder Tomaten.

Zwiebeln sind gute Begleitpflanzen für Karotten, weil der Zwiebelgeruch die Möhrenfliege vertreibt.

Wann wird gepflanzt?

Am besten sät oder pflanzt man im Frühling, um im Spätsommer oder Frühherbst ernten zu können. Winterharte japanische Sorten können auch im Herbst gesteckt werden. Sie überwintern und sind im Früh- bis Hochsommer erntereif. Mit Ausfällen durch Frost muss aber gerechnet werden, auch die Krankheitsanfälligkeit ist höher.

(links) **Zwiebeln sind erntereif**, wenn die Blätter umfallen und sich verfärben – ein Zeichen dafür, dass sie das Wachstum eingestellt haben.

(rechts) **Zwiebeln und Karotten** sind ein gutes Team. Der Zwiebelgeruch vertreibt die Möhrenfliege, und Zwiebelfliegen mögen Karotten nicht riechen.

STECKZWIEBELN PFLANZEN

1 Eine 2,5 cm tiefe Rille vorbereiten. Die Steckzwiebeln mit der Spitze nach oben in Abständen von 5–10 cm in den Rillengrund drücken.

2 Die Rillen mit den Händen zuscharren, bis nur die Spitzen herausschauen. Die Erde andrücken und nur bei Trockenheit sparsam gießen.

In dichten Gruppen wachsen Zwiebeln, wenn man fünf Samen pro Saatabteil in einer Saatschale aussät und die Gruppen später zusammenhängend verpflanzt, ohne sie auszudünnen.

Wie wird gesät?

Wer große Zwiebeln ernten will, sät in einem geheizten Gewächshaus bei einer Mindesttemperatur von 10–16 °C, um die Wachstumsperiode maximal in die Länge zu ziehen. Wer kein geheiztes Gewächshaus hat: im zeitigen Frühling ins ungeheizte Gewächshaus säen und auspflanzen, wenn sich der Boden erwärmt hat.

Gesät wird in Saatkästen oder Presstöpfe mit frischem Aussaat- oder Universalsubstrat. Bei früher Aussaat einmal in größere Töpfe umpflanzen, später abhärten und im mittleren Frühling auspflanzen. Später gesäte Pflanzen können direkt ins Beet umgepflanzt werden.

Wenn im mittleren oder späten Frühling der Boden wärmer und trockener ist, wird direkt im Freiland in 2 cm tiefe Rillen mit einem Reihenabstand von 30 cm gesät. Später die Reihen ausdünnen. Es hat keinen Sinn, zu früh ins Freiland zu säen – die Samen keimen einfach nicht.

Steckzwiebeln pflanzen

Den Boden mit der Harke auflockern und eine Rille ziehen. Steckzwiebeln in Abständen von 5 cm (für kleine Zwiebeln) oder 10 cm (für größere Zwiebeln) mit der Spitze nach oben in die Rillen drücken. Mit den Fingern Erde in die Rillen schieben, bis gerade noch die Spitzen herausschauen. Leicht angießen – aber nicht ertränken.

(oben) **Zwiebelzöpfe** für den Wintervorrat müssen an einem trockenen, gut belüfteten Platz aufgehängt werden.

(rechts) **Bei Regenwetter** trocknet man Zwiebeln unter Dach auf Holzgittern. Bei trockenem Wetter lässt man sie auf dem Beet von Wind und Sonne trocknen.

Regelmäßige Pflege

Nach der Aussaat oder Pflanzung häufig jäten, um die Jungpflanzen vor der Konkurrenz zu schützen. Gegossen wird nur sparsam. Stehen Zwiebeln zu feucht, wachsen sie langsamer und sind anfälliger für Krankheiten.

Falls sich an der Spitze eines Triebs eine Blüte bildet, kneifen Sie sie einfach ab.

Ernte

Wenn sich die Blätter gelb färben und umfallen, kann die Ernte beginnen. Bei Herbst-Aussaaten ist dies im Früh- bis Hochsommer der Fall. Im Frühling gepflanzte Steckzwiebeln werden zwischen Hochsommer und Frühherbst geerntet.

Die Zwiebeln vorsichtig mit einer Grabgabel aus der Erde heben und bei sonnigem Wetter auf dem Beet abtrocknen lassen. Bei Regenwetter unter Dach legen. Wenn sie nicht sofort verbraucht werden, müssen sie gut getrocknet werden, damit sie im Lager nicht faulen. Man kann sie einschichtig in hölzerne Gemüsekisten legen, in Netzen aufhängen oder das Grün flechten und die Zöpfe aufhängen. In jedem Fall muss die Luft ringsum zirkulieren können.

Was schiefgehen kann

Schädlinge

Die Larven der **Zwiebelfliege** fressen Wurzeln und Zwiebeln. In der Folge werden die Blätter gelb und die Pflanzen fallen im Frühsommer um. Aus Steckzwiebeln gezogene Pflanzen sind weniger anfällig als gesäte. Sämlinge kann man mit Vlies abdecken, sodass die Fliegen keine Eier ablegen können.

Bei Befall mit **Zwiebelthripsen** verlieren die Blätter ihre Farbe, zeigen rostbraune Streifen oder weiße Flecken. Vor allem in heißen, trockenen Sommern muss auf die winzigen schwarzen oder hellgelben Insekten geachtet werden. Zur Behandlung eignen sich insektizide Seife sowie biologische und chemische Spritzmittel.

Krankheiten

Die **Mehlkrankheit der Zwiebel** verursacht Vergilben und Welken der Blätter. Oft sieht man einen flaumigen, weißen Belag am Ansatz der Zwiebeln. Die Krankheit ist gefährlich. Es gibt kein Gegenmittel, befallene Pflanzen müssen vernichtet werden. Danach mindestens sieben Jahre keine Zwiebeln an die Befallsstelle pflanzen.

Falscher Mehltau ist ein Pilz, der graue oder gelbe Blattspitzen und darunter einen lockeren, grauen Belag verursacht (*siehe S. 327*).

Die **Zwiebelhalsfäule** ist ebenfalls eine Pilzkrankheit. Sie äußert sich durch weiche, verfärbte Stellen am Zwiebelhals – oft auch bei eingelagerten Zwiebeln –, die in Fäulnis übergehen. Zur Vorbeugung die Fruchtfolge beachten, bei Saatgut und Steckzwiebeln auf gute Qualität achten und Zwiebeln vor dem Einlagern gut ausreifen und trocknen lassen.

Empfohlene Sorten

Zwiebeln aus dem Garten schmecken oft nicht viel anders als Supermarktware, die obendrein ganzjährig preiswert zu haben ist. Wer also Zwiebeln selbst anbauen will, sollte ungewöhnliche Sorten probieren – vielleicht schlanke, rote Zwiebeln oder milde, große Gemüsezwiebeln.

STECKZWIEBELN **Centurion, Hyduro, Jet Set Radar, Red Baron, Sturon**

SAMEN **Bedfordshire Champion, Buffalo, Rossa Lunga di Firenze**

ZUM ÜBERWINTERN **Senshyu, Sonic**

ZUM EINLEGEN **Brown Pickling, Giant Zittau, Paris Silver Skin, Pompeii**

(von oben) **Sturon, Paris Silver Skin, Buffalo**

UNGEWÖHNLICHE ZWIEBELN

Winterzwiebeln

Sie sehen aus wie stattliche Frühlingszwiebeln, sind aber mit 45 cm Höhe deutlich größer und werden normalerweise in Gruppen kultiviert. Sie haben hohle, grüne Halme, die sich nach unten hin verdicken, aber keine großen Zwiebeln bilden. Man pflanzt sie im Frühling, um sie im Herbst zu ernten. In geschützten Lagen und mit Stroh-Abdeckung kann bis in den Winter geerntet werden. Die Pflanze ist mehrjährig, bringt also über längere Zeit Ertrag.

JAHRESZEIT	Frühling	Sommer	Herbst	Winter
Säen/Pflanzen	■	■		
Ernten	■	■	■	■

Japanische Lauchzwiebeln

Diese Sorte kann fast ganzjährig kultiviert werden. Man erntet sie entweder jung in der Größe von Frühlingszwiebeln oder lässt sie auf die Größe von Porree heranwachsen. Sie vertragen kärgeren Boden und kältere Witterung als Frühlingszwiebeln und werden normalerweise einjährig kultiviert.

JAHRESZEIT	Frühling	Sommer	Herbst	Winter
Säen/Pflanzen	■	■	■	
Auspflanzen	■			
Ernten		■	■	■

Etagenzwiebeln

Bei dieser ungewöhnlichen Zwiebelart bilden sich anstelle von Blütentrieben hohe Stiele, an deren Spitze kleine Brutzwiebeln stehen. Die Pflanzen werden bis zu 1,2 m hoch und die Stiele biegen sich unter ihrem eigenen Gewicht allmählich. Wenn die Brutzwiebeln auf dem Boden aufliegen, wurzeln sie manchmal und bilden neue Pflanzen für das folgende Jahr. Die Zwiebeln kann man einlegen oder wie gewöhnliche Zwiebeln verwenden.

JAHRESZEIT	Frühling	Sommer	Herbst	Winter
Säen/Pflanzen	■		■	
Ernten		■		

Etagenzwiebeln

Schalotten

Schalotten sehen aus wie kleine Zwiebeln. Ihre Haut ist gelblich-braun oder rötlich, die Form je nach Sorte rund, flach-rund oder länglich. Im Gegensatz zu Zwiebeln wachsen sie nicht einzeln, sondern in Gruppen. Jede »Steckschalotte« teilt sich und bildet etwa sechs bis zehn neue Schalotten. Weil Schalotten recht teuer sind und einen angenehm süßlichen, zart an Knoblauch erinnernden Geschmack haben, lohnt sich der Anbau unbedingt.

JAHRESZEIT	Frühling	Sommer	Herbst	Winter
Säen/Pflanzen	■			■
Ausplanzen	■			
Stecken	■			■
Ernten		■		

Wo wird gepflanzt?

Schalotten brauchen einen offenen, sonnigen Standort mit leichtem, durchlässigem, alkalischem Boden. Schwere Böden mit Sand oder Kompost auflockern, saure Böden kalken.

Wann wird gepflanzt?

Schalotten kann man aus Samen oder aus Steckzwiebeln ziehen. Bei gekauften Steckzwiebeln ist die Gefahr von Virusbefall geringer als bei Schalotten vom Vorjahr. Das Stecken – im Spätwinter oder zeitigen Frühling – ist unkomplizierter und ertragssicherer als die Aussaat. Gesät wird unter Dach im Spätwinter. Im mittleren Frühling, wenn sich der Boden erwärmt, kann ausgepflanzt werden. Im mittleren bis späten Frühling ist auch die Direktsaat im Freien möglich.

(oben) **Steckzwiebeln** sind einfach zu kultivieren, aber der Ertrag fällt meist kleiner aus.

(unten) **Samen** bringen höhere Erträge, aber die Zeit bis zur Erntereife ist länger.

Wie wird gesät?

Die Samen in 2,5 cm tiefe Reihen legen und später die Sämlinge auf 2 cm Abstand vereinzeln. Beim Auspflanzen die Sämlinge in Abständen von 5 cm setzen.

Steckzwiebeln pflanzen

Den Boden mit der Harke lockern und eine flache Rille ziehen. Die Steckzwiebeln in Abständen von 20 cm hineindrücken und die Rillen zuscharren, sodass die Spitzen gerade noch herausschauen. Vorsichtig angießen.

Regelmäßige Pflege

Damit die Schalotten groß werden, müssen sie unkrautfrei gehalten werden. Haben sie sich etabliert, muss nur bei Trockenheit gegossen werden.

Ernte

Wenn sich im Hoch- bis Spätsommer die Blätter gelb färben und absterben, die Schalotten vorsichtig aus der Erde nehmen und zum Trocknen ausbreiten. Ist der Boden feucht, legt man sie auf Drahtgitter, sodass sie gut belüftet sind.

Sorgfältig getrocknete Schalotten kann man an einem kühlen, trockenen Platz im Haus mehrere Monate lang lagern. Man legt sie einschichtig in flache Kisten oder flicht das Laub zu Zöpfen.

Was schiefgehen kann

Es treten die gleichen Schädlinge und Krankheiten auf wie bei Zwiebeln (*siehe S. 144*). Vor allem auf Falschen Mehltau muss geachtet werden.

Empfohlene Sorten

Atlantic, Creation, Delicato, Pikant, Matador Sante

(oben) **Pikant** (unten) **Delicato**

Frühlingszwiebeln

Frühlingszwiebeln sind eigentlich nichts anderes als junge, unreife Zwiebeln. Sie haben leuchtend grüne Halme und kleine, kaum ausgebildete Zwiebeln in Weiß oder seltener in Rot. Man erntet sie, wenn sie noch jung sind, und verwendet sie meist roh für Salate. Sie eignen sich aber auch für Grill- und Pfannen-Gerichte. Im Frühling gesäte Pflanzen können im Lauf des Sommers geerntet werden, Herbstaussaaten im folgenden Frühling.

JAHRESZEIT	Frühling	Sommer	Herbst	Winter
Säen	■	■	■	
Ernten	■	■	■	

Wo wird gepflanzt?

Wie alle Zwiebeln bevorzugen sie einen Sonnenplatz mit leichtem, nicht zu saurem Boden.

Wann wird gepflanzt?

Vom zeitigen Frühling an kann jederzeit ins Freiland gesät werden. Legen Sie aber nur alle paar Wochen eine Hand voll, damit Sie den ganzen Sommer über fortlaufend ernten können.

Sät man im Spätsommer oder Frühherbst, laufen die Sämlinge noch vor dem Wintereinbruch auf, überstehen unter Schutz normalerweise den Winter und können im folgenden Frühling geerntet werden.

Wie wird gesät?

Samen in Abständen von 1 cm in flache Rillen legen. Die Erde darüber schieben, sodass die Samen 1–2 cm unter der Oberfläche liegen, und angießen.

Um die Ausbreitung von Falschem Mehltau zu vermeiden, sollte der Reihenabstand mindestens 30 cm betragen.

Das Ausdünnen dicht stehender Frühlingszwiebeln ist eigentlich die erste Ernte. Lichten Sie die Reihen auf 2,5 cm große Abstände aus und ernten Sie die verbleibenden Zwiebeln einige Wochen später.

Regelmäßige Pflege

Die Reihen unkrautfrei halten und bei Trockenheit regelmäßig gießen. Bei Wassermangel bilden die Pflanzen zu große Zwiebeln aus.

Im Herbst gesäte Pflanzen müssen in sehr kalten Wintern mit Vlies oder Folientunneln geschützt werden.

Ernte

Frühlingszwiebeln erntet man meist etwa zwei Monate nach der Aussaat, wenn sie 15 cm hoch sind. Lässt man sie länger im Beet, werden sie größer und schmecken schärfer.

Was schiefgehen kann

Es treten die gleichen Schädlinge und Krankheiten wie bei anderen Zwiebelarten auf (*siehe S. 144*). Vor allem auf die Zwiebelfliege muss geachtet werden.

Empfohlene Sorten

FRÜHLINGS-AUSSAAT **Laser, North Holland Blood Red, White Lisbon**

HERBST-AUSSAAT **Guardsman, Ramrod, White Lisbon Winter Hardy**

(rechts, im Uhrzeigersinn von oben links)
White Lisbon, North Holland Blood Red, Laser

Knoblauch

Knoblauch ist berühmt für seine Heilkraft, seine antibakterielle Wirkung und für sein besonderes Aroma. Kann man sich eine nützlichere Pflanze vorstellen? Obendrein ist die Kultur kinderleicht: einfach eine Knolle in Zehen zerlegen, einzeln einpflanzen und je nach Witterung einige Monate warten, bis aus jeder Zehe eine neue Knolle gewachsen ist.

JAHRESZEIT	Frühling	Sommer	Herbst	Winter
Säen	■		■	■
Ernten	■	■	■	

ANZUCHT IN SAATKÄSTEN

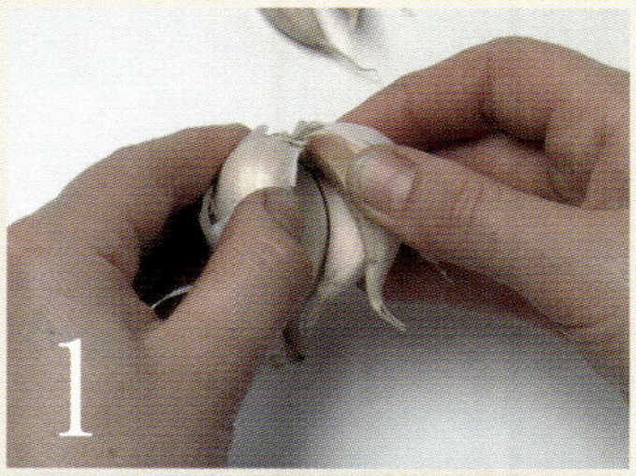

1 Eine Knolle in Zehen zerlegen, die papierartige Haut entfernen. Beschädigte oder kranke Zehen aussortieren.

2 In jedes Saatabteil eine Zehe stecken, sodass die Spitze gerade bedeckt ist. Wenn die Zehen austreiben, können sie umgepflanzt werden.

Wo wird gepflanzt?

Knoblauch braucht einen offenen, sonnigen Standort mit leichtem, durchlässigem Boden. In schweren Böden bleiben die Knollen klein, in nassen faulen sie leicht. Um einen schweren Boden aufzulockern, kann man etwas groben Sand oder gut verrotteten Kompost untergraben.

Wann wird gepflanzt?

Knoblauch braucht zu Beginn der Wachstumsperiode Kälte, und später, wenn er Blätter bildet, feuchtes Wetter. Darum pflanzt man ihn im Herbst, um im folgenden Sommer zu ernten. Pflanzt man im Frühling, gedeiht er auch, aber die Knollen bleiben kleiner.

Wie wird gepflanzt?

Von Knoblauch aus dem Supermarkt ist abzuraten. Kaufen Sie lieber speziellen Pflanzknoblauch in der Gärtnerei. Die Knolle in Zehen zerlegen und jede mit der Spitze nach oben doppelt so tief pflanzen, wie sie hoch ist. Dazwischen jeweils 20 cm Abstand lassen.

Regelmäßige Pflege

Sie brauchen nur zu jäten und den Boden feucht zu halten – aber auch nicht zu viel gießen.

Manche Knoblauchsorten bilden Blüten, um sich selbst auszusäen. Wenn das passiert, bleiben die Knollen sehr klein. Als Gegenmaßnahme schneidet man einige Wochen vor der Ernte die Blütenstiele auf halbe Höhe ab.

(links) **Zum Einlagern** muss Knoblauch sorgfältig getrocknet werden, sonst fault er. Die Knollen an einem trockenen, gut belüfteten Platz ausbreiten oder das Laub zu Zöpfen flechten, die aufgehängt werden können.

(rechts) **Elephant**

Ernte

Wenn sich das Laub gelb färbt und welkt, kann geerntet werden. Knoblauch, der im Herbst gepflanzt wurde und den Winter überstanden hat, ist im Spätfrühling oder Frühsommer erntereif. Wurde im Frühling gepflanzt, kann man zwischen Hochsommer und Frühherbst ernten. Die Knollen vorsichtig aus dem Boden nehmen und gründlich trocknen lassen – bei sonnigem Wetter im Freien, bei Regen im Haus. Anschließend das Laub flechten und die Zöpfe aufhängen.

Frischer oder »grüner« Knoblauch kann geerntet werden, wenn die Blätter noch grün sind. Er schmeckt milder und muss schnell verbraucht werden. Weil er nicht getrocknet ist, kann man ihn nicht lagern.

Was schiefgehen kann

Es können die gleichen Schädlinge und Krankheiten auftreten wie bei Zwiebeln (*siehe S. 144*). Besonders lästig und hartnäckig sind Viruserkrankungen, darum sollte man die Fruchtfolge beachten und hochwertigen, krankheitsresistenten Pflanzknoblauch verwenden. Die Blätter werden manchmal von Rost befallen.

Empfohlene Sorten

Für die Herbst-/Winterpflanzung und die Frühlingspflanzung eignen sich unterschiedliche Sorten. Überwinternde Sorten halten sich nach der Ernte nur etwa vier Monate, während im Frühling gepflanzter Knoblauch bis zu zehn Monate gelagert werden kann.

HERBST-/WINTERPFLANZUNG **Elephant, Germidour, Solent Wight, White Pearl**

FRÜHLINGSPFLANZUNG **Sultop**

Porree

Es scheint, als wäre Porree extra erfunden wurde, um die Erntelücke zu füllen, die nach dem Aufziehen der letzten Zwiebeln entsteht. Auf jeden Fall ist er eine Bereicherung für jeden Küchengarten. Wählt man die richtigen Sorten, kann man fortlaufend vom Frühherbst fast durch den ganzen Winter bis ins folgende Frühjahr Porree ernten – und dann sind auch schon bald die ersten Zwiebeln erntereif. Porree und Zwiebeln gehören der gleichen Familie an. Porree bildet aber längere, dickere »Stangen« und nahezu keine Verdickung an der Basis. Verwertet werden die gebleichten, unteren Teile der Stangen.

JAHRESZEIT	**Frühling**	**Sommer**	**Herbst**	**Winter**
Säen	■			■
Auspflanzen	■	■		
Ernten	■		■	■

Wo wird gepflanzt?

Porree ist recht anspruchslos. Am besten wächst er in Boden, in den vorher reichlich verrotteter Kompost oder Mist eingearbeitet wurde. Optimal ist ein neutraler oder leicht saurer pH-Wert. Porree nicht an Stellen pflanzen, an denen im Vorjahr Zwiebeln, Schalotten oder Knoblauch standen.

Wann wird gepflanzt?

Legen Sie möglichst Folgesaaten, damit Sie fortlaufend ernten können. Wenn die Temperatur im zeitigen oder mittleren Frühling auf 7 °C gestiegen ist, können »frühe« Sorten gesät werden, die man im Spätsommer und Herbst erntet, aber auch »mittelfrühe« Sorten für die Winterernte und »späte« für die Ernte im folgenden Frühling.

Alternativ sät man schon im Winter im Haus oder Gewächshaus in Saatkästen und pflanzt die Sämlinge im Frühling aus.

Sämlinge in tiefe, enge Löcher pflanzen, damit sie wenig Licht bekommen und lange, helle Stangen bilden.

Porree erst kurz vor der Zubereitung ernten. Mit einer Grabgabel aus der Erde heben und die Wurzeln abschneiden. Dabei sollte keine Erde zwischen die Blätter gelangen.

PORREE-SÄMLINGE AUSPFLANZEN

1 Im Saatbeet gezogene Sämlinge werden umgepflanzt, wenn sie so dick wie ein Bleistift sind. Trockenen, verdichteten Boden wässern, dann die Wurzeln mit einer Grabgabel lockern und die Pflanzen herausziehen.

2 Einige Sämlinge in die Hand nehmen, die Wurzeln mit einem scharfen Messer auf 2,5 cm und die Blätter auf 15–20 cm stutzen.

3 Eine flache Rille ziehen und mit einem Pflock 15 cm tiefe Pflanzlöcher in Abständen von 15 cm stechen. In jedes einen Sämling setzen. Die Wurzeln müssen auf dem Grund aufliegen, die Wachstumszone befindet sich auf Erdniveau. Vorsichtig gießen, sodass etwas Erde ins Pflanzloch rutscht, die Stangen aber noch Platz zum Wachsen haben.

Wie wird gesät?

Sie können in einem Saatbeet im Freien oder im Haus oder Gewächshaus säen. Im Freien die Samen 2,5 cm tief legen und die Sämlinge nach etwa acht Wochen an ihren endgültigen Platz verpflanzen.

Unter Dach sät man in Saatkästen mit frischem Anzucht- oder Universalsubstrat, die bei mindestens 10 °C aufgestellt werden. Die Pflanzen vor dem Umzug ins Beet abhärten. Gegen Ende des Winters keimen Samen in Saatkästen oder Presstöpfen meist auch im ungeheizten Gewächshaus.

Regelmäßige Pflege

Wenn sich die Pflanzen etabliert haben, sparsam gießen, sofern es nicht sehr trocken ist. Im Hoch- bis Spätsommer oder im Spätwinter einen stickstoffreichen Dünger streuen, um das Wachstum anzuregen. Die Stangen anhäufeln, um sie zu bleichen.

Ernte

Vier bis fünf Monate nach der Aussaat ist Porree erntereif, er kann aber auch länger im Beet bleiben. Porree lässt sich nach der Ernte nicht gut lagern. Wird die Beetfläche anderweitig gebraucht, kann man ihn ausgraben und vorübergehend an einer anderen Stelle wieder einpflanzen.

Was schiefgehen kann

Porree ist durch die gleichen Schädlinge und Krankheiten bedroht, die auch Zwiebeln, Schalotten und Knoblauch befallen (*siehe S. 144*).

Zusätzlich kann Porreerost auftreten. Der Pilz verursacht orangefarbene Bläschen auf den äußeren Blättern, die beim Platzen orangerote, pulverige Sporen ausschütten. Die Krankheit tötet die Pflanze nicht unbedingt ab, man kann den Porree auch noch essen, wenn man alle befallenen Blätter sofort vernichtet. Im folgenden Jahr Porree an eine andere Stelle pflanzen.

Empfohlene Sorten

Frühe Sorten sind meist höher und haben weißere Stangen, späte sind oft etwas kürzer, dunkler und härter. Versuchen Sie, rostresistente Sorten zu finden.

St Victor, Jolant, Longbow, Hannibal, Autumn Mammoth 2, Toledo, Upton

(rechts) **Toledo**

(unten) **Porree bildet manchmal Blüten**, um Samen zu bilden und sich zu vermehren. Das geschieht vor allem, wenn auf einen kühlen Sommer ein trockener, warmer Herbst folgt.

5. Erbsen und Bohnen

Erbsen, Buschbohnen, Stangenbohnen, Dicke Bohnen und verschiedene andere Bohnenarten werden unter der Bezeichnung Hülsenfrüchte zusammengefasst. Kultiviert werden sie wegen ihrer Hülsen (umgangssprachlich bezeichnet man diese meist als »Schoten«), in denen sich die Samen befinden. Wie viele Gemüse schmecken Erbsen und Bohnen besonders köstlich und süß, wenn sie ganz frisch sind. Vom Moment des Pflückens an beginnen sich die in ihnen enthaltenen Zuckerstoffe in Stärke zu verwandeln. Arten mit essbaren Hülsen erntet man ganz früh, solange die Hülsen noch jung und zart sind. Später werden sie hart und faserig. Die Samen einiger Arten – darunter Kidneybohnen – kann man aber auch trocknen und lange lagern. Früher hatten solche Bohnen als Wintervorrat Bedeutung. Alle Erbsen und Bohnen eignen sich gut zum Einfrieren.

Stangenbohnen müssen regelmäßig gepflückt werden – in der Hochsaison zwei- bis dreimal in der Woche.

1 **Erbsen** verlieren nach dem Pflücken schnell an Geschmack. Je schneller sie aus dem Garten auf den Teller gelangen, desto besser.

2 **Buschbohnen** werden in vielen verschiedenen Sorten angeboten, darunter auch einige violette, die beim Kochen grün werden.

3 **Stangenbohnen** bringen hohe Erträge, manchmal aber auch eine Ernteschwemme. Pflanzen Sie nicht zu viele und ernten Sie sie, bevor sie hart und faserig werden.

4 **Dicke Bohnen** kann man im Herbst säen und im folgenden Frühling ernten. Sät man im Frühling, sind sie im Sommer erntereif.

5 **Sojabohnen** werden wie Buschbohnen kultiviert, aber sie benötigen ein warmes Klima. Sie tragen kurze, grüne Hülsen mit weicher Behaarung.

1

2

4

5

Erbsen

Erbsen sind das ideale Gemüse für den Garten. Sie schmecken unendlich viel besser als gekaufte Ware. Der Geschmack verändert sich vom Moment des Pflückens an, weil die Zuckerstoffe sich allmählich in Stärke verwandeln. Darum sollte man sie erst unmittelbar vor der Zubereitung ernten. Je kürzer der Weg vom Garten in den Kochtopf ist, desto besser schmecken sie.

Die meisten Erbsen holt man aus der Hülse, bevor man sie gart. Kaiserschoten und Zuckererbsen isst man mitsamt den Hülsen. Auch die jungen Triebspitzen der Pflanzen sind essbar. Manche Gärtner kultivieren Erbsen ausschließlich wegen der Triebspitzen (*siehe S. 164*).

Es gibt zahllose moderne Sorten, die verschiedene Merkmale aufweisen: früh und spät reifende Sorten, verschiedene Blütenfarben, grüne oder violette Hülsen und so weiter. Auch die Größe der Pflanzen variiert je nach Sorte. Manche werden nur einige Zentimeter groß, andere klettern 1,5 m und mehr in die Höhe.

JAHRESZEIT	**Frühling**	**Sommer**	**Herbst**	**Winter**
Pflanzen	■	■	■	■
Auspflanzen	■			
Ernten	■	■	■	

Wo wird gepflanzt?

Erbsen gedeihen am besten an einem offenen, sonnigen Platz. Hitze mögen sie aber nicht. Der Boden sollte neutral bis leicht alkalisch sein, ideal ist ein pH-Wert von 6,5–7 (*siehe S. 47*). Der Boden sollte weder austrocknen noch zu Staunässe neigen. Erbsen brauchen einen fruchtbaren Boden. Graben Sie darum einige Zeit vor der Pflanzung reichlich verrotteten Mist oder Kompost unter. Stickstoffdünger braucht man aber nicht zu geben, denn Erbsen tragen an den Wurzeln Knöllchen, mit denen sie Stickstoff aus der Luft binden.

Beachten Sie die Fruchtfolge und pflanzen Sie Erbsen nicht auf Beete, auf denen in den vergangenen zwei bis drei Jahren Hülsenfrüchte standen.

Erbsen sind attraktiv und ertragreich. Mit ihren zarten Blüten bringen sie Farbe in den Gemüsegarten.

Wann wird gesät?

Erbsen sät man normalerweise in Etappen, vom zeitigen Frühling bis zum Frühsommer, entweder direkt ins Freiland oder in Töpfen oder Saatkästen unter Schutz. Wenn die Außentemperatur bei 10 °C liegt, kann ins Freiland gesät werden. Ist der Boden zu nass und zu kalt, können die Samen nicht keimen oder faulen.

Um die Erbsen zu stützen, stecken Sie Bambusstäbe als »Zaunpfähle« ins Beet und binden daran Kunststoffnetz oder Maschendraht fest. Die Erbsen in zwei Reihen beiderseits des Gitters auspflanzen und bei Bedarf anfangs mit Bindfaden anbinden.

1

2

ERBSEN IN DER REGENRINNE

Vergessen Sie Anzuchtschalen, Saatkästen und Töpfe. Ein paar Reststücke Regenrinne genügen, um Erbsen vorzuziehen! Außerdem lassen Sie sich ganz leicht in vorbereitete Rillen umpflanzen, wenn sich das Wetter draußen ausreichend erwärmt hat.

1 Die Regenrinne zur Hälfte mit Substrat füllen und die Samen in Abständen von 5 cm in zwei versetzen Reihen hineinlegen. Mit 2,5 cm Substrat bedecken, gießen und die Regenrinne in Haus oder Gewächshaus aufstellen.

2 Wenn die Sämlinge etwa 8 cm hoch sind, eine flache Rille ins Beet graben und den gesamten Inhalt der Regenrinne – Sämlinge samt Substrat – in die Rille schieben. Andrücken, gießen – fertig.

Wie wird gesät?

Die ersten Pflanzen zieht man am besten in Töpfen, Saatkästen oder Stücken von Regenrinne (*siehe Kasten*) im Haus vor. Wenn sie gekeimt haben und das Wetter sich erwärmt hat, werden sie ausgepflanzt.

Bei der Aussaat im Freiland legt man die Samen entweder in einer Reihe in eine schmale Rille oder in Doppelreihen in eine breite Rille. Die Rille sollte 4–5 cm tief sein, der Abstand zwischen den Samen mindestens 5 cm groß. Der Abstand zwischen den Reihen sollte der Höhe der ausgewachsenen Pflanzen entsprechen.

Regelmäßige Pflege

Die meisten Erbsensorten brauchen eine Stütze, damit sie nicht auf dem Boden liegen und von Schnecken angefressen werden. Auch vor hungrigen Vögeln sollte man sie schützen.

Erbsenreiser sehen durchaus attraktiv aus. Wenn die Sämlinge die ersten Halteranken bilden, die Reiser in regelmäßigen Abständen neben den Reihen ins Beet stecken. Die Reiser geben den Pflanzen guten Halt und sind obendrein dekorativ.

Geerntet werden Erbsen etwa drei Monate nach der Aussaat, wenn man die Samen in den Hülsen fühlen kann. Um den Ertrag zu steigern, kneift man die Triebspitzen der Pflanzen aus und pflückt die Hülsen regelmäßig.

Abgesehen von einigen Zwergsorten sind Erbsen Kletterpflanzen. Sie bilden Halteranken, die sich um jede Stütze schlingen, die sie finden können. Früher stützte man sie mit Erbsenreisern aus Hasel- oder Birkenzweigen. Bambusstäbe, Schnur, Maschendraht oder Kunststoffnetze erfüllen den gleichen Zweck, sehen aber nicht so gut aus. Lohnend sind Züchtungen, die fast kein Laub tragen, dafür aber mehr Halteranken. Diese bilden ein festes Geflecht, das der Pflanze Halt gibt. So kann auf Stützen ganz verzichtet werden.

Vögel, vor allem Tauben, lieben Erbsen. Sämlinge und junge Pflanzen schmecken ihnen besonders gut. Bedecken Sie sie mit Netzen, sonst ernten die Vögel alles ab.

Gießen Sie Erbsenpflanzen in der frühen Wachstumsphase nicht zu stark, sonst bilden sie zu viel Laub. Das Bewässern wird erst wichtig, wenn sich Blüten bilden, und später noch einmal, wenn die Hülsen dicker werden.

Ernte

Je nach Wetter sind Erbsen etwa drei Monate nach der Aussaat reif. Man sollte sie aber ernten, solange sie noch jung sind, und unmittelbar nach dem Pflücken verarbeiten. Je frischer sie sind, desto süßer schmecken sie. Müssen die Erbsen eine Weile aufbewahrt werden, pflücken Sie früh am Morgen, wenn es noch kühl ist, und verstauen Sie sie sofort im Kühlschrank.

Kneifen Sie die Triebspitzen aus, wenn die ersten Hülsen reifen, und ernten Sie regelmäßig. So regen Sie die Pflanze an, weiterhin Triebe zu bilden – und folglich einen besseren Ertrag zu bringen.

Sind die Pflanzen abgeerntet, werden sie über dem Boden abgeschnitten. Reißen Sie die Wurzeln nicht aus, denn sie enthalten Stickstoff, den sie an den Boden abgeben.

ZARTE ERBSENTRIEBE

Erbsen werden nicht nur wegen der Hülsen kultiviert, sondern auch wegen ihrer zarten Triebspitzen. Die dünnen, feinen Blätter und Halteranken sind knackig und schmecken wie Zuckererbsen. Man kann sie im Salat essen oder kurz in Pfannen-Gerichten mitgaren.

Wer die Möglichkeit hat, Erbsen unter Dach zu ziehen, kann das ganze Jahr über junge Triebe ernten. Am besten sät man sie in großen Schalen aus. Auch Obstkisten aus Holz, die 15 cm hoch mit Substrat gefüllt werden, eignen sich gut. Das Substrat anfeuchten, Samen aufstreuen und 2,5 cm tief ins Substrat drücken.

Die Gefäße abdecken und an einen warmen Platz stellen. Das Substrat feucht halten. Wenn die Erbsen gekeimt haben, die Abdeckung abnehmen und die Gefäße an einen kühleren, helleren Platz stellen. Regelmäßig mit Wasser besprengen. Wenn die Pflänzchen etwa 5 cm hoch sind, können sie gepflückt werden. Lassen Sie an jedem Stängel einige Blätter stehen, dann treiben sie noch einmal aus und Sie können erneut ernten.

Was schiefgehen kann

Schädlinge

Vögel fressen manchmal junge Sämlinge, Mäuse mögen die Samen gern. Netze, Maschendraht oder ein »Käfig« aus Zweigen hält Vögel ab. Mäuse kann man in Fallen fangen.

Erbsenwickler legen ihre Eier auf den Blüten ab. Winzige Raupen mit schwarzem Kopf und cremeweißem Körper schlüpfen dann innerhalb der Hülsen und fressen die Erbsen. Bei starkem Befall kann die gesamte Ernte ruiniert sein. Die Schädlinge treten vor allem in der Mitte der Saison auf, darum ist es sinnvoll, eine frühe oder späte Sorte zu wählen, um dem Befall auszuweichen. Alternativ kann gleich nach der Blüte mit einem geeigneten Pestizid gespritzt werden.

Erbsen-Thripse sind kleine, schwarzbraune Insekten. Sie verursachen eine silbrige Braunfärbung der Hülsen, Krüppelwuchs oder Verflachung. Oft enthalten befallene Hülsen nur eine oder zwei Erbsen. Ein Spritzmittel einsetzen.

Erbsenblattläuse stören das Wachstum und übertragen Viruskrankheiten. Mit einem Spritzmittel behandeln.

Krankheiten

Echter Mehltau (*siehe S. 328*) und Falscher Mehltau (*siehe S. 327*) treten recht häufig auf. Im Lauf des Sommers steigt das Befallrisiko, dem man durch Aussaat früher Sorten entgehen kann.

Die Brennfleckenkrankheit wird durch Pilze hervorgerufen. Sie äußert sich durch braune oder gelbe Flecken auf den Blättern und Hülsen und kann zum Absterben der Pflanze führen. Zum Glück tritt sie selten auf. Befallene Pflanzen müssen entfernt und vernichtet werden, damit sich die Krankheit nicht ausbreitet.

Empfohlene Sorten

Legt man Folgesaaten oder sät verschiedene Sorten, kann man die ganze Saison über Erbsen ernten.

ERBSEN **Cavalier, Douce, Provence, Feltham First, Markana, Hurst Green Shaft, Kelvedon Wonder**

ZUCKERERBSEN **Oregon Sugar Pod, Sugar Snap**

(Im Uhrzeigersinn von oben links)
Oregon Sugar Pod, Sugar Snap, Hurst Green Shaft, Kelvedon Wonder

Buschbohnen

Unter den Buschbohnen, auch Prinzessbohnen genannt, findet man einige Arten mit interessanten Namen: Kenia-Bohnen, Kidneybohnen, Borlotti-Bohnen sind einige davon. Wirklich buschig wachsen nicht alle. Einige sind zwergwüchsig, einige klettern und sind dazwischen einzuordnen. Manche Sorten haben lange, dünne Hülsen, andere tragen dicke Hülsen. Außerdem gibt es verschiedene Farben, etwa Grün, Wachsgelb, Goldgelb, Violett, Rot oder – im Fall der Borlotti-Bohnen – mehrfarbig gescheckt. Auch die Kerne im Inneren können verschiedene Farben tragen. Halb ausgereifte Kerne nennt man Flageolets oder Cannellini-Bohnen. Kidneybohnen und Weiße Bohnen lässt man ganz ausreifen. Getrocknet halten sie sich mehrere Monate. Buschbohnen werden durch den Wind bestäubt, deshalb setzen sie zuverlässiger Früchte an als Stangenbohnen, die zur Bestäubung auf Insekten angewiesen sind.

JAHRESZEIT	Frühling	Sommer	Herbst	Winter
Pflanzen	■	■		
Auspflanzen		■		
Ernten		■	■	

Wo wird gepflanzt?

Buschbohnen bevorzugen einen warmen, sonnigen Platz. Hohe und kletternde Sorten brauchen etwas Windschutz. Extreme Hitze und Kälte vertragen sie schlecht, und Frost – zu Beginn oder Ende der Saison – macht ihnen sofort den Garaus.

Sie benötigen einen fruchtbaren, neutralen bis leicht sauren Boden mit gutem Wasserhaltevermögen. Ideal ist ein pH-Wert von 5,5 bis 7 (*siehe S. 47*). Sie danken es, wenn Sie rechtzeitig vor der Aussaat reichlich verrotteten Mist oder Kompost untergraben. Andernfalls können Sie einen »Bohnengraben« anlegen (*siehe S. 172*). Buschbohnen speichern in Knötchen an den Wurzeln Stickstoff, deshalb benötigen sie normalerweise keine zusätzliche Stickstoffdüngung.

Beachten Sie die Fruchtfolge und pflanzen Sie Buschbohnen nicht auf Beete, auf denen in den vorigen zwei oder drei Jahren Hülsenfrüchte wuchsen.

Junge Bohnenpflanzen werden angehäufelt, damit sie einen festen Stand haben.

Zarte Borlotti-Bohnen sät man erst im Spätfrühling oder Frühsommer, wenn keine Frostgefahr mehr besteht.

Wann wird gesät?

Bohnen können vom zeitigen Frühling bis zum Hochsommer gesät werden, die Keimung setzt aber erst ein, wenn die Temperaturen über 12 °C liegen. Früh im Jahr sät man im Haus in Töpfe. Später, wenn keine Frostgefahr mehr besteht, kann direkt an Ort und Stelle im Beet gesät werden. Falls nötig, erwärmen Sie den Boden vor der Aussaat mit Folientunneln oder schwarzer Folie.

Wie wird gesät?

Für die frühe Aussaat im Haus verwendet man hohe Töpfe oder lange Anzuchttöpfe aus Pressmaterial, das sich später im Boden zersetzt. Die Töpfe mit Anzucht- oder Universalsubstrat füllen, die Samen 5 cm tief hineindrücken, feucht halten und an einen warmen Platz stellen. Wenn die Sämlinge im Frühsommer etwa 8 cm hoch sind, werden sie abgehärtet und ausgepflanzt.

Wenn der Boden warm genug ist, legen Sie die Samen 5 cm tief direkt ins Beet. Zwergwüchsige Pflanzen setzt man in Abständen von 15–22 cm in versetzten Zweierreihen. Für hohe und kletternde Sorten stellt man in Abständen von etwa 30 cm Stützen auf und legt am Fuß jeder Stütze einen oder zwei Samen.

Regelmäßige Pflege

Eine Schicht Mulch rings um die Sämlinge hält den Boden feucht und regt das Wachstum an. Kletternde Sorten halten sich meist selbst an ihren Stützen fest. Niedrige Sorten und buschige Pflanzen stützt man mit kurzen Stäben oder häufelt sie rings um die Stängel leicht an.

Wenn die Pflanzen zu blühen beginnen, brauchen sie mehr Wasser. Von jetzt an darf der Boden nicht mehr austrocknen.

(oben) **Ein einfaches Stangenzelt** für kletternde Bohnen, gebaut aus langen Stäben und stabiler Schnur.

(Mitte) **Getrocknet werden Bohnen** am besten an der Pflanze. Bei nassem Wetter besteht aber Fäulnisgefahr. Dann breitet man sie besser an einem trockenen Platz auf Drahtgittern aus.

(rechts) **Getrocknete Borlotti-Bohnen** kann man in luftdicht schließenden Gefäßen aufbewahren. Sie halten sich einige Monate lang.

Ernte

Buschbohnen sind etwa zwei bis drei Monate nach der Aussaat erntereif. Pflücken Sie die Hülsen, sobald sie sich bilden. Je jünger und kleiner sie sind, desto besser schmecken sie. Ernten Sie regelmäßig zwei- bis dreimal in der Woche. Je mehr man pflückt, desto mehr neue Hülsen werden gebildet, solange die Pflanzen noch blühen.

Flageolet-Bohnen, die man frisch isst, dürfen etwas größer werden. Und Bohnen, die getrocknet werden sollen, lässt man bis zum Ende der Saison an der Pflanze ausreifen.

Was schiefgehen kann

Junge Bohnenpflanzen sollten unbedingt vor Schnecken geschützt werden (*siehe S. 330–331*). Blattläuse, vor allem die schwarze Bohnenblattlaus, können die Triebspitzen und die jungen Hülsen befallen. Eventuell ist eine Spritzung nötig (*siehe S. 332–333*).

Zu den Krankheiten, für die Buschbohnen anfällig sind, gehören Gelbfleckigkeit (*siehe S. 328*) sowie Stängelgrund- und Wurzelfäule (*siehe S. 327*).

Empfohlene Sorten

KLETTERNDE **Blue Lake, Borlotti, Kingston Gold, Kwintus, Purple Podded Climbing**

ZWERGWÜCHSIGE **Borlotto Lingua di Fuoco Nano, Chevrier Vert, Cropper Teepee, Masai, Marengo, Masterpiece Stringless, Purple Teepee, Rocquencourt, The Prince**

(oben) **Blue Lake**
(unten) **Cropper Teepee**

Stangenbohnen

Weil Stangenbohnen so einfach zu kultivieren sind, ist es kein Wunder, dass viele Hobby-Gärtner zu viele pflanzen und schließlich vor einer wahren Ernteschwemme stehen. Wird nicht regelmäßig gepflückt, werden die Bohnen übergroß, hart und faserig – und landen auf dem Komposthaufen. Die Lösung: Weniger ist mehr. Eine kurze Reihe oder einige Stangenzelte reichen für eine durchschnittliche Familie völlig aus. Außerdem sollte man alle Bohnen ernten, wenn sie noch klein und zart sind.

Unter den zahlreichen Sorten wachsen die meisten kletternd, es gibt aber auch einige niedrige Züchtungen. Sorten mit roten Blüten bilden meist rote oder violett gesprenkelte Samen, während Sorten mit weißen Blüten weiße Samen bilden. Daneben gibt es Sorten mit mehrfarbigen Blüten und sogar mit schwarzen Samen.

JAHRESZEIT	**Frühling**	**Sommer**	**Herbst**	**Winter**
Pflanzen	■	■		
Auspflanzen		■		
Ernten		■	■	

Stangenbohnen sind ganz einfach zu kultivieren. Sie sehen eindrucksvoll aus, wenn sie in voller Blüte stehen oder zahlreiche Hülsen tragen.

Wo wird gesät?

Stangenbohnen bevorzugen einen warmen, sonnigen Platz. Vor allem die hohen Sorten, die leicht kopflastig werden können, müssen zusätzlich vor Wind geschützt werden. Die wichtigste Rolle spielt aber der Boden. Die Bohnen wurzeln tief und brauchen einen fruchtbaren Boden mit gutem Wasserhaltevermögen. Traditionell pflanzt man sie in speziell vorbereitete Gräben (*siehe S. 172*). Gut vorbereiteter Boden, der regelmäßig gedüngt und mit organischer Substanz angereichert wird, genügt aber auch.

Halten Sie die Fruchtfolge ein und pflanzen Sie Stangenbohnen nicht auf ein Beet, auf dem in den vergangenen zwei oder drei Jahren Bohnen jeder Art oder Erbsen wuchsen.

Wann wird gesät?

Es ist möglich, zwei Saaten im Jahr zu legen – eine im mittleren Frühling für die Hochsommerernte und eine zweite im Früh- oder Hochsommer für die Herbsternte. Die Samen brauchen zur Keimung eine Mindesttemperatur von 12 °C. Säen sie also nicht zu früh ins Freiland, wenn Sie den Boden nicht mit Tunneln oder schwarzer Folie angewärmt haben. Wer es eilig hat, sät im Haus in Töpfen und pflanzt die Sämlinge nach den letzten Frösten aus.

(oben) **Die Triebspitzen** ausknipsen, wenn die Pflanzen das Ende der Stützen erreicht haben. So wird die Bildung von Seitentrieben weiter unten angeregt.

(Mitte) **Die Jungpflanzen** vorsichtig um die Stangen winden und mit Schnur behutsam festbinden.

(unten) **Stütz-Stangen** müssen stabil sein, damit sie später nicht unter dem Gewicht der Pflanzen und Hülsen zusammenbrechen.

DER BOHNENGRABEN

Ein traditioneller Bohnengraben ist ein äußerst nährstoffreiches Beet, in dem Stangenbohnen (und andere Bohnen) bestens gedeihen. Er versorgt sie mit allen nötigen Nährstoffen.

1 Einen Graben in der Länge der Reihe ausheben. Er sollte 60–90 cm breit und 60 cm tief sein. Wenn der Boden am Grund verdichtet ist, wird er mit der Grabgabel aufgelockert.

2 Verrotteten Stallmist oder Gartenkompost in den Graben füllen, darauf Gartenerde verteilen und etwas pellettierten Geflügelmist ausstreuen. Den Boden vor der Aussaat oder Pflanzung mindestens zwei Wochen lang ruhen lassen.

Wie wird gesät?

Stangenbohnen haben lange Wurzeln. Wer sie im Haus vorzieht, muss hohe Töpfe verwenden. Gut geeignet sind auch hohe Anzuchttöpfe aus Pressmaterial oder Papier. Aussaat- oder Universalsubstrat einfüllen, die Samen 5 cm tief hineindrücken und feucht halten. Im Frühsommer die Sämlinge abhärten und auspflanzen.

Vor der Aussaat im Freiland müssen die Stützen errichtet werden. Bauen Sie aus stabilen Stangen »Wigwams« oder stellen Sie Bohnenstangen so in Zweierreihen auf, dass sich die oberen Enden überkreuzen. Die oberen Enden zusammenbinden. Legen Sie am Fuß jeder Stange einen Samen 5 cm tief in die Erde.

Regelmäßige Pflege

Mulch rings um die Jungpflanzen hält den Boden feucht und kann Schnecken fernhalten. Winden Sie die Sämlinge vorsichtig um die Stützen, um ihnen den Weg nach oben zu zeigen. Haben Sie das Stangenende erreicht, kneifen Sie die Triebspitzen aus. Die Fruchtbildung lässt sich durch reichliches Wässern anregen. Gießen Sie bei trockenem Wetter zwei- bis dreimal in der Woche. Weiß blühende Sorten empfehlen sich für die spätere Aussaat, weil viele bei höheren Temperaturen Hülsen bilden.

Ernte

Stangenbohnen benötigen von der Aussaat bis zur Erntereife ungefähr 100 Tage. Wichtig ist vor allem, sie frühzeitig zu pflücken, bevor sie hart und faserig werden. Außerdem sollte man die jungen Bohnen häufig ernten – während der Hochsaison zwei- bis dreimal in der Woche.

Was schiefgehen kann

Stangenbohnen sind weitgehend unproblematisch. Schnecken können allerdings in einer Nacht die Blätter einer ganzen Sämlingsreihe abfressen (*siehe S. 330*). Gelegentlich treten Blattläuse oder schwarze Bohnenblattläuse (*siehe S. 332–333*) auf. Krankheiten wie Gelbfleckigkeit (*siehe S. 328*) kommen zum Glück nur selten vor. Die Stängelgrund- und Wurzelfäule (*siehe S. 327*) lässt sich durch Einhalten der Fruchtfolge vermeiden.

Empfohlene Sorten

Kelvedon Marvel, Lady Di, Pickwick, Polestar, Red Rum, White Emergo

(oben) **White Emergo** (rechts) **Lady Di**

Dicke Bohnen

Früher kannte man nur zwei Sorten großer Bohnen: eine mit langen Hülsen, die acht Kerne enthielten und eine andere mit kurzen Hülsen und vier Samen. Heute werden viele Züchtungen angeboten, die niedriger wachsen und zarte Kerne in unterschiedlicher Zahl bilden. Es gibt auch kleinwüchsige Sorten, die man gut im Kübel kultivieren kann.

Wie alle Bohnen und Erbsen schmecken auch Dicke Bohnen am besten, wenn man sie jung erntet und nach dem Pflücken so schnell wie möglich zubereitet. Erntet man die Hülsen, wenn sie noch ganz jung sind, kann man sie auspalen und die Samen roh für Salate verwenden oder die ganzen Hülsen wie Zuckererbsen kochen. Je häufiger man Bohnen erntet, desto mehr neue Hülsen werden gebildet.

JAHRESZEIT	Frühling	Sommer	Herbst	Winter
Pflanzen	■		■	■
Auspflanzen	■			
Ernten	■	■		

Wo wird gepflanzt?

Dicke Bohnen sind recht anspruchslos. Sie schätzen fruchtbaren, durchlässigen Boden und vielleicht etwas Schutz vor starkem Wind. Sie danken es, wenn man vor der Pflanzung etwas Kompost oder verrotteten Stallmist untergräbt. Weil sie aber an den Wurzeln Knöllchen tragen, die Stickstoff aus der Luft binden, brauchen sie keine zusätzliche Stickstoffdüngung.

Beachten Sie die Fruchtfolge und pflanzen Sie Dicke Bohnen nicht auf Beete, auf denen in den vergangenen zwei oder drei Jahren andere Bohnen oder Erbsen standen.

(Links) **Einige Sorten** kann man im Herbst aussäen, um zeitig im folgenden Jahr frische Bohnen zu ernten.

(rechts) **Bambusstäbe**, zwischen denen stabiler Draht gespannt ist, verhindern, dass die Pflanzen unter dem Gewicht der Hülsen umfallen.

(oben) **Ausknipsen der Triebspitzen** verhütet den Befall mit Blattläusen und regt die Pflanze an, mehr Früchte zu bilden.

(unten) **Nach der Ernte** werden die Pflanzen über dem Boden abgeschnitten. Die Wurzeln kann man im Boden lassen, denn sie enthalten wertvollen Stickstoff.

Wann wird gesät?

Wenn die Winter in Ihrer Region nicht sehr kalt sind, können »frühe« Sorten im Spätherbst direkt ins Beet gesät werden. Einige Pflanzen fallen vielleicht dem Frost (oder den Mäusen) zum Opfer, etliche werden aber den Winter überstehen und können im Spätfrühling des folgenden Jahres beerntet werden. Für die Herbstaussaat darf der Boden allerdings nicht zu schwer und zu nass sein.

Alternativ sät man »späte« Sorten im Frühling, wenn die Temperatur bei mindestens 5 °C liegt und der Boden bearbeitet werden kann. Geerntet werden diese Bohnen im Sommer.

Wie wird gesät?

Legen Sie die Samen etwa 5 cm tief in Abständen von 23 cm. Man kann in Gruppen, in Einzelreihen mit 45 cm Reihenabstand oder in versetzten Doppelreihen mit 60 cm Abstand säen. Einige zusätzliche Samen an den Enden der Reihen liefern »Reservepflanzen«, die in Lücken gesetzt werden können, falls vereinzelte Samen in den Reihen nicht keimen oder gefressen werden.

Regelmäßige Pflege

Halten Sie das Beet unkrautfrei und gießen Sie regelmäßig, sobald sich Blüten zeigen. Eine Mulchschicht rings um die Sämlinge hält den Boden feucht und regt das Wachstum an. Wenn die ersten Blüten erscheinen, knipsen Sie die obersten Triebspitzen aus.

Hohe Sorten müssen mit Stangen oder Stäben und Drähten gestützt werden. Für niedrigere Sorten genügen Erbsenreiser als Stütze.

Ernte

Pflücken Sie die Hülsen, wenn sie noch jung sind und bevor die Kerne zu groß werden. Ernten Sie zuerst die untersten Bohnen, die nahe am Hauptstiel stehen. Dadurch wird das Wachstum der übrigen Hülsen angeregt. Die Bohnen schmecken am besten, wenn die Haut auf der Innenseite der Hülsen noch grün oder weiß ist, aber noch nicht braun oder schwarz.

Pflückt man Dicke Bohnen, wenn sie ganz jung und so lang wie ein kleiner Finger sind, kann man sie mitsamt den Hülsen kochen und im Ganzen essen.

Was schiefgehen kann

Schädlinge

Erbsen- und Bohnenwickler sind kleine, graubraune Insekten, die typische, halbrunde Löcher in die Blätter fressen. Sie sehen hässlich aus, töten die Pflanze aber meist nicht ab. Man kann Spritzmittel einsetzen, jedoch nicht während der Blüte, weil sonst die Gefahr besteht, Bienen zu schädigen.

Die häufigsten Schädlinge sind Blattläuse und Schwarze Bohnenblattläuse (*siehe S. 332–333*). Sie verursachen Wachstumsstörungen oder sogar Krüppelwuchs. Vor allem die zarten Triebspitzen ziehen die Schädlinge an, darum sollte man sie ausknipsen. Vögel und Mäuse fressen gern die Samen von Dicken Bohnen. Eventuell ist es sinnvoll, die Saat mit Netzen zu schützen.

Krankheiten

Die Schokoladenfleckenkrankheit ist ein Pilz, der braune Flecken auf den Blättern und braune Streifen auf Stielen und Hülsen verursacht. Er tritt vor allem auf überwinternden Pflanzen in Gegenden mit feuchtem Wetter auf. Zur Vorbeugung sollte man regelmäßig jäten und die Pflanzen in großen Abständen setzen, sodass die Luft frei zirkulieren kann.

Gelegentlich tritt die Stängelgrund- und Wurzelfäule (*siehe S. 327*) auf.

Empfohlene Sorten

Aquadulce Claudia, Imperial Green Longpos, Jubilee Hysor, Red Epicure, Stereo, Superaquadulce, The Sutton, Topic, Witkiem Manita

(oben) **The Sutton**
(unten) **Red Epicure**

BESONDERE BOHNEN

(oben) **Lima-Bohnen**
(unten) **Augenbohnen**

Lima-Bohnen

Die flachen Bohnen mit großen, weißen oder grünen Kernen bezeichnet man auch als Butterbohnen. Die Pflanzen mit buschigem oder kletterndem Wuchs werden ebenso kultiviert wie Busch- und Stangenbohnen. Lima-Bohnen stammen aber aus dem Tropen. Die Samen brauchen zur Keimung eine Mindesttemperatur von 18 °C und die Pflanzen gedeihen im Freiland nur in heißen Sommern und in voller Sonne.

JAHRESZEIT	Frühling	Sommer	Herbst	Winter
Pflanzen	■			
Auspflanzen		■		
Ernten		■	■	

Augenbohnen

Diese Bohnen mit dem markanten, schwarzen »Auge« stammen aus Afrika, werden aber heute in vielen Ländern der Welt angebaut – vor allem in Regionen mit warmem Klima wie in den südlichen USA und Asien. Die Samen brauchen zur Keimung eine Mindesttemperatur von 21 °C, auch während ihrer zwei- bis dreimonatigen Wachstumssaison ist diese Temperatur erforderlich. Man kann die Hülsen sehr jung ernten und im Ganzen essen oder etwas reifer werden lassen und auspalen. Zum Einlagern lässt man sie ausreifen und an der Pflanze trocknen.

JAHRESZEIT	Frühling	Sommer	Herbst	Winter
Pflanzen	■			
Auspflanzen		■		
Ernten		■	■	

Schlangenbohnen

Die Hülsen dieser Bohnen können fast einen Meter lang werden. Man erntet sie, wenn sie die halbe Länge erreicht haben, weil sie sonst hart und faserig werden können. Wie Buschbohnen isst man sie am besten frisch und kurz gegart. Weil diese Bohnen aus den Tropen stammen, sind sie in gemäßigtem Klima schwierig zu kultivieren. In milden Gegenden lohnt ein Versuch unter Vlies, im Folientunnel oder im Gewächshaus. Die kletternden Pflanzen können jedoch sehr hoch werden.

JAHRESZEIT	Frühling	Sommer	Herbst	Winter
Pflanzen	■			
Auspflanzen		■		
Ernten		■	■	

Sojabohnen

Sojabohnen stammen aus Südostasien, werden aber heute in aller Welt kultiviert, weil sie wertvolle Proteine und Öle enthalten. Normalerweise brauchen sie ein warmes Klima mit heißen Sommern und Temperaturen zwischen 20 und 30 °C. Neuere Züchtungen gedeihen aber auch in gemäßigtem Klima, eventuell unter Folie oder Glas. Man kultiviert sie wie Buschbohnen. Die kurzen, grünen Hülsen sind von weichen Härchen bedeckt. Nach dem Trocknen werden die Samen wie andere getrocknete Bohnen verwendet. Man kann die frischen Hülsen aber auch im Ganzen kochen oder dämpfen, dann auspalen und die Kerne mit Salz essen. In Japan, wo Sojabohnen sehr beliebt sind, nennt man diesen Snack »edamame«.

JAHRESZEIT	Frühling	Sommer	Herbst	Winter
Pflanzen	■			
Auspflanzen		■		
Ernten		■	■	

(oben) **Schlangenbohnen**
(unten) **Sojabohnen**

6. Salate

Als Salat kann man genau genommen alles, was im Garten wächst, mischen, solange es schmeckt und nicht giftig ist. Einige Grundzutaten gehören aber zu den Klassikern. Eine davon ist Kopfsalat mit all seinen Varianten, Feldsalat ist eine andere, und für alle, die den typisch-bitteren Geschmack mögen, ist Chicoree ein Muss. Außerdem gibt es eine Reihe weniger bekannter Blattsalate wie Portulak, die man fast ganzjährig ernten kann. In den letzten Jahren haben sich auch die asiatischen Blattsalate wie Mibuna sowie japanischer Senf auf dem europäischen Markt – und Speisezettel – durchgesetzt.

Für die ungemütlichen Wintertage, an denen man gar keine Lust auf Gartenarbeit hat, bieten sich frische Keimsprossen an. Senf und Kresse, Mungobohnen, Alfalfa und andere kann man problemlos auf der Fensterbank ziehen.

Kleine gemischte Schnittsalate lassen sich nach Bedarf blätterweise schneiden und treiben wieder aus.

1 **Kopfsalat** ist einfach zu kultivieren, sofern die Samen keimen und es gelingt, ihn am Schießen zu hindern.

2 **Rauke** hat einen pfeffrigen Geschmack, der entfernt an Senf erinnert. Sie ist auch unter der Bezeichnung Rucola im Handel.

3 **Feldsalat** ist robuster als die meisten Blattsalate und kann bis in den Winter kultiviert werden.

4 **Portulak** kann man roh in einem Salat essen oder wie Spinat einfach kurz andünsten.

5 **Mibuna** ist eines der asiatischen Blattgemüse, deren junge Blätter auch für Salate verwendet werden können.

6 **Gartenkresse** sieht wie Brunnenkresse aus und schmeckt auch so, aber sie gedeiht auf dem trockenen Land.

7 **Chicoree** – gebleicht oder ungebleicht – schmeckt leicht bitter. Selbst Fans geben zu, dass er etwas gewöhnungsbedürftig ist.

8 **Endivien** gibt es mit fein gekräuselten Blättern (Frisee) und als relativ glattblättrige Sorte.

9 **Radieschen** sind gesund, einfach und unkompliziert zu kultivieren und recht schnell erntereif.

10 **Keimsprossen** wie diese Alfalfa-Keime brauchen nur Wasser, Wärme, Licht und Luft. Man kann sie gut auf der Fensterbank ziehen.

8

9

10

Blattsalat

Beim Blattsalat unterscheidet man zwischen vier Grundtypen. Drei davon bilden Herzen in ihrer Mitte. Als *Kopfsalat* bezeichnet man die lockeren, flach-runden Köpfe mit zarten, glatten Blättern. *Romana-Salate* haben eine eher längliche Form mit härteren, knackigen Blättern. *Eisbergsalat* mit dichten, runden Köpfen ist hellgrün und besonders knackig. In die vierte Gruppe fallen die *Schnittsalate*, die keine Köpfe bilden, aber nach dem Schnitt nachwachsen.

Blattsalate sind einfach zu kultivieren. Die größten Schwierigkeiten bestehen darin, die Samen zum Keimen zu überreden (es darf weder zu warm noch zu kalt sein) und das Schießen zu verhindern (durch reichliches Gießen bei warmem Wetter). Außerdem sollte man vermeiden, dass alle gleichzeitig reif sind. Dazu sät man jeweils nur einige Körner in zeitlichem Abstand.

JAHRESZEIT	Frühling	Sommer	Herbst	Winter
Säen	■	■	■	
Auspflanzen	■			
Ernten	■	■	■	

Wo wird gepflanzt?

Salat stellt keine besonderen Ansprüche an den Boden, sofern er nicht zu leicht austrocknet. Hitze bekommt ihm nicht, im Hochsommer fühlt er sich im Halbschatten am wohlsten.

Achten Sie auf die Fruchtfolge und pflanzen Sie Salat nicht auf Beete, auf denen in den beiden Vorjahren Salat wuchs. Weil Salat aber nicht zu den Haupt-Gemüsegruppen zählt, die bei der Fruchtfolge zu beachten sind, kann man ihn gut in Lücken pflanzen.

(links) **Dicht gepflanzter Salat** lässt Unkraut kaum eine Chance, weil er ihm das Licht nimmt.

(rechts) **Schnittsalat** ist praktisch, weil man gerade so viele Blätter ernten kann, wie man braucht. Lässt man den Strunk stehen, treibt er wieder aus.

(oben) **Beim Auspflanzen** die Sämlinge so tief setzen, dass die Blattansätze oberhalb des Bodens liegen. Pflanzt man zu tief, können sie faulen.

(unten) **Gartenvlies** schützt junge Salatsämlinge vor Frost, aber auch vor Insekten und gefräßigen Vögeln.

Wann wird gepflanzt?

Am einfachsten ist es, Salat direkt ins Freiland zu säen, sobald sich der Boden im Frühling erwärmt hat. Aber säen Sie nicht zu viel. Eine Handvoll Samen alle zwei Wochen ist genug, um fortlaufend den ganzen Sommer über ernten zu können.

Für eine erste Ernte im Frühsommer kann man Salat von Winter bis Vorfrühling unter Dach, also in Haus oder Gewächshaus, säen und später umpflanzen.

Wie wird gesät?

Im Freiland in 1 cm tiefe Rillen säen und danach gut angießen. Nicht bei starker Hitze säen. Die Samen keimen zuverlässiger, wenn Sie bis zum späten Nachmittag warten, wenn die Temperatur sinkt. Saaten, die sehr früh oder sehr spät im Jahr gelegt werden, sollten mit Vlies, Folientunneln oder Frühbeeten vor Kälte geschützt werden. Wenn sich die Sämlinge zeigen, wird ausgedünnt. Nur die kräftigsten bleiben stehen.

Im Haus oder Gewächshaus sät man in Anzuchtkästen oder Presstöpfe, härtet die Jungpflanzen später ab und setzt sie dann ins Beet.

Sämlinge auspflanzen

Sämlinge können ausgepflanzt werden, wenn sie vier oder fünf Blätter haben. Damit sie den Umzug überleben, die Pflanzen feucht halten, vor Sonne schützen und die Wurzeln möglichst wenig stören.

Salat wächst schnell – viel schneller als beispielsweise Rosenkohl, Kopfkohl oder Mais. Man kann ihn zwischen diese Arten säen, denn er wird geerntet, bevor er sie beengen oder mit ihnen konkurrieren kann. Solche Zwischensaaten sind praktisch, um den Platz im Beet gut auszunutzen.

Regelmäßige Pflege

Unkraut jäten und Salat vor allem ein bis zwei Wochen vor der Ernte reichlich gießen. Bei Hitze und Wassermangel geraten die Pflanzen in Not. Sie reagieren panisch und versuchen mit aller Kraft, Blüten und Samen zu bilden, um sich zu vermehren, ehe sie sterben. Diesen Vorgang nennt man »in Saat schießen«. Salat, der geschossen ist, schmeckt bitter.

Ernte

Sobald sich die Köpfe gebildet haben, sollte man sie ernten, damit sie nicht schießen (bei Hitze und Trockenheit) oder faulen (bei Nässe).

Schnittsalate kann man im Ganzen ernten oder nach Bedarf Blätter schneiden. Die zweite Methode hat den Vorteil, dass sie wieder austreiben und man während der ganzen Saison junge Blätter ernten kann.

Schnittsalate sind schneller erntereif als Kopfsalate – einfach weil die Kopfbildung etwas Zeit kostet.

Salat eignet sich gut als Zwischensaat, weil er reif ist, bevor der Zuckermais seine volle Größe erreicht hat.

SCHNITTSALAT ERNTEN

1 Den ganzen jungen Salat ca. 2,5 cm über der Erdoberfläche abschneiden.

2 Der Strunk bleibt im Boden und bildet binnen weniger Wochen neue Blätter, sodass Sie erneut ernten können – vielleicht sogar ein drittes Mal.

(oben) **Stress** durch Hitze oder Wassermangel kann dazu führen, dass Salatpflanzen in Saat schießen.

(unten) **Im Winter** wächst Salat im Frühbeet heran. Er wird im Frühling geerntet.

Was schiefgehen kann

Schädlinge

Schnecken (*siehe S. 330–331*) mögen gern junge Blätter und fressen sich auch bis in die Salatherzen hinein. Darum sollte man Salat vor der Zubereitung gründlich waschen. Blattläuse können lästig werden (*siehe S. 332*). Die Wurzeln werden gelegentlich von Larven der Erdraupe (*siehe S. 334*), von Drahtwürmern (*siehe S. 337*) und Schnakenlarven (*siehe S. 335*) geschädigt

Die Salatwurzellaus muss man ernst nehmen. Sie frisst die Wurzel, in der Folge verwelkt der Salat. Ein Alarmzeichen sind weißliche, pulvrig-wachsige Spuren im Boden. Mit einem geeigneten Insektizid gießen und künftig resistente Sorten bevorzugen.

Krankheiten

Bei feuchtem Wetter kann Falscher Mehltau (*siehe S. 327*) auftreten. Botrytis (Grauschimmel) ist ein Pilz, der Blätter faulen lässt und ganze Pflanzen vernichten kann. Er tritt vor allem in feuchten Sommern auf und zeigt sich als flaumiger, schmutzigweißer Belag auf den Blättern. Die Sporen werden durch Wind, Regen und Spritzwasser verbreitet und dringen durch Verletzungen ins Pflanzengewebe ein. Befallene Pflanzenteile vernichten, mit einem Fungizid spritzen und darauf achten, dass zwischen den verbleibenden Pflanzen die Luft gut zirkulieren kann.

Empfohlene Sorten

Schnittsalate werden oft als Mischungen angeboten. Das hat zwei Vorteile: Selbst wenn einige Sorten nicht keimen, fallen nicht alle aus. Außerdem reifen sie unterschiedlich schnell, sodass nicht mit einer Ernteschwemme zu rechnen ist.

KOPFSALAT **All The Year Round, Avondefiance, Clarion, Fortune, Merveille des Quatre Saisons, Tom Thumb (mini), Valdor**

ROMANA-SALAT **Corsair, Freckles, Kendo (mini), Lobjoit's Green Cos, Little Gem (mini), Little Leprechaun (mini), Pinokkio (mini)**

EISBERGSALAT **Beatrice, Black-Seeded Simpson, Iceberg, Lakeland, Mini Green (mini), Reine des Glaces, Saladin, Triumph, Windermere**

SCHNITTSALAT **Catalogna, Cocarde, Green Salad Bowl, Lollo Rossa, Red Salad Bowl**

(im Uhrzeigersinn von oben links)
Lollo Rossa, Iceberg, All The Year Round, Little Gem

Rauke

Rauke hat einen pfeffrigen Geschmack mit Anklängen an Senf. Man nennt sie auch Rucola oder – wenn man sich chic französisch geben möchte – Roquette. Neben der kultivierten Salatrauke ist auch die Wilde Rauke als Saatgut zu haben. Beide können geschnitten werden und wachsen wieder nach. Man erntet die jungen Blätter, weil sie mit zunehmendem Alter bitter werden.

Wilde Rauke hat schmale Blätter und einen intensiven Geschmack. Sie wächst langsam (und schießt im Sommer nicht so leicht) und bildet, weil sie mehrjährig ist, auch im Winter Blätter, sofern sie vor Frost geschützt wird. Salatrauke hat breitere Blätter und ist etwas milder. Sie schießt bei sommerlicher Trockenheit sehr leicht. Die Blüten kann man in Salaten essen, aber sie sind recht scharf.

JAHRESZEIT	Frühling	Sommer	Herbst	Winter
Säen	■	■	■	
Ernten	■	■	■	

Wo wird gepflanzt?

Rauke gedeiht in jedem Boden, der Wasser gut speichert. Hitze verträgt sie nicht, Halbschatten bekommt ihr besser.

Wann wird gepflanzt?

Sobald sich der Boden erwärmt hat, im Frühling direkt ins Freiland säen. Folgesaaten in Abständen von drei Wochen sorgen dafür, dass immer frischer Nachwuchs zur Verfügung steht.

Salatrauke

Wie wird gesät?

Dünn in Reihen oder Gruppen in 1 cm Tiefe säen. Sehr frühe und sehr späte Saaten mit Vlies, Folientunneln oder Frühbeeten vor Kälte schützen. Rauke gedeiht auch in Töpfen und Kübeln sehr gut.

Regelmäßige Pflege

Rauke muss vor allem bei heißem, trockenem Wetter reichlich gegossen werden, um die Blütenbildung hinauszuzögern.

Ernte

Die jungen Blätter können geschnitten werden, wenn sie daumenlang sind. Je mehr man erntet, desto mehr wachsen nach. Darum erntet man jeweils nur wenige Blätter oder schneidet die ganze Pflanze 3 cm über dem Boden ab. Die Wurzel treibt meist wieder aus.

Was schiefgehen kann

Rauke ist fast unverwüstlich. Schnecken (*siehe S. 330–331*) machen sich gern über junge Sämlinge her, Erdflöhe (*siehe S. 334*) befallen manchmal größere Pflanzen und fressen kleine, runde Löcher in die Blätter. Im frühen Befallsstadium sind die Pflanzen dennoch essbar, sehen aber ziemlich unappetitlich aus.

(oben) **Wilde Rauke**

(unten) **Wenn Rauke schießt**, bildet sie zahlreiche kleine, cremeweiße Blüten. Sie sind essbar, aber recht scharf.

Feldsalat

Feldsalat, der auch als Ackersalat oder Rapunzel bezeichnet wird, ist in zwei Formen erhältlich. Eine hat große, hellgrüne Blätter, die eine lockere Rosette bilden. Die andere wächst aufrechter und hat kleinere, dunkelgrüne Blätter. Beide schmecken mild und passen in viele sommerliche Salatmischungen. Ihr besonderer Vorzug ist aber, dass sie Kälte gut vertragen und bis in den Winter hinein für frische Vitamine sorgen, wenn es keine anderen Salate mehr gibt.

JAHRESZEIT	Frühling	Sommer	Herbst	Winter
Säen	■	■	■	
Ernten	■	■	■	■

Wo, wann und wie wird gesät?

Feldsalat wächst fast überall. Man sät kleine Portionen in Abständen von wenigen Wochen 1 cm tief. Bei Spätfrühlings-Aussaat kann im Sommer geerntet werden, bei Spätsommer-Aussaat im Winter.

Regelmäßige Pflege

Regelmäßig jäten und gießen. Sämlinge bei zu engem Stand auf Abstände von 10–15 cm ausdünnen.

Ernte

Im Sommer junge Blätter pflücken, sobald sie groß genug zum Anfassen sind. Fortlaufend ernten, damit die Pflanzen nicht schießen. Im Winter die Pflanzen mit Folientunneln oder Frühbeetkästen schützen und etwas größer werden lassen.

Was schiefgehen kann

Feldsalat ist gegen die meisten Krankheiten und Schädlinge resistent. Probleme können allenfalls durch Schnecken (*siehe S. 330–331*), Blattläuse (*siehe S. 332*) sowie bei feuchtem Wetter Fäulnis und Mehltau auftreten.

Empfohlene Sorten

Cavallo, Louviers, Verte de Cambrai, Vit

Vit

Portulak

Bei diesem Salat unterscheidet man zwischen zwei Formen. *Sommerportulak*, der in manchen Gegenden als Unkraut gilt, hat dicke, fleischige Stiele und knackige, schlank-ovale Blätter in Grün oder leuchtendem Goldgelb.

Winterportulak hat fleischige, herzförmige Blätter. Beide können geschnitten werden und treiben danach wieder aus. Sie schmecken roh gut, man kann sie aber auch wie Spinat kurz dünsten. Sie sind unkompliziert zu kultivieren.

JAHRESZEIT	Frühling	Sommer	Herbst	Winter
Säen	■	■		
Ernten		■	■	■

Wo, wann und wie wird gesät?

Portulak bevorzugt durchlässigen Boden. Er braucht Wasser, aber bei Staunässe fault er schnell. Er mag Sonne, gedeiht aber auch im Halbschatten.

Sommerportulak wird von Spätfrühling bis Hochsommer gesät, Winterportulak im Spätsommer, sodass er im Herbst und Frühwinter erntereif ist. Dünn säen und die Samen mit 1 cm Erde bedecken. Bei Kälte abdecken.

Regelmäßige Pflege

Regelmäßig jäten und gießen. Sämlinge ausdünnen. Blüten abknipsen, sobald sie sich zeigen, um die Samenbildung zu unterbinden.

Ernte

Beide Formen treiben nach der Ernte neue Blätter. Je mehr Blätter man schneidet, desto mehr wachsen nach.

Winterportulak sät sich selbst aus, sodass man im Folgejahr wieder ernten kann.

Was schiefgehen kann

Portulak ist normalerweise unproblematisch. Probleme bereiten eventuell Schnecken (*siehe S. 330–331*), Blattläuse (*siehe S. 332*) sowie bei nassem Wetter Fäulnis und Mehltau.

(oben) **Sommerportulak** (unten) **Winterportulak**

Asiatische Blattsalate

Diese asiatischen Kreuzblütler gehören zur gleichen Familie wie Chinakohl (*siehe S. 80*) und Pak Choi (*siehe S. 81*). Alle kann man wachsen lassen, bis die Blätter recht groß sind, dann ernten und wie Spinat dünsten, kochen oder für Pfannen-Gerichte verwenden. Die jungen Blätter, die weniger hart und würzig sind, eignen sich ausgezeichnet als Schnittsalate.

Asiatische Salate sind einfach zu kultivieren und schießen nicht so leicht in Saat wie europäische Blattsalate. Viele vertragen außerdem kalte Herbst- und sogar Wintertemperaturen gut und empfehlen sich auch deshalb, weil sie am Ende des Jahres die Küche mit gartenfrischen Vitaminen versorgen.

Mizuna

Mizuna sieht aus wie eine Kreuzung zwischen Rauke und krauser Endivie. Die fiedrigen Blätter bilden eine lockere Rosette von bis zu 45 cm Durchmesser. Sie schmecken pfeffrig und werden am besten jung verzehrt.

Mit Mizuna kann kaum etwas schiefgehen. Er verträgt heiße Sommer und sogar leicht winterliche Temperaturen und ist nahezu unverwüstlich. Legen Sie vom Spätfrühling bis Frühherbst jeweils kleine Samenportionen. Für Schnittsalat die Sämlinge auf Abstände von 10 cm ausdünnen. 45 cm Abstand sind nötig, wenn die Pflanzen größer werden und gegart werden sollen. Man kann auch früh im Jahr in Pflanzkästen säen und später auspflanzen. Vor Schnecken (*siehe S. 330–331*) und Erdflöhen (*siehe S. 334*) schützen.

JAHRESZEIT	Frühling	Sommer	Herbst	Winter
Säen	■	■	■	
Auspflanzen		■		
Ernten		■	■	

Mizuna

Mibuna

Mibuna ist eng mit Mizuna verwandt, hat aber etwa 15 cm lange, breitere, rundliche Blätter mit glatten Rändern. Der leicht pfeffrige Geschmack erinnert an Rauke, wird aber mit der Reife nicht so streng. Er ist so pflegeleicht wie Mizuna und fast ebenso kältetolerant. Solange er ausreichend gewässert wird, neigt er im Sommer kaum zum Schießen. Gesät, kultiviert und geerntet wird er wie Mizuna.

JAHRESZEIT	Frühling	Sommer	Herbst	Winter
Säen	■	■	■	
Auspflanzen		■		
Ernten		■	■	

Komatsuna

Komatsuna ist der Oberbegriff für verschiedene Blattgemüse mit ähnlichen Merkmalen. Alle bilden Rosetten aus aufrechten, dunkelgrünen oder rötlichen Blättern, deren Geschmack zwischen Spinat und Kohl liegt und einen Anklang von Senf hat.

Komatsuna ist einfach zu kultivieren. Ab Frühsommer 1 cm tief direkt ins Freiland säen. Zur Verwendung wie Schnittsalat die Sämlinge auf 10 cm ausdünnen. Sollen die Pflanzen größer werden, sind Abstände von 45 cm richtig. Manche Sorten vertragen Temperaturen bis –12 °C und können fast den ganzen Winter hindurch geerntet werden.

Probleme treten selten auf, doch weil es sich um Kreuzblütler handelt, wären dies dann die typischen Kohl-Krankheiten und -Schädlinge (*siehe S. 77–78*).

JAHRESZEIT	Frühling	Sommer	Herbst	Winter
Säen		■		
Auspflanzen			■	
Ernten			■	■

Komatsuna

Japanischer Senf

Unter diesem Namen fasst man verschiedene Pflanzensorten zusammen, deren große grüne, rote oder violette Blätter glatt, gekräuselt oder runzlig sein können. Die jungen Blätter geben Salaten ein angenehmes Senf-Aroma. Wenn sie größer werden, intensiviert sich der Geschmack und es ist besser, sie zu garen. 'Red Giant' mit den hellgrünen Rippen und den rötlich-violetten, runzligen Blättern ist eine der bekanntesten Sorten.

Gesät wird im Spätfrühling im Haus oder Gewächshaus oder ab Frühsommer direkt ins Freiland. Die Pflanzen warm und feucht halten, damit sie nicht schießen. Wenn nach einigen Monaten die jungen Blätter geerntet werden, treiben neue nach. Manche Sorten liefern bis in den Spätherbst frisches Salatgemüse.

JAHRESZEIT	Frühling	Sommer	Herbst	Winter
Säen	■	■		
Auspflanzen		■		
Ernten		■	■	

Gartenkresse

Gartenkresse sieht aus wie Brunnenkresse und schmeckt auch sehr ähnlich. Doch im Gegensatz zu Brunnenkresse wächst sie nicht im Wasser, sondern an Land. Sie ist pflegeleicht, sofern man sie reichlich gießt und nicht der prallen Sonne aussetzt. Wenn ihr ein Standort zusagt, sät sie sich selbst aus und liefert jedes Jahr neue Pflanzen. Man kann sie roh als Salat und gedünstet essen.

JAHRESZEIT	Frühling	Sommer	Herbst	Winter
Säen	■	■	■	
Ernten	■	■	■	■

Wo, wann und wie wird gepflanzt?

Gartenkresse braucht feuchten Boden, der nie austrocknet. Graben Sie frühzeitig reichlich verrottete, organische Substanz unter. Sonne verträgt sie schlecht, günstiger ist ein geschützter Schattenplatz. Gesät wird im Frühling für die Frühsommerernte und nochmals im Spätsommer für die Herbst- und Winterernte. Die Samen dünn ausstreuen und 1 cm hoch mit Erde bedecken.

Regelmäßige Pflege

Die Sämlinge ausdünnen. Regelmäßig reichlich gießen, damit die Blätter nicht hart und zu scharf werden. Im Herbst und Winter die Pflanzen mit Folientunneln oder Frühbeetkästen schützen.

Ernte

Gartenkresse wächst nach dem Schnitt nach. Die ersten Blätter können zwei Monate nach der Aussaat geschnitten werden.

Was schiefgehen kann

Schnecken (*siehe S. 330–331*) können junge Sämlinge fressen, Erdflöhe (*siehe S. 334*) können die Blätter mit ihren typischen, kleinen Löchern perforieren.

Gartenkresse ist eins der wenigen Salatgemüse, das vorzugsweise im Schatten wächst.

Chicoree

Zum Chicoree gehören drei Sorten: der klassische *Chicoree* hat eine längliche Zapfenform und knackige, fast weiße Blätter, die durch das Bleichen weniger bitter schmecken. *Roter Chicoree*, besser bekannt als *Radicchio*, bildet kleine, feste, runde Köpfe. Und *Zuckerhut* mit grünen Blättern bildet größere, etwas lockere Köpfe, die an Romana-Salat erinnern. Die beiden letztgenannten Sorten werden nicht getrieben, weil die inneren Blätter auf natürliche Weise gebleicht werden.

Alle Chicoree-Arten schmecken etwas bitter, neuere Züchtungen allerdings viel weniger als früher. Selbst getriebener Chicoree schmeckt weniger bitter als der, den man im Laden kaufen kann. Auf dem Weg vom Händler nach Hause bekommt er schon so viel Licht, dass der Effekt des Bleichens wieder verloren geht.

JAHRESZEIT	Frühling	Sommer	Herbst	Winter
Säen	■	■		
Ernten		■	■	

»Durch das Bleichen wird der bittere Geschmack des Chicoree gemindert.«

Zuckerhut bildet lockere Köpfe. Die äußeren Blätter, die dem Licht ausgesetzt sind, schmecken intensiver als die dicht gedrängten inneren.

CHICOREE TREIBEN UND BLEICHEN

Chicoree muss getrieben werden, damit er seinen bitteren Geschmack verliert und die typischen, hellen »Zapfen« bildet. Das lässt sich im Beet erledigen, indem man die Blätter abschneidet und um die Strünke herum Erde anhäuft. Oder: Sie graben den Chicoree aus, pflanzen ihn in Kübel und stellen ihn ins Haus. Dort kann er dann abgedeckt werden.

1 Die ausgewachsenen Pflanzen nach dem ersten Frost im Spätherbst oder Frühwinter ausgraben.

2 Alle Blätter 2,5 cm über Bodenniveau abschneiden. Die Wurzelspitze kappen, sodass die Wurzel noch 20–22 cm lang ist.

3 Die Wurzel in einen 25 cm hohen Topf mit feuchtem Substrat pflanzen, sodass der Strunk gerade herausschaut. Einen zweiten Topf darüber stülpen und die Dränagelöcher mit Pappe oder Sackleinen abdecken, sodass kein Licht eindringen kann.

4 Die Töpfe an einen warmen, dunklen Platz stellen. Drei bis vier Wochen später können die ersten Salatköpfe geerntet werden.

Wo wird gepflanzt?

Chicoree ist sehr anpassungsfähig. Er wächst in fast jedem Boden, selbst wenn er mager und relativ unfruchtbar ist. Er bevorzugt Sonne, verträgt aber auch Halbschatten.

Wann wird gepflanzt?

Chicoree sät man am besten zwischen Spätfrühling und Hochsommer direkt ins Freiland. Nicht früher säen, sonst schießt er in Saat.

Chicoree wird im Herbst ausgegraben, um ihn zu treiben und zu bleichen. Radicchio und Zuckerhut werden nicht gebleicht und bleiben bis zur Ernte von Spätsommer bis in den Spätherbst im Beet.

Wie wird gesät?

1 cm tief dünn in Gruppen oder in Reihen mit mindestens 30 cm Abstand säen. Die Sämlinge vom Chicoree auf 25 cm verziehen, die von Radicchio und Zuckerhut auf 30 cm.

Regelmäßige Pflege

Sorgfältig jäten und den Boden nie austrocknen lassen.

Chicoree sieht vor dem Treiben aus wie übergroßer Löwenzahn. Radicchio und Zuckerhut sehen Blattsalaten deutlich ähnlicher.

Ernte

Die Köpfe vom Chicoree schneiden, wenn sie etwa 15 cm hoch sind. Lässt man die Strünke im Substrat, treiben sie oft ein zweites Mal.

Radicchio und Zuckerhut sind recht kältetolerant. Sie sind ab Spätsommer erntereif, können aber länger im Beet bleiben, weil sie selbst leichten Frost meist verkraften. An einem kühlen, trockenen Platz halten sie sich aber auch nach der Ernte noch einige Wochen.

Was schiefgehen kann

Schnecken (*siehe S. 330–331*) können junge Blätter beschädigen und sich bis ins Herz von Radicchio und Zuckerhut fressen. Die Blätter vor der Verarbeitung gründlich waschen. Auch Blattläuse (grüne und schwarze, *siehe S. 332*) können auftreten. Schäden durch die Salatwurzellaus (*siehe S. 188*) sind eher selten, aber gravierend.

Empfohlene Sorten

CHICOREE **Witloof, Zoom**

RADICCHIO **Jupiter, Palla Rossa, Rossa di Treviso 2, Variegata di Castelfranco**

ZUCKERHUT **Bianca di Milano, Pain de Sucre**

(oben) **Witloof** bildet fast weiße, feste Köpfe in Zapfenform, wenn die Wurzel ausgegraben, gestutzt, in Töpfe gepflanzt und dunkel gehalten wird.

(unten) **Palla Rossa**

Endivie

Eine Endivie schmeckt wie ein leicht bitterer Kopfsalat. Fans von Endiviensalat lieben das Aroma, das gemischte Salate aufpeppt – sofern es nicht zu dominant ist. Durch Bleichen lässt sich der bittere Geschmack bei Bedarf abschwächen.

Die Endivie ist mit dem Chicoree verwandt. Sie bildet flache, ausladende Rosetten und ist in zwei Varianten erhältlich. Eine hat dünne, fein gekräuselte Blätter, Friseesalat gehört zu dieser Variante. Die andere Form hat glattere Blätter und kommt meist als Batavia-Salat in den Handel

JAHRESZEIT	Frühling	Sommer	Herbst	Winter
Säen	■	■		
Auspflanzen		■		
Ernten		■	■	

KRAUSE ENDIVIE BLEICHEN

Deckt man die Pflanzen ab, sodass kein Licht an die Blätter gelangt, werden sie heller und schmecken weniger bitter.

1 Kurz vor der Erntereife einen Teller auf die Pflanze legen, aber nicht ganz abdecken, sonst besteht Fäulnisgefahr. Gleichzeitig vor Schnecken schützen.

2 Nach etwa zehn Tagen ist das Zentrum des Kopfes hellgelb oder weiß.

Wo wird gepflanzt?

Endivien stellen keine besonderen Ansprüche. Der Boden muss Feuchtigkeit speichern und darf nicht austrocknen. Sie mögen Sonne, gedeihen aber auch im Halbschatten.

Wann wird gepflanzt?

Im Frühsommer kann direkt ins Freiland gesät werden. Alternativ im Frühling unter Abdeckung säen und die Jungpflanzen im Früh- oder Hochsommer auspflanzen – aber nicht zu früh, denn bei kühlem Wetter schießen sie schnell in Saat.

Wie wird gesät?

Dünn und 1 cm tief in Gruppen oder Reihen mit 25–40 cm Abstand säen. Die Sämlinge kompakter Sorten auf 25 cm vereinzeln, die ausladender Sorten auf 40 cm.

(links) **Jeti** (rechts) **Pancalieri**

Regelmäßige Pflege

Regelmäßig jäten und wässern, den Boden nicht austrocknen lassen. Zum Bleichen krause Endivie abdecken, die Köpfe von glatter Endivie zusammenfassen und mit Gartenschnur zusammenbinden.

Ernte

Man kann einzelne Blätter nach Bedarf pflücken oder den ganzen Kopf knapp über dem Boden abschneiden. Bleibt der Strunk im Boden, treibt er oft nochmals aus. Wenn es am Jahresende kühler wird, die Pflanzen mit Folientunneln oder Frühbeetkästen abdecken, um bis in den Herbst und Spätherbst hinein ernten zu können.

Was schiefgehen kann

Schnecken (*siehe S. 330–331*) stellen das größte Problem dar, sie sind geradezu begeistert von Endivien.

Blattläuse (*siehe S. 332*), Raupen (*siehe S. 333*) und Salatwurzelläuse (*siehe S. 188*) können ebenfalls auftreten.

Empfohlene Sorten

KRAUSE ENDIVIE **Moss Curled, Pancalieri, Wallonne**

GLATTE ENDIVIE **Grobo, Jeti**

Radieschen und Rettiche

Jeder kennt die kleinen, knackigen Kügelchen in Rot oder Rosa, die eine Standardzutat sommerlicher Salate sind. Dabei hat diese Pflanzengruppe viel mehr zu bieten. Allein von den kleinen Radieschen gibt es Hunderte verschiedener Sorten in Weiß, Gelb, Violett und Schwarz, außerdem weißen, asiatischen Rettich (Daikon), der bis zu 60 cm lang und 2 kg schwer werden kann, oder rübengroße Winterrettiche, die man gart oder einlegt. Und alle Sorten sind überaus gesund und schmecken herrlich würzig. Sommerradieschen sind einfach zu kultivieren, schnell erntereif und werden am besten frisch und jung gegessen. Winterrettich braucht mehr Zeit zur Reife und lässt sich nach der Ernte gut lagern.

JAHRESZEIT	Frühling	Sommer	Herbst	Winter
Säen	■	■	■	
Ernten	■	■	■	■

Schnell wachsende Radieschen kann man zwischen andere, langsam wachsende Gemüsesorten säen. Vorsicht bei der Ernte, damit die Wurzeln der langsameren Nachbarn nicht beschädigt werden.

Wo wird gepflanzt?

Radieschen und Rettiche gedeihen in den meisten feuchten, einigermaßen fruchtbaren Böden, sofern sie nicht frisch mit Mist gedüngt wurden. Im Sommer fühlen sie sich im Halbschatten oder zwischen anderen Gemüsearten wohl.

Wann wird gepflanzt?

Sommerradieschen und -rettiche werden ins Freiland gesät, sobald sich der Boden im Frühling erwärmt hat.

Winterrettich sät man im Hoch- bis Spätsommer – nicht früher, sonst schießt er in Saat.

Wie wird gesät?

Säen Sie alle paar Wochen einige Pflanzen 1 cm tief in Reihen oder Blöcken. Sommerradieschen später auf Abstände von 2,5 cm ausdünnen, Winterrettiche brauchen Abstände von mindestens 15 cm.

Regelmäßige Pflege

Vor allem bei trockenem, heißem Wetter regelmäßig gießen, aber nicht zu viel, sonst wird das Blattwachstum zu stark angeregt.

Ernte

Sommerradieschen sind etwa einen Monat nach der Aussaat erntereif. Nicht zu groß werden lassen, sonst werden sie holzig und schmecken zu scharf. Winterrettiche werden viel größer und brauchen zur Reifung mehr Zeit. Sie können bis in den Herbst oder Winter im Beet bleiben, wenn der Boden nicht zu schwer ist, müssen aber vor starkem Frost geschützt werden.

Was schiefgehen kann

Erdflöhe (*siehe S. 334*) können kleine, runde Löcher in die Blätter fressen, schaden den Wurzeln aber nicht. Schnecken (*siehe S. 330–331*) fressen gelegentlich die Wurzeln an. Sie sind dann noch essbar, sehen aber nicht sehr appetitlich aus.

Winterrettiche können von der Kleinen Kohlfliege (*siehe S. 77*) und der Kohlhernie befallen werden (*siehe S. 78*). Um diese Gefahr zu umgehen, muss – wie bei anderen Kreuzblütlern – die Fruchtfolge konsequent beachtet werden.

Empfohlene Sorten

SOMMERRADIESCHEN **Cherry Belle, Fluo, French Breakfast, Scarlet Globe, Sparkler**

WINTERRETTICHE **April Cross, Black Spanish Round, Cherokee, China Rose, Mantanghong, Mino Early, Minowase Summer Cross, München Bier**

(oben) **Mantanghong** (unten) **French Breakfast**

Keimsprossen

Einfacher kann der Gemüseanbau wirklich nicht sein: ohne Garten, ohne Erde, ohne Regen, ohne Sonne – und ohne Graben und Jäten. Die Samen von Hülsenfrüchten und Blattgemüsen stecken voller wertvoller Nährstoffe: Vitamine, Enzyme und Proteine. Beim Keimvorgang werden diese gesunden Inhaltsstoffe freigesetzt. Keimsprossen sind daher kostbare frische, köstliche Salatzutaten.

KEIMEN IN GLÄSERN

1 **Die Samen** in kaltem Wasser waschen, über Nacht einweichen, abspülen und abtropfen lassen.

2 **Täglich zweimal spülen** und abtropfen lassen, bis die Sprossen essfertig sind. Abgetrocknet halten sie sich im Kühlschrank etwa fünf Tage.

Die meisten Samen brauchen nur Wasser, Wärme, Luft und Licht, um aus ihrem »Schlaf« zu erwachen und zu keimen. Den Prozess können Sie auf dreierlei Weise in Gang setzen. Streuen Sie Samen in flache Schalen mit feuchtem Papier, füllen Sie sie in Schraubgläser mit gelochten Deckeln oder hängen Sie sie in wasserdurchlässigen Beuteln auf. Natürlich kann man auch spezielle Keimgeräte verwenden, die es sogar mit automatischer Bewässerung gibt.

Bohnen und Erbsen keimen meist binnen zwei oder drei Tagen, während andere Samen wie Alfalfa und Bockshornklee etwa drei bis fünf Tage brauchen. Die meisten Samen keimen schneller, wenn man sie zuerst über Nacht in Wasser einweicht. Danach müssen sie feucht und warm gehalten werden, aber von reichlich Luft umgeben sein, damit sie nicht faulen.

Keimen in Schalen

Einige Lagen Zeitungs- oder Küchenpapier auf den Boden einer flachen Schale legen, durchfeuchten und überschüssiges Wasser abgießen. Die Samen dünn auf der Fläche verteilen. An einen warmen Platz stellen und feucht halten.

Keimen in Gläsern

Eine kleine Handvoll Samen in ein sauberes Schraubglas geben – nicht zu viele, sie quellen auf. Das Glas mit Wasser füllen, einen gelochten Deckel aufschrauben und das Wasser abgießen. Das Glas schräg, damit die Samen nicht im Wasser schwimmen, an einen warmen Platz stellen. Zweimal täglich mit Wasser füllen und abgießen.

Keimen in Beuteln

Eine Handvoll Samen in einen Beutel aus Naturfasergewebe (Hanf, Leinen oder Baumwolle) geben. Den Beutel in Wasser

(links) **Mungobohnen** (rechts) **Kichererbsen**

tauchen, abtropfen lassen und an einen warmen Platz hängen. Zweimal täglich eintauchen.

Senf und Kresse gibt es mit glatten und krausen Blättern, beide schmecken leicht scharf. Senf und Kresse in Schalen keimen lassen. Für Gläser und Beutel sind die Samen zu klebrig.

Mungobohnen Grüne Mungobohnen sind der »Rohstoff« für die 5 cm langen, hellen Sprossen, die jeder aus der chinesischen Küche kennt.

Aduki-Bohnen Die rotbraunen, auch als Adzuki-Bohnen bekannten Samen sind mit Mungobohnen verwandt. Die Sprossen sind etwas kürzer und schmecken nussiger.

Alfalfa Sehr feine, dünne, weiße Sprossen mit einem milden, nussigen Geschmack und sehr hohem Proteingehalt.

Brokkoli Dünne, weiße Sprossen mit grünen Blättern, die in Geschmack und Aussehen Alfalfa ähneln und außergewöhnlich gesund sein sollen.

Kichererbsen Süßlich-nussige Sprossen, die man am besten isst, wenn sie noch klein und knackig sind.

Bockshornklee Lange, weiße Sprossen mit grünen Blättern und Curry-Geschmack, der bei ganz jungen Sprossen besonders intensiv ist.

7. Fruchtgemüse

Im folgenden Kapitel geht es um Gemüse, von denen nicht Blätter, Sprosse oder Wurzeln verwertet werden, sondern die Früchte. Man nennt sie deshalb Fruchtgemüse. Viele stammen aus tropischem oder subtropischem Klima, darum brauchen sie zum Gedeihen Wärme und Feuchtigkeit. Ihre Reifezeit ist recht lang, und in gemäßigten Zonen mit relativ kurzen und kühlen Sommern werden die Früchte manchmal nur im Gewächshaus oder Folientunnel reif. Selbst Pflanzen, die im Freiland wachsen, werden normalerweise unter Dach vorgezogen, damit die Samen möglichst früh keimen und die Pflanzen einen frühen Start haben. In vielen Gartencentern kann man aber auch vorgezogene Jungpflanzen kaufen, die ab Mitte Mai ausgepflanzt werden, wenn keine Frostgefahr mehr besteht.

Tomaten aus eigenem Anbau, an der Pflanze ausgereift und sonnenwarm, haben ein Aroma, das kaum zu übertreffen ist.

1 **Auberginen** werden optimalerweise dann geerntet, wenn sie stark glänzen. Sie können bitter werden, wenn ihre Haut matt wird.

2 **Chili-Schoten** verändern während der Reifung ihre Farbe und werden dabei allmählich schärfer.

3 **Zuckermais** ist mittlerweile sogar als »supersüße Variante« zu haben und ist mit den leicht mehligen früheren Sorten nicht zu vergleichen.

4 **Tomaten** schmecken am besten, wenn sie so lange wie möglich an der Pflanze und damit in der Sonne reifen können.

5 **Tomatillos** sind mit der Kapstachelbeere verwandt. Sie werden wie Tomaten kultiviert.

6 **Okra** bildet schlanke Schoten. Darin befinden sich runde, weiße Samen. Hier besonders schön: die Blüte.

5

6

Auberginen

Auberginen haben eine glatte, glänzende Schale in dunklem, fast schwärzlichem Violett. Die Früchte können lang und schlank, birnenförmig oder beinahe kugelrund sein. Außerdem gibt es Sorten in Weiß, hellem Violett, Gelb, Rot und mit violetten Streifen. Alle stammen aus dem feuchtwarmen Klima der Tropen und Subtropen, deshalb sind sie in gemäßigten Regionen im Freiland schwierig zu kultivieren. Wer die richtige Sorte wählt, kann aber Glück haben – falls außerdem der Sommer lang und heiß ist. Anderenfalls zieht man sie am besten im Gewächshaus oder Folientunnel oder pflanzt sie in Kübel oder Substratsäcke und stellt sie auf eine geschützte Terrasse, möglichst vor einer warmen Südwand.

JAHRESZEIT	Frühling	Sommer	Herbst	Winter
Säen	■			
Auspflanzen	■	■		
Ernten		■	■	

Slim Jim

Wo wird gepflanzt?

Wichtig ist vor allem ein sonniger, geschützter Platz. Auberginen brauchen Wärme, sonst bleiben die Früchte zu klein. Der Boden sollte fruchtbar und tiefgründig sein.

Wann wird gesät?

Auberginen haben eine lange Wachstumssaison, zwischen Aussaat und Ernte liegen mindestens fünf Monate. Darum sollte man sie früh aussäen. Die Samen brauchen zur Keimung eine Mindesttemperatur von 21 °C. Säen Sie sie im Frühling im Haus oder Gewächshaus aus. Je nach örtlichem Klima können sie im Spätfrühling oder Frühsommer ausgepflanzt werden.

Wie wird gesät?

Um die Keimung anzuregen, weicht man die Samen einen Tag vor der Aussaat in warmem Wasser ein. Dünn in Schalen säen und bis zur Keimung in einem Anzuchtkasten bei 21 bis 30 °C aufstellen. Danach die Schalen in einen Raum mit

(links) **Nach der Bestäubung** entwickeln sich aus den Blüten winzige Früchte, die zu großen Auberginen heranwachsen.

(rechts) **Beim Ernten** die Auberginen so abschneiden, dass ein mindestens 2.5 cm langer Stiel an der Frucht stehen bleibt.

Ova

mindestens 18 °C am Tag und 16 °C in der Nacht stellen und auf hohe Luftfeuchtigkeit achten, für den Hobby-Gärtner also nicht ganz einfache Bedingungen. Wenn die Sämlinge 5 cm hoch sind, werden sie in Einzeltöpfe pikiert.

Sämlinge auspflanzen

Wenn die Sämlinge 8–10 cm hoch sind, zeigen sich meist die ersten Blüten. Nun werden die Pflanzen zum Abhärten tagsüber ins Freie gestellt. Wenn keine Frostgefahr mehr besteht, pflanzt man sie in Abständen von 60–75 cm ins Beet.

Regelmäßige Pflege

Die Beete unkrautfrei halten und die Pflanzen regelmäßig gießen. Auberginen brauchen viel Wasser und dürfen nicht austrocknen. Eine Mulchschicht reduziert die Verdunstung von Bodenfeuchtigkeit. Die Triebspitzen ausknipsen. Wenn sich Früchte bilden, alle zwei Wochen dem Gießwasser einen flüssigen Universaldünger oder Tomatendünger zusetzen. Evtl. stützen.

Ernte

Auberginen pflückt man am besten dann, wenn sie richtig schön glänzen. Sobald sie matt werden, schmecken sie bitter.

Was schiefgehen kann

Auberginen im Freiland sind meist gesund und kräftig, wenn es warm und feucht genug ist. Blattläuse (*siehe S. 332*) können lästig werden. Unter Dach kann Befall mit Roten Spinnmilben, Weißen Fliegen, Schmierläusen und Raupen auftreten (*siehe S. 333–337*).

Empfohlene Sorten

Zum Anbau in gemäßigtem Klima eignen sich vor allem:

Black Beauty, Moneymaker, Ova, Rima, Short Tom, Slim Jim, Vernal

Gemüse-Paprika und Chili-Paprika

Alle Paprika-Arten gehören zur Capsicum-Familie. Rundliche oder spitze Gemüsepaprika sind große Sorten, die bis zu 23 cm lang werden können. Die Früchte sind zunächst grün und färben sich mit zunehmender Reife gelb, dann orange und rot oder sogar dunkel violett. Je reifer sie sind, desto süßlicher schmecken sie. Die sogenannten Chili-Paprika sind viel kleiner, aber umso schärfer. Manche treiben einem die Tränen in die Augen. Paprika und Chili-Schoten stammen aus den Tropen und Subtropen. Sie brauchen zum Gedeihen daher Wärme und Feuchtigkeit. Die Anzucht aus Samen gelingt nur im Haus oder Gewächshaus. In schlechten Sommern werden manchmal nur wenige Früchte reif. Man kann Paprika- und Chili-Pflanzen im Beet pflanzen, aber sie eignen sich auch gut für die Kultur im Kübel an einem sonnigen Platz.

JAHRESZEIT	Frühling	Sommer	Herbst	Winter
Säen	■			
Auspflanzen	■	■		
Ernten		■	■	

Wo wird gepflanzt?

Gemüse-Paprika und Chili-Paprika brauchen Wärme und Feuchtigkeit. Ob im Beet oder im Kübel – der Standort muss geschützt und sonnig sein. Wenn es kühl wird, müssen sie eventuell mit Hauben oder Tunneln geschützt werden. Sie bevorzugen leichten, fruchtbaren Boden mit gutem Wasserhaltevermögen.

Wann wird gesät?

Je früher Sie beginnen, desto größer sind die Chancen, dass die Früchte bis zum Ende der Saison reif werden. Weil die Samen nur bei Wärme zuverlässig keimen, sät man im zeitigen Frühling im Haus oder im geheizten Gewächshaus. Im Freien unter Schutz kann einige Wochen später gesät werden. Im Spätfrühling oder Frühsommer die Jungpflanzen ins Beet oder in Kübel umpflanzen – aber erst, wenn nicht mehr mit Nachtfrost zu rechnen ist.

»Das ideale Exemplar ist fest und fühlt sich wachsartig an.«

Chili-Paprika gibt es in vielen Sorten, von mild bis feurig scharf. Echte Chili-Fans beteuern immer wieder, dass es aber nicht nur um die Schärfe geht, sondern auch um den intensiven Geschmack.

Wie wird gesät?

Dünn in Schalen oder Pflanzkästen säen und bis zur Keimung bei einer Temperatur von 18–21 °C aufstellen. Danach das Substrat nicht austrocknen lassen und an einen Platz stellen, an dem es tags nicht kälter als 18 °C und nachts nicht kälter als 16 °C ist.

Wenn die Sämlinge Blätter gebildet haben, an denen man sie anfassen kann, werden sie vorsichtig in 6–9 cm große Töpfe pikiert. Einige Wochen später, wenn die Pflanzen etwa 8–10 cm groß sind, setzt man sie in 21–23 cm große Töpfe.

Sämlinge auspflanzen

Wenn keine Frostgefahr mehr besteht, werden die Jungpflanzen tagsüber ins Freie gestellt, um sie abzuhärten. Dann können sie in Substratsäcke, große Kübel oder ins Beet gepflanzt werden. Paprikapflanzen brauchen Abstände von mindestens 50 cm. Chili-Schoten werden nicht so groß und können etwas näher zusammen stehen.

(links) **Chili-Schoten** reifen unterschiedlich heran, deshalb sieht man an einer einzigen Pflanze oft grüne und rote Früchte.

(rechts) **Gemüsepaprika** verändern während der Reifung ihre Farbe von grün nach rot. Reife, rote Paprika schmecken süßer als die unreifen, grünen Schoten.

(links) **Chili-Schoten** werden mit zunehmender Reife schärfer. manche sind so scharf, dass man bei der Verarbeitung Handschuhe tragen muss. Bei grünen und gelben Sorten ist das nicht notwendig.

(rechts) **Gemüsepaprika** so abschneiden, dass ein 2,5 cm langer Stiel an der Frucht stehen bleibt. Sofort verwerten, weil sich – wie bei Erbsen und Mais – vom Erntezeitpunkt an die enthaltenen Zuckerstoffe in Stärke verwandeln.

Regelmäßige Pflege

Jäten und gießen Sie gewissenhaft. Wenn die Pflanzen austrocknen, können die Blütenknospen und Blätter abfallen. Eine Mulchschicht verhindert die Verdunstung von Bodenfeuchtigkeit. Sobald sich Früchte bilden, mischt man alle zwei Wochen einen flüssigen Universal- oder Tomatendünger ins Gießwasser.

Falls nötig, müssen höhere Pflanzen gestützt werden, damit die Früchte nicht auf dem Boden liegen. Drei oder vier Stäbe wie ein kopfüber stehendes Stangenzelt um die Pflanze herum in den Boden stecken und die Triebe locker daran festbinden.

Ernte

Die Wahl des Erntezeitpunkts ist etwas heikel. Nimmt man die grünen Früchte ab, produziert die Pflanze neue und die Ernte fällt reicher aus. Wartet man, bis sie voll ausgereift und rot sind, schmecken sie besser, aber die Ausbeute ist dafür kleiner.

Was schiefgehen kann

Blattläuse treten häufiger auf. Bei starkem Befall kann eine Spritzung mit einem chemischen oder biologischen Insektizid sinnvoll sein. Im Gewächshaus können auch Rote Spinnmilben und Weiße Fliegen (*siehe S. 336–337*) auftreten.

Empfohlene Sorten

Einige Sorten gedeihen auch in gemäßigtem Klima recht zuverlässig:

Ariane, Atris, Bell Boy, Canape, Gypsy, Jingle Bells oder Mini Bell, Luteus, Marconi Rosso, Mavras, New Ace

Sortenempfehlungen für Chili-Schoten *im Kasten.*

(Im Uhrzeigersinn von oben links)
Gemüsepaprika **Gypsy, Jingle Bells**
Chili **Jalapeño, Habanero**

SCHARF, SCHÄRFER, CHILI

Alle Chili-Schoten sind scharf, aber es gibt graduelle Unterschiede von pikant bis feurig. Für die Schärfe sorgt das Alkaloid Capsicin, das vor allem in den Samen und der weißen Innenhaut enthalten ist. Es regt die Nervenenden in den Mund- und Rachenschleimhäuten und in der Haut an und verursacht das brennende Gefühl und den verstärkten Speichelfluss.

Der amerikanische Wissenschaftler Wilbur Scoville hat eine Methode entwickelt, die Schärfe von Chili-Schoten zu messen. Auf der Scoville-Skala hat eine Gemüsepaprika den Wert Null. Eine milde Chilisorte wie Jalapeño hat einen Wert zwischen 2500 und 8000. Die angeblich schärfste Sorte der Welt heißt Dorset Naga und hat einen Wert von 923 000 Scoville-Einheiten!

	MILD	MITTEL	SCHARF
Apache		■	
Habanero			■
Jalapeño		■	
Thai Hot Dragon			■
Filius Blue		■	
Anaheim	■		
Dorset Naga Pepper			■
Ring of Fire			■
Serrano		■	
Hungarian Yellow Wax Hot		■	

Zuckermais

Zuckermais, auch bekannt als Gemüsemais, ist eine Unterart von Mais, die besonders köstlich schmeckt. Generell gehört Mais zu den Gräsern und wird durch den Wind bestäubt. Darum ordnet man die Pflanzen am besten in kompakten Gruppen an, statt sie einzeln zu pflanzen oder Reihen anzulegen. Viele Mais-Sorten werden bis zu zwei Meter hoch und sehen im Gemüsegarten sehr dekorativ aus. Es gibt aber auch kleinwüchsige Sorten. Für den, der gern selbst Popcorn zubereitet, gibt es spezielle Sorten. Einige bunte Sorten sind nur als Garten-Dekoration geeignet.

Mais sollte möglichst schnell nach der Ernte gegessen werden. Vom Moment des Erntens an werden die Zuckerstoffe in Stärke umgewandelt, der süße Geschmack geht verloren. Moderne Züchtungen sind meist süßer und aromatischer als ältere Sorten. Sie tragen oft den Beinamen »supersweet«.

JAHRESZEIT	Frühling	Sommer	Herbst	Winter
Säen	■			
Ausplanzen		■		
Ernten		■	■	

Wo wird gepflanzt?

Mais braucht Wärme und Sonnenschein, damit die Kolben voll ausreifen. Wegen seiner Höhe ist auch Windschutz wichtig. Er bevorzugt leichten, durchlässigen, nährstoffreichen Boden, verträgt aber auch die meisten anderen Böden.

Wann wird gepflanzt?

Das Timing ist nicht ganz einfach. Einerseits hat Mais eine lange Wachstumsperiode und sollte möglichst früh gesät werden. Andererseits keimen die Samen in kaltem, feuchtem Boden nicht. Es empfiehlt sich, sie im Gewächshaus oder Haus im zeitigen oder mittleren Frühling zu säen und später auszupflanzen. Wer ins Freiland säen oder gekaufte Jungpflanzen setzen will, sollte warten, bis sich der Boden auf 10 °C erwärmt hat.

Reife Kolben Zuckermais kann man direkt von der Pflanze weg essen.

MAIS MAG ES GESELLIG

1 Mais wird nicht durch Vögel oder Insekten bestäubt, sondern durch den Wind. Darum sät oder pflanzt man ihn in rechteckigen Gruppen, statt in langen Reihen.

2 Der Wind befördert den Pollen von den männlichen Blüten zu den weiblichen. Männliche Blüten stehen oben an den Pflanzen und bilden lange »Troddeln«, die den Pollen tragen. Weibliche Blüten bilden die seidigen Fäden, die oben aus den Hüllblättern der Kolben herausschauen. An ihnen bleibt der Pollen haften.

MAIS ERNTEN

1 Um die Reife zu prüfen, lösen Sie einige Blätter an der Kolbenspitze und ritzen ein Korn mit dem Fingernagel an. Tritt milchig-weißer Saft aus, ist der Kolben reif.

2 Zum Ernten mit einer Hand den Pflanzenstiel halten und mit der anderen den Kolben von oben nach unten abbrechen.

Wie wird gesät?

Im Haus legt man die Samen 2,4–4 cm tief in kompostierbare Presstöpfe oder Pflanzkästen und stellt sie bei einer Temperatur von 20–27 °C auf.

Im Freien kann es nötig sein, den Boden mit Folientunneln oder Frühbeetkästen anzuwärmen. Schwarze Folie hat den Vorteil, dass man durch sie hindurch pflanzen kann. Pro Pflanzstelle drei Samen 2,5–4 cm tief in Abständen von 35–45 cm legen. Nach der Keimung nur die kräftigste Pflanze stehen lassen.

Sämlinge auspflanzen

Wenn die Sämlinge etwa 8 cm hoch sind und der Boden warm genug ist, können sie ausgepflanzt werden. Vorher stellt man sie tagsüber ins Freie, um sie abzuhärten. Besteht keine Frostgefahr mehr, pflanzt man sie in Abständen von 35–45 cm ins Beet.

Regelmäßige Pflege

Vorsicht beim Jäten rings um die Pflanzen: Die Wurzeln nahe der Oberfläche sind empfindlich. Gießen müssen Sie nur, wenn die Pflanzen zu blühen beginnen und wenn die Kolben dicker werden – es sei denn, es ist über längere Zeit sehr trocken. Die Stiele anhäufeln und bei Bedarf an Stützen binden, um ihnen Halt zu geben.

Ernte

Mais ist erntereif, wenn sich die seidigen Fäden der weiblichen Blüten braun oder schwarz färben. Um den optimalen Moment abzupassen, gibt es einen schnellen Test: Ritzen Sie ein Korn an. Ist es reif, tritt ein milchig-weißer Saft aus. Wenn der Saft noch klar und wässrig ist, lassen Sie den Kolben noch etwas reifen. Und ist das Korn hart, haben Sie zu lange gewartet: Der Kolben ist überreif. Mais muss gleich nach der Ernte zubereitet und gegessen werden.

(links) **Swift** (rechts) **Sundance**

Was schiefgehen kann

Tiere können Ihnen Probleme machen. Mäuse sind ganz wild auf Mais und könnten die Samen fressen, ehe sie gekeimt haben. Auch die Kolben schmecken ihnen gut. Gemeinsam mit Vögeln, Eichhörnchen und sogar Dachsen können sie die ganze Ernte vertilgen. Abhilfe: von großen, transparenten Plastikflaschen den Boden abschneiden und die Flaschen über die Kolben schieben, das schützt etwas. Alternativ müssen Sie eventuell ein Netz ausbreiten. Auch Fruchtfliegen und Blattläuse (*siehe S. 332*) treten manchmal auf.

Empfohlene Sorten

Neue Züchtungen sind ertragreicher und schmecken süßer als traditionelle Sorten.

Dickson, Dynasty, Honey Bantam, Inca Rainbow, Ovation, Strawberry Corn oder Red Strawberry, Sundance, Sweet Nugget, Swift

Tomaten

Diese alte Kulturpflanze gibt es in über 3000 Sorten. Für den Hobby-Gärtner ist es hilfreich, sie grob anhand der Wuchsform in zwei Gruppen einzuteilen: Rispentomaten und Strauchtomaten. Rispentomaten bilden einen hohen Mitteltrieb, der in einem idealen, endlosen Sommer immer weiter in die Höhe wächst. Die Tomaten wachsen an Rispen, die direkt am Hauttrieb stehen, Seitentriebe werden abgeknipst. Sie bilden größere Früchte, gedeihen aber meist besser im Gewächshaus oder unter Folienhauben.

Umgangssprachlich Strauchtomaten genannte Pflanzen haben einen kompakteren Wuchs und zahlreiche ausladende oder überhängende Seitentriebe, die man nicht entfernt. Sie reifen schnell, sind »kübeltauglich« und gedeihen auch im Freiland gut.

Der Anbau von Gewächshaustomaten mag zunächst etwas aufwendig wirken: Man muss regelmäßig die Triebe schneiden, der Fachbegriff ist ausgeizen, im genau richtigen Maß gießen, düngen, sie anbinden, sie brauchen Wärme und Sonne. Aber all das klingt schwieriger, als es in der Praxis ist. Was den Boden angeht, sind Tomaten sogar recht anspruchslos. Ein Versuch lohnt sich.

JAHRESZEIT	Frühling	Sommer	Herbst	Winter
Säen	■			
Auspflanzen	■	■		
Ernten		■	■	

(links) **Rispentomaten** schmecken oft aromatischer als Strauchtomaten. Sie reifen allmählich heran, mit einer Ernteschwemme ist also nicht zu rechnen.

(rechts) **Sogenannte Strauchtomaten** kann man, wenn Platz Mangelware ist, sogar in Ampeln pflanzen.

RISPENTOMATEN STÜTZEN

Rispentomaten können sehr hoch werden. Wenn sich aus den Blütenrispen Früchte bilden, werden sie schwer und brauchen Stützen. Die Triebspitzen und Seitentriebe werden nun entfernt (ausgegeizt), damit die Pflanze ihre Kraft zur Bildung von Früchten statt von Laub einsetzt. Die Blätter unter dem untersten Fruchtstand sollten ebenfalls entfernt werden, um die Luftzirkulation zu verbessern und Krankheiten vorzubeugen.

1 Neben jedem Sämling einen stabilen Stab in den Boden stecken und den wachsenden Haupttrieb gelegentlich mit Bast oder Schnur anbinden.

2 Regelmäßig die Seitentriebe entfernen, die sich in den Blattachseln (den Winkeln zwischen Blattstiel und Haupttrieb) bilden. Lässt man sie wachsen, verschwendet man die Energie der Pflanze.

3 Im Spätsommer die Spitze des Haupttriebs zwei Blätter über dem obersten Fruchtstand abknipsen. Im Freiland sollte die Pflanze vier oder fünf Fruchtstände tragen, die nun ausreifen können.

Wo wird gepflanzt?

Ob im Gewächshaus oder im Freiland: Tomaten stellen keine besonderen Ansprüche an den Boden. Nur nährstoffreich sollte er sein. Graben Sie vor der Pflanzung verrotteten Stallmist oder Kompost mindestens 30 cm tief unter oder verwenden Sie einen phosphorreichen Dünger oder pellettierten Geflügelmist. Saure Böden müssen nur gekalkt werden, wenn der pH-Wert unter 5,5 liegt (*siehe S. 47*).

Tomaten brauchen viel Licht, geben Sie ihnen darum einen Sonnenplatz. Substratsäcke legt man am besten vor eine warme Südmauer.

Um die Ansiedlung von Krankheitserregern im Boden zu vermeiden, ist die Fruchtfolge wichtig. Pflanzen Sie Tomaten nicht an Standorte, auf denen in den vorigen beiden Jahren Tomaten wuchsen.

Wann wird gesät?

Tomatensamen brauchen zur Keimung Wärme, darum sät man sie vom zeitigen Frühling an im Haus oder geheizten Gewächshaus. Freilandsorten können – je nach Wetter – etwa acht Wochen später im Spätfrühling oder Frühsommer ausgepflanzt werden.

Wie wird gesät?

Dünn in Schalen oder Pflanzkästen mit Universalsubstrat säen. Die Samen mit einer dünnen Schicht Substrat bedecken und vorsichtig gießen, wenn möglich von unten.

Bei Temperaturen unter 15 °C keimen die Samen nicht, deshalb ist ein heizbarer Anzuchtkasten hilfreich. Wenn sich Pflänzchen zeigen, stellen Sie die Schalen an einen hellen Platz mit konstanter Temperatur zwischen 21 und 27 °C.

Haben sich nach den Keimblättern zwei oder drei echte Blätter gebildet, an denen man die Pflanzen anfassen kann, werden sie in 5–8 cm große Töpfe umgepflanzt. An einen warmen, hellen, gut belüfteten Platz stellen.

(rechts) **Für Substratsäcke** findet sich selbst auf der Dachterrasse oder dem Balkon ein Platz. Das Substrat enthält garantiert keine Krankheitserreger. Allerdings ist das Stützen der Pflanzen schwierig. Das Substrat feucht halten und die Pflanzen regelmäßig düngen.

(ganz rechts) **Strauchtomaten** mit Vlies oder einem Folientunnel abdecken, um die Reifung zu beschleunigen. Das gleiche Verfahren ist auch mit Rispentomaten möglich. Man bindet sie von den Stangen los und legt sie vorsichtig auf eine Schicht Stroh.

Sämlinge auspflanzen

Freilandtomaten können ausgepflanzt werden, wenn sich die ersten Blüten bilden. Zuerst müssen sie allerdings abgehärtet werden. Falls nach dem Auspflanzen Frost droht, decken Sie sie mit Vlies oder Folienhauben ab.

Rispentomaten werden recht tief und in 38–45 cm Abstand in einzelnen oder versetzten Doppelreihen gepflanzt. Der Abstand zwischen den Reihen sollte mindestens 90 cm betragen. Strauchtomaten brauchen mehr Platz. Bis zu 90 cm Pflanzabstand können nötig sein. Zwergsorten kommen mit 30 cm Abstand aus.

Wer Tomaten in Kübeln oder Substratsäcken zieht, stellt sie am besten an einen warmen Platz, zum Beispiel vor eine sonnige Südwand.

Regelmäßige Pflege

Wichtig ist regelmäßiges Gießen und Düngen. Aber überschwemmen Sie die Pflanzen nicht. Gießen Sie lieber sparsam, aber häufig. Boden und Wurzeln dürfen nie austrocknen. Vor allem in Kübeln und Säcken ist etwas Wachsamkeit notwendig. Mulch oder Mulchfolie um die Pflanzen verringert die Verdunstung von Bodenfeuchtigkeit.

Wenn sich die ersten Früchte bilden, wird ein kaliumreicher Dünger (z. B. flüssiger Tomatendünger) gegeben. Er regt die Blüten- und Fruchtbildung an und kann auch Pflanzen neu beleben, deren Blätter blass werden und abfallen.

Strauchtomaten brauchen wenig Pflege. Eine Mulchschicht aus Stroh oder eine Folie verhindern, dass die Früchte durch Kontakt mit dem feuchten Boden faulen oder von Schnecken gefressen werden. Rispentomaten müssen im Freiland wie im Gewächshaus gestützt und ausgegeizt werden.

Ernte

Tomaten schmecken am besten, wenn sie an der Pflanze voll ausreifen können. Wenn es Herbst wird, sind aber meist noch einige grüne übrig. Man kann sie pflücken und im Haus nachreifen lassen. Möglich ist auch, die ganze Pflanze auszureißen und an einem warmen Platz aufzuhängen. Alternativ die Pflanzen stehen lassen und bis zur Reife Folienhauben darüberstellen.

Was schiefgehen kann

Schädlinge

Pflanzen im Freiland können von Zwerg-Zikaden (*siehe S. 334*) und Kartoffelzysten-Nematoden (*siehe S. 109*) befallen werden. Im Gewächshaus und unter Folienhauben ist eher mit Weißer Fliege (*siehe S. 337*) und manchmal Blattläusen (*siehe S. 332*) oder Roten Spinnmilben (*siehe S. 336*) zu rechnen.

Krankheiten

Die **Kraut- und Braunfäule** ist identisch mit der Kraut- und Knollenfäule der Kartoffel (*siehe S. 109*). Bei Befall mit dem Virus rollen sich die Blätter ein und werden schwarz, die Tomaten werden braun, verschrumpeln und faulen. Eine vorbeugende Spritzung mit einem kupferhaltigen Fungizid kann vor allem bei feuchtwarmem Wetter hilfreich sein. Achten Sie beim Saatgutkauf auf resistente Sorten.

Tomaten-Geisterflecken werden durch einen Pilz der Gattung Botrytis hervorgerufen. Unreife, grüne Tomaten tragen auf der Haut helle Ringe, die sich gelb oder orange färben können. Nicht befallene Teile der Früchte kann man aber bedenkenlos essen.

Die **Blütenendfäule** bewirkt, dass sich die Haut am Stängelansatz braun oder schwarz färbt und ledrig wird. Sie tritt auf, wenn die Wurzeln der Pflanze austrocknen und nicht genug Kalzium aufnehmen können. Befallene Tomaten entfernen.

Bei Feuchtigkeit und schlechter Luftzirkulation können verschiedene Pilze sowie die Stängelgrund- und Wurzelfäule (*siehe S. 326–329*) auftreten. Gute Hygiene ist die beste Vorbeugung.

Empfohlene Sorten

Achten Sie beim Kauf genau darauf, dass Sie die Sorte erhalten, die Sie sich wünschen: Rispen- oder Strauchwuchs, Gewächshaus- oder Freilandkultur, die Früchte als Kirsch-, Flaschen-, oder Fleischtomate – oder ganz normale, kugelrunde? Sorten in ungewöhnlichen Formen oder Farben auszuprobieren, macht Spaß. Bedenken Sie aber, dass in unserem Klima nicht alle ausreifen.

STRAUCHTOMATEN **Alfresco, Tornador, Tumbler, Tumbling Tom Red**

KIRSCHTOMATEN **Gardener's Delight, Sun Baby, Sweet Million**

FLASCHENTOMATEN **Olivade, Principe Borghese, Roma**

RISPENTOMATEN **Alicante, Black Russian, Brandywine (Noire de Russe), Costoluto Fiorentino, Ferline, Golden Sunrise, Outdoor Girl, Sungold, Tigerella, Yellow Perfection**

(Im Uhrzeigersinn von oben links)
Black Russian, Golden Sunrise, Sungold, Tumbler, Roma, Tigerella

Tomatillos

Die originell aussehenden Tomatillos stammen ursprünglich aus Mexiko und Mittelamerika. Sie sehen beinahe aus wie kleine, grüne Tomaten, die im Inneren einer papierartigen Hülle wachsen. Sie sind aber eine Physalis-Art und daher mit der Kapstachelbeere verwandt. Die Hüllblätter sind zuerst grün und violett, trocknen dann, färben sich braun und platzen auf, wenn die Frucht die Hülle sprengt. Die reifen Früchte können grün, gelb oder violett sein. Sie haben ein herbes, süßlich-saures Aroma und werden für mexikanische Saucen und Salsas verwendet.

JAHRESZEIT	Frühling	Sommer	Herbst	Winter
Säen	■			
Auspflanzen	■	■		
Ernten		■	■	

Voll ausgereifte Tomatillos kann man frisch direkt von der Pflanze essen. Sie sind reif, wenn sie ihre Hüllen sprengen.

Wo, wann und wie wird gepflanzt?

Säen Sie im Haus in Schalen oder Pflanzkästen und stellen Sie sie in einen heizbaren Anzuchtkasten, um die Temperatur konstant auf 16 °C zu halten. Nach der Keimung die Pflanzen wärmer stellen. Wenn die Sämlinge groß genug zum Anfassen sind, werden sie in 5–8 cm große Töpfe pikiert. Später abhärten und im Spätfrühling an einen warmen, sonnigen, geschützten Platz mit fruchtbarem Boden stellen.

Regelmäßige Pflege

Tomatillos können über 1 m hoch werden und müssen gestützt werden. Drei Stangen wie ein kopfüber stehendes Stangenzelt in die Erde stecken und die Pflanze daran anbinden. Nur bei extremer Trockenheit gießen.

Ernte

Die Früchte sind reif, wenn sie voll ausgefärbt sind und ihre Hüllen gesprengt haben.

Was schiefgehen kann

Schädlinge und Krankheiten treten selten auf. In gemäßigtem Klima stellen die kühlen Sommer das Hauptproblem dar.

Okra

Okra bildet lange, schlanke, schotenähnliche Früchte mit runden, weißen Samen. Die Früchte sind meist grün, seltener rot oder weiß. Erntet man sie jung, ehe sie faserig werden, kann man sie kochen und als Gemüse essen. Besonders beliebt sind sie in den Südstaaten der USA, in Afrika und dem Nahen Osten, in Indien und Japan.

JAHRESZEIT	Frühling	Sommer	Herbst	Winter
Säen	■			
Auspflanzen	■	■		
Ernten		■	■	

Gute Erträge bringt Okra nur in feucht-heißen Sommern. In kühlem Klima ist die Kultur im Freiland schwierig. Es empfiehlt sich, sie im Gewächshaus zu pflanzen.

Wo, wann und wie wird gepflanzt?

Die Samen über Nacht in Wasser einweichen, dann dünn in Schalen oder Anzuchtkästen säen und im Haus oder in einem heizbaren Anzuchtkasten bei mindestens 16 °C aufstellen. Nach der Keimung hell und warm stellen. Wenn die Sämlinge groß genug sind, um sie anzufassen, werden sie pikiert. Wenn die Pflanzen im Spätfrühling oder Frühsommer etwa 8–10 cm groß sind, werden sie abgehärtet und an einen sonnigen Platz gepflanzt. Vor späten Frösten schützen.

Regelmäßige Pflege

Regelmäßig jäten und gießen. Hohe Pflanzen stützen. Wenn die Pflanzen etwa 60 cm hoch sind, die Triebspitzen ausknipsen, um einen buschigen Wuchs anzuregen.

Ernte

Die Schoten werden gepflückt, wenn sie 5–10 cm lang sind. Größere Schoten sind zäh und holzig. Die dicken Stiele lassen sich nur mit einem scharfen Messer oder einer Rosenschere durchtrennen.

Was schiefgehen kann

Gelegentlich treten Blattläuse (*siehe S. 332*) auf, bei kühl-feuchtem Wetter auch Mehltau und Fäule. Im Gewächshaus nach Weißen Fliegen (*siehe S. 337*) und Roten Spinnmilben (*siehe S. 336*) Ausschau halten.

Empfohlene Sorten

Clemson's Spineless, Pure Luck

Beim Kochen sondert Okra eine gelatineartige Substanz ab. Deshalb eignet sie sich gut zum Andicken von Suppen und Schmorgerichten.

8. Gurken und Kürbisse

In diese Gemüsegruppe fallen sowohl Zwerge als auch wahre Riesen. Minigurken, sehr junge Salat-Gurken, werden geerntet, wenn sie etwa 2,5 cm lang sind. Riesenkürbisse dagegen können einen Umfang von 4,5 m und ein Gewicht von über 450 kg erreichen. Sogar Melonen gehören zu der bunten Familie. Eines haben sie aber alle gemeinsam: Sie brauchen sehr viele Nährstoffe und Wasser. Wer sie erfolgreich anbauen will, muss sie in fruchtbaren Boden pflanzen und reichlich gießen. Riesenkürbisse brauchen im Sommer durchaus 30 Liter Wasser pro Woche.

Gurken, Sommerkürbisse mit ihrer weichen Schale und Zucchini (eigentlich auch ein Sommerkürbis) isst man am besten gleich nach der Ernte. Markkürbisse, die eigentlich große Zucchini sind, und Winterkürbisse, die eine sehr harte Außenhaut haben, kann man für den Winter einlagern und zubereiten, wenn anderes frisches Gemüse knapp ist.

Viele Kürbisarten sind Kletterpflanzen. Sie ranken unermüdlich an jeder Stütze in die Höhe, die ihnen zur Verfügung steht.

1 **Gurken** aus eigenem Anbau erntet man am besten, wenn sie jung sind und frisch und knackig schmecken.

2 **Minigurken** sind natürlich schnell auf Erntegröße gewachsen. Zur Haupterntezeit kann man jeden Tag einige pflücken.

3 **Markkürbisse** zählen zu den Gemüsesorten, bei denen es vielen Gärtnern auf die Größe ankommt.

4 **Zucchini** schmecken am besten, wenn man sie erntet, sobald sie gut fingerlang sind.

5 **Sommerkürbisse** können recht groß werden, aber am besten schmecken sie, wenn sie noch jung sind.

6 **Solche Kürbis-Prachtexemplare** sind der Gegenstand von Wettbewerben unter Gärtnern. Riesen können über 450 kg schwer werden.

7 **Winterkürbisse** halten sich sechs Monate oder länger, wenn sie gut ausgereift sind und richtig gelagert werden.

6

7

Gemüse- und Salatgurken

Freilandgurken und Gewächshausgurken sehen etwas unterschiedlich aus. Gewächshausgurken haben eine glatte Haut, werden über 30 cm lang und brauchen nicht bestäubt zu werden, um zu wachsen. Freilandgurken sind robuster. Sie haben eine härtere, manchmal gar stachelige Schale, sind etwas kürzer und auf Bestäubung angewiesen. Witterungsschwankungen ausgesetzt muss man hier zuweilen mit Ernteausfall rechnen. Allerdings schmecken sie aromatischer. Neue japanische Freilandsorten bringen die Vorzüge beider zusammen. Sie sind so lang und geschmackvoll wie Gewächshausgurken, gedeihen aber im Freien. Interessant sind auch ungewöhnliche, runde, gelbschalige Sorten wie 'Crystal Apple'. Die meisten Gurken sind Kletterpflanzen.

JAHRESZEIT	Frühling	Sommer	Herbst	Winter
Säen	■	■		
Auspflanzen	■	■		
Ernten		■	■	

Wo wird gepflanzt?

Freilandgurken brauchen einen warmen, geschützten, sonnigen Platz. Früher pflanzte man sie in speziell vorbereitete, extra-nährstoffreiche Hügel oder Hochbeete. Aber sie bringen auf jedem fruchtbaren, gut durchlässigen Boden, der mit verrottetem Stallmist oder Kompost angereichert wurde, gute Erträge.

Gurken gedeihen auch in Substratsäcken oder großen Kübeln im Gewächshaus oder an einem sonnigen Platz im Freien.

Wann wird gesät?

Im Anzuchtkasten oder im geheizten Gewächshaus kann im zeitigen Frühling gesät werden. Im mittleren Frühling ist die Aussaat in Töpfen im Frühbeetkasten möglich. Und im Frühsommer kann man direkt ins Beet säen oder Sämlinge auspflanzen.

Moderne Züchtungen tragen zahlreiche kleine, glattschalige Früchte.

SÄEN UND AUSPFLANZEN

Gurken brauchen zur Keimung Wärme und Feuchtigkeit. Bis sich der Boden erwärmt hat, sät man sie im Haus in Töpfe oder Pflanzkästen.

1 Damit die Samen nicht faulen, steckt man sie senkrecht ins Substrat. Legen Sie zwei oder drei Samen in jeden Topf.

2 Ein Pflanzloch von 30 cm Durchmesser und 30 cm Tiefe graben und verrotteten Kompost einfüllen. Den Boden wieder darüberschieben, sodass ein Hügel entsteht. In diesen Hügel wird die Jungpflanze gesetzt.

(oben) **An einem »Wigwam«** gedeihen Freilandgurken. Bambus ist stabil genug, das Gewicht der Pflanzen und Früchte zu halten.

(unten) **Gewächshausgurken** finden an Schnüren oder Drähten Halt, die zwischen dem Boden und dem Dach gespannt werden.

Wie wird gesät?

Im Haus oder Gewächshaus füllt man Pflanzkästen oder Töpfe von 5–8 cm Größe mit Aussaatsubstrat und legt pro Topf zwei bis drei Samen in 2 cm Tiefe. Die Samen senkrecht ins Substrat stecken, damit sie nicht so leicht faulen. Später lässt man nur den kräftigsten Sämling stehen. Damit die Samen keimen, muss die Temperatur mindestens 20 °C betragen. Im zeitigen Frühling wird im Anzuchtkasten auf der Fensterbank oder im Gewächshaus gesät, später unter Folientunneln oder im Frühbeet.

Wer direkt ins Beet säen will, sollte den Boden vorher mit Folie oder Einzelglocken erwärmen. Man legt jeweils drei Samen in Abständen von 45 cm. Falls alle Samen keimen, lässt man pro Pflanzstelle nur den kräftigsten stehen.

Sämlinge auspflanzen

Etwa vier Wochen nach der Aussaat können die Jungpflanzen ins Beet umziehen, wenn der Boden warm genug ist und keine Frostgefahr mehr besteht. Vorher müssen sie abgehärtet werden. Die Pflanzabstände sollten 45 cm betragen – oder mehr, wenn sie sich auf dem Boden ausbreiten sollen. Die Sämlinge haben empfindliche Wurzeln und müssen vorsichtig behandelt werden. Wenn die Nächte noch kalt sind, sollten sie nach dem Auspflanzen mit Vlies oder Folientunneln geschützt werden.

Regelmäßige Pflege

Bauen Sie für kletternde Sorten am besten Stangenzelte, Spaliere oder andere Konstruktionen aus Draht oder Schnüren. Die Triebe während des Wachstums gelegentlich anbinden und die Triebspitzen ausknipsen, wenn sie das Ende der Stützen erreicht haben.

Gießen Sie regelmäßig. Gurken dürfen auf keinen Fall austrocknen. Eine Mulchschicht aus organischem Material verringert die Verdunstung von Bodenfeuchtigkeit. Wenn sich Früchte bilden, geben Sie alle zwei Wochen einen Universal-Flüssigdünger hinzu – vor allem, wenn Sie Substratsäcke verwenden.

Ernte

Ernten Sie Gurken, wenn sie noch klein sind – bevor sie die Größe erreichen, in der man sie im Supermarkt kaufen kann. Wenn sie gelb werden, haben Sie sie zu lange an der Pflanze gelassen. Nehmen Sie sie dann schnell ab, sonst werden die restlichen Früchte geschwächt. Regelmäßiges Ernten regt die Pflanze an, weitere Früchte zu bilden.

Was schiefgehen kann

Wenn Gewächshausgurken bestäubt werden, sind die Früchte unregelmäßig geformt und werden ungenießbar bitter. Um das zu vermeiden, pflanzen Sie am besten ausschließlich weibliche Pflanzen ins Gewächshaus. Dennoch kann es passieren, dass sie mit Pollen von einer männlichen Pflanze aus einem Beet in der Nähe bestäubt werden.

Schädlinge

Schnecken fressen gern die jungen Sämlinge. Im Gewächshaus und in Folientunneln können auch Weiße Fliegen (*siehe S. 337*) und Rote Spinnmilben (*siehe S. 336*) auftreten.

Krankheiten

Im Spätsommer tritt oft Echter Mehltau (*siehe S. 238*) auf. Durch regelmäßiges Gießen und Düngen und gute Luftzirkulation lässt sich dem aber vorbeugen. Stängelgrund- und Wurzelfäule (*siehe S. 327*) kann in nassen Sommern oder bei zu reichlichem Gießen vorkommen.

Das **Gurken-Mosaikvirus** lässt die Pflanze absterben. Die Blätter zeigen eine gelbliche, mosaikartige Marmorierung. Die Früchte bleiben klein, sind hart und ungenießbar, die Pflanzen verkrüppeln und können absterben. Es gibt kein Gegenmittel, darum muss man befallene Pflanzen vernichten. Am besten wählt man von vornherein resistente Sorten.

Empfohlene Sorten

GEWÄCHSHAUSGURKEN **Athene, Danimas, Fenumex, Improved Telegraph, Monique, Petita**

FREILANDGURKEN **Burpless Tasty Green, Bush Champion, Crispy Salad, Crystal Apple, Dina, Kyoto, Marketmore, Tokyo Slicer, Zeina**

(oben) **Petita** (unten) **Crystal Apple**

Minigurken

Minigurken sind streng genommen nichts anderes als sehr junge Salatgurken. Mittlerweile gibt es aber speziell gezüchtete, extrem kleine Sorten. Aus ihnen werden meist Einlegegurken, sogenannte Cornichons, gemacht. Man erntet sie, wenn sie 2,5 bis 7,5 cm lang sind. Durch Einlegen in Essig oder Salzlake werden sie haltbar gemacht, Kräuter wie Dill und Gewürze wie Senf- oder Pfefferkörner sorgen für die Würze.

JAHRESZEIT	Frühling	Sommer	Herbst	Winter
Säen	■	■		
Auspflanzen	■	■		
Ernten		■	■	

Bestal

Wo, wann und wie wird gepflanzt?

Minigurken werden ebenso kultiviert wie Freilandgurken (*siehe S. 234–237*). In kühlem Klima zieht man sie im Haus oder Gewächshaus vor und pflanzt die Sämlinge im späten Frühling oder Frühsommer aus, wenn sich der Boden erwärmt hat und keine Frostgefahr mehr besteht.

Regelmäßige Pflege

Häufig jäten und viel gießen, denn der Boden darf nie austrocknen. Hohe Pflanzen brauchen Stützen. Alle paar Wochen Flüssigdünger geben, vor allem wenn die Pflanzen langsam wachsen oder die Blätter blass aussehen.

Ernte

Man kann die Gurken mit 2,5 cm Länge pflücken oder größer werden lassen und vor dem Einlegen in Scheiben schneiden. Wichtig ist, regelmäßig zu ernten. Sie wachsen sehr schnell und wenn sie zu groß werden, färben sie sich gelb, schmecken bitter und hemmen das Wachstum neuer Früchte.

Was schiefgehen kann

Es können die gleichen Probleme auftreten wie bei Freilandgurken (*siehe S. 237*).

Empfohlene Sorten

Bestal, Conda, Hokus, Vert Petit de Paris

Markkürbisse

Eigentlich ist ein Markkürbis eine übergroße Zucchini, gehört also auch zu den Sommerkürbissen. Kultiviert werden aber meist spezielle Sorten. Dennoch scheint es eher um die Größe zu gehen als um den Geschmack. Auf Ausstellungen treten Gemüsegärtner zu Wettbewerben um den schwersten Markkürbis an. Preisgekrönte Exemplare durften meist auf einem Beet mit hohem Kompost- oder Mistanteil heranwachsen und wurden gehätschelt, bis sie ihre stattliche Größe erreichten.

JAHRESZEIT	Frühling	Sommer	Herbst	Winter
Säen	■	■		
Auspflanzen	■	■		
Ernten		■	■	

Wo, wann und wie wird gepflanzt?

Markkürbisse werden wie Zucchini (*siehe S. 240*) kultiviert. In kühlen Gegenden zieht man sie im Haus vor und pflanzt sie im Spätfrühling oder Frühsommer aus. Alternativ kann man direkt ins Beet säen, wenn keine Frostgefahr mehr besteht.

Regelmäßige Pflege

Öfter jäten und vor allem während der Blüte regelmäßig gießen. Alle zwei Wochen einen Flüssigdünger verabreichen.

Ernte

Man kann Markkürbisse mit 15 cm Länge ernten. Reifenden Früchten kann man einen Ziegelstein unterlegen und sie von Zeit zu Zeit drehen, damit die Schale durch Sonnenbestrahlung hart und Fäulnis verhindert wird.

Was schiefgehen kann

Bei Markkürbissen können die gleichen Krankheiten und Schädlinge auftreten wie bei Zucchini.

Empfohlene Sorten

Badger Cross, Clarita, Emerald Cross, Long Green Trailing, Minipak, Tiger Cross

(oben) **Long Green Trailing**

(unten) **Einen Ziegelstein** unter die Frucht zu legen verhindert das Faulen auf feuchtem Boden.

Zucchini und andere Sommerkürbisse

Zucchini gibt es in gelb und grün, in länglicher und kugeliger Form. Am besten erntet man sie, wenn sie noch ganz klein sind. Wenn sie zu groß werden, schmecken sie fade und haben wenig Biss, bilden Samen aus und verwandeln sich mit der Zeit in Markkürbisse.

Zucchini und andere Sommerkürbisse nehmen viel Platz ein und bringen reiche Erträge. Ziehen Sie deshalb lieber nicht zu viele Pflanzen. Zwei oder drei grüne Zucchinipflanzen, zwei oder drei gelbe und einige ungewöhnliche Kürbisse genügen vollauf für eine durchschnittliche Familie. Im Hochsommer wachsen sie enorm schnell – man glaubt fast, dabei zuschauen zu können. Pflücken Sie täglich einige Früchte, bevor sie so groß werden, dass sie nur noch für den Komposthaufen taugen.

JAHRESZEIT	Frühling	Sommer	Herbst	Winter
Säen	■	■		
Auspflanzen	■	■		
Ernten		■	■	

Wo wird gepflanzt?

Zucchini mögen einen warmen, sonnigen, geschützten Platz. Sie brauchen reichlich Nährstoffe und Wasser, darum sollte man ins Beet vor der Pflanzung verrotteten Stallmist oder Kompost einarbeiten. Eine Mulchschicht verringert die Verdunstung von Bodenfeuchtigkeit.

Die schönen Zucchiniblüten sind essbar. Man kann sie frittieren oder als Salat-Dekoration verwenden.

Wann wird gesät?

Im mittleren Frühling kann in einem Anzuchtkasten im Haus oder im geheizten Gewächshaus gesät werden. Im Spätfrühling ist Aussaat in Töpfen im Frühbeet oder in Folientunneln möglich. Im Frühsommer, wenn sich der Boden erwärmt hat, können Sie direkt ins Beet säen oder die vorgezogenen Sämlinge auspflanzen.

Wie wird gesät?

Im Haus oder Gewächshaus verwendet man Töpfe von 5–8 cm Durchmesser und legt die Samen 2 cm tief ins Substrat. Zur Keimung brauchen sie eine Mindesttemperatur von 20 °C. Um diese zu gewährleisten, stellen Sie die Töpfe in einen Anzuchtkasten, etwas später auch ins Frühbeet oder unter Folientunnel.

Wenn das Wetter wärmer ist, kann direkt ins Freiland gesät werden. Eventuell sollte man den Boden vorher mit schwarzer Folie oder Tunneln aufwärmen. Jeweils zwei oder drei Samen zusammen in 2,5 cm Tiefe legen und später nur den kräftigsten stehen lassen. Die Abstände zwischen den Pflanzstellen müssen mindestens 45 cm betragen.

Regelmäßige Pflege

Regelmäßig gießen, vor allem, wenn die Pflanzen zu blühen beginnen und sich die Früchte bilden. Es ist wichtig, den Boden nie austrocknen zu lassen.

Wenn Ihr Boden fruchtbar ist, benötigen die Pflanzen keinen Dünger. Wachsen sie aber langsam, geben Sie einen Universal-Flüssigdünger ins Gießwasser.

Im Gewächshaus oder unter Folientunneln sind keine oder zu wenige bestäubende Insekten unterwegs. In diesem Fall müssen Sie die Pflanzen eventuell von Hand bestäuben (*siehe S. 242*).

SÄMLINGE IN KOMPOSTIERBAREN TÖPFEN

Töpfe aus abbaubarem Pressmaterial sind ideal für die Anzucht, weil man sie mitsamt den Sämlingen ins Beet setzen kann. So werden die empfindlichen Wurzeln nicht gestört. Zwei bis vier Wochen nach der Aussaat können die Jungpflanzen ins Beet umziehen, wenn der Boden warm genug ist. Die Pflanzen abhärten und, wenn keine Frostgefahr mehr besteht, in Abständen von 90 cm auspflanzen. Kriechende und kletternde Sorten brauchen mehr Platz.

1 Bis zum Rand der Töpfe Substrat nachfüllen. So werden die Stiele gestützt und die Wurzeln gekräftigt.

2 Hat der Sämling nach den Keimblättern drei oder vier echte Blätter gebildet, schauen Sie, ob sich an Boden oder Seiten des Topfes Wurzelenden zeigen.

3 Ein flaches Pflanzloch mit 30 cm Durchmesser graben und den Sämling mitsamt seinem Topf so tief einpflanzen, dass die Blätter knapp über dem Boden liegen. Um den Stiel den Boden etwas anhäufeln. So wird verhindert, dass der Stiel beim Gießen im Nassen steht. Zum Schluss Mulch verteilen, um die Verdunstung zu reduzieren.

BESTÄUBUNG VON HAND

Zucchini und Kürbisse tragen männliche und weibliche Blüten an derselben Pflanze. Tragen Insekten den Pollen von einer männlichen zu einer weiblichen Blüte, bildet sich die gewünschte Frucht. Pflanzen im Gewächshaus oder im Folientunnel werden seltener von bestäubenden Insekten besucht, deshalb muss man notfalls manuell bestäuben.

1 Männliche Blüten erkennt man daran, dass sie am Stängelende keine Schwellung tragen, aus der sich die Frucht entwickelt. Die Blütenblätter vorsichtig ablösen, um die Staubgefäße freizulegen.

2 Weibliche Blüten haben am Stängelende eine Schwellung, den Fruchtknoten. Die männliche Blüte vorsichtig in die weibliche schieben, sodass etwas gelber Pollen von den Staubgefäßen auf die Narbe der weiblichen Blüte gelangt.

3 Damit Insekten keinen fremden Pollen eintragen oder um später Samen abnehmen zu können, die Blütenblätter mit Schnur zusammenbinden und warten, bis sie von allein abwelken.

Ernte

Zucchini müssen oft geerntet werden. Pflücken Sie sie am besten, wenn Sie fingerlang sind und lassen Sie sie nicht größer als 10 cm werden, sonst schmecken sie wässrig und fade. Durch regelmäßiges Ernten wird die Pflanze zur Bildung neuer Früchte angeregt.

Sommerkürbisse kann man etwas größer werden lassen, aber auch sie schmecken am besten, wenn sie jung und zart sind.

Was schiefgehen kann

Schädlinge

Achten Sie vor allem bei feuchtem Wetter auf Schnecken (*siehe S. 330–331*), denn sie können in einer Nacht eine ganze Pflanze kahl fressen. An Zucchini im Gewächshaus, in Folientunneln oder Frühbeeten können Weiße Fliegen (*siehe S. 337*) und Rote Spinnmilben (*siehe S. 336*) auftreten.

Krankheiten

Echter Mehltau (*siehe S. 328*) kann im Spätsommer zum Problem werden. Durch regelmäßiges Gießen, Düngen und gute Luftzirkulation lässt sich jedoch vorbeugen. Stängelgrund- und Wurzelfäule (*siehe S. 327*) kann in nassen Sommern oder bei übermäßigem Gießen auftreten. Wenn Sie großes Pech haben, können die Pflanzen vom tödlichen Gurken-Mosaikvirus (*siehe S. 237*) befallen werden.

Empfohlene Sorten

ZUCCHINI **Ambassador, Bambino, Defender, Early Gem, Gold Rush, Jemmer, Nano Verde di Milano, Rondo de Nice, Taxi, Tromboncino**

KÜRBIS (SOMMER) **Custard White, Patta Pan, Spaghetty Squash, Sunburst**

(Im Uhrzeigersinn von oben links)
Kürbisse (Sommer) – **Custard White, Sunburst**
Zucchini – **Tromboncino, Defender**

Winterkürbisse

Winterkürbisse gibt es in unglaublich vielen verschiedenen Größen, Formen und Farben. Manche wachsen buschig, doch die meisten klettern und breiten sich über große Flächen aus, wenn man sie nicht in Schach hält. Wenn die Früchte nicht zu groß und zu schwer werden, kann man die Pflanzen an Spalieren, Bögen und Stangenzelten in die Höhe klettern lassen.

Die meisten Winterkürbisse kann man ernten und essen, wenn sie noch jung sind. Im Unterschied zu Sommerkürbissen kann man sie aber auch ausreifen lassen, sodass sie eine harte Schale bekommen, und für den Winter einlagern. Kürbisse sind der Gegenstand vieler Wettbewerbe, bei denen es vor allem auf die Größe ankommt. Man hat schon von Rekordkürbissen gehört, die mehr als 450 kg wogen.

JAHRESZEIT	Frühling	Sommer	Herbst	Winter
Säen	■	■		
Auspflanzen	■	■		
Ernten			■	

Wo wird gepflanzt?

Kürbisse haben es gern warm, sonnig und geschützt. Sie brauchen viel Platz, um sich auszubreiten. Arbeiten Sie vor der Pflanzung reichlich verrotteten Stallmist oder Kompost in den Boden ein, denn Kürbisse brauchen viele Nährstoffe und reichlich Wasser. Eine Mulchschicht reduziert die Verdunstung von Bodenfeuchtigkeit.

Wann wird gepflanzt?

Weil Kürbisse eine lange Wachstumsperiode haben, brauchen sie einen frühen Start. Säen Sie sie im mittleren Frühling in einem Anzuchtkasten oder einem geheizten Gewächshaus aus. Im Spätfrühling kann in Töpfen im Freien gesät werden, die in Frühbeetkästen oder unter Folientunneln vor Kälte geschützt sind. Im Frühsommer, wenn der Boden vorher mit Folie oder Tunneln erwärmt wurde, kann ins Freiland gesät oder ausgepflanzt werden.

Kürbisse sind erntereif, wenn sie beim Klopfen an die Schale hohl klingen und ihre Färbung voll ausgebildet ist.

»Je härter die Schale, desto länger halten sie sich.«

Sämlinge werden ausgepflanzt, wenn sie nach den Keimblättern drei oder vier echte Blätter gebildet haben. Kompost in den Boden einarbeiten, dann mit einer Handschaufel oder einem Zwiebelpflanzer ein Pflanzloch vorbereiten, die Pflanze hineinsetzen, andrücken und gießen.

Wie wird gesät?

Im Haus oder unter Glas und Folie die Samen 2,5 cm tief in Töpfe mit 8 cm Durchmesser setzen. Man legt die Samen nicht flach, sondern steckt sie senkrecht ins Substrat, damit sie nicht so leicht faulen. Pro Topf zwei Samen stecken und später den schwächeren Sämling entfernen. Die Töpfe abdecken. Bei einer Temperatur von 15–18 °C keimen die Samen meist binnen einer Woche.

Alternativ nach den letzten Frösten direkt ins Beet säen. Es ist nützlich, den Boden vorher mit Einzelglocken oder schwarzer Folie anzuwärmen. Zwei oder drei Samen 2,5 cm tief legen und zwischen den Pflanzstellen Abstände von 0,9 bis 1,5 m lassen – je nach Ausbreitung der Sorte. Nach der Keimung jeweils den schwächeren Sämling auszupfen.

(links) **Ein Fächerspalier** aus stabilen Stangen und kräftigen Drähten mit kleinen, kletternden Kürbissen.

(Mitte) **Ein Zelt** aus dicken Stangen sollte auch für mittelgroße Kürbisse stabil genug sein.

(rechts) **Ein Dreibein** aus Stäben hebt die Kürbisse der Sonne entgegen und verhindert Fäulnis durch Bodenfeuchtigkeit.

Regelmäßige Pflege

Wegen der großen Blätter von Kürbissen hat Unkraut kaum eine Chance. Sie müssen aber regelmäßig gießen. Riesenkürbisse brauchen zuweilen 30 Liter Wasser pro Woche. Ein Universal-Flüssigdünger im Gießwasser regt das Wachstum an.

Seitentriebe kletternder Sorten können erstaunlich lang werden. Um Übersicht im Beet zu behalten, werden sie oft an kurze Stäbe angebunden. Wer sehr große Kürbisse ernten möchte, lässt pro Pflanze eine oder höchstens zwei Früchte reifen und entfernt alle anderen, solange sie jung sind. Blätter, die Schatten auf die Früchte werfen, werden abgeschnitten. Kleinfrüchtige Sorten kann man an Zäunen, Spalieren und anderen Stützkonstruktionen ziehen. Aber binden Sie sie gut an, wenn die Früchte an Gewicht zulegen.

Im Gewächshaus oder unter Folientunneln sind keine oder zu wenige bestäubende Insekten unterwegs. In diesem Fall müssen Sie die Pflanzen eventuell von Hand bestäuben (*siehe S. 242*).

Ernte

Kürbisse, die für den Winter eingelagert werden, lässt man so lange wie möglich an der Pflanze. Wenn die Stiele Risse zeigen und die Schale hart wird, schneidet man sie mit einem scharfen Messer so ab, dass ein nicht zu kurzes Stück Stiel an der Frucht bleibt. Dann legt man sie noch etwa 10 Tage im Freien in die Sonne, damit die Schale nachhärtet. Je härter die Schale ist, desto weniger Wasser geht durch Verdunstung verloren und desto länger halten sie sich.

Was schiefgehen kann

Junge Sämlinge sind vor allem durch Schnecken gefährdet. In kalten Gebieten kann es auch vorkommen, dass sich keine weiblichen Blüten bilden.

Ansonsten können gelegentlich Echter Mehltau (*siehe S. 328*) oder das Gurken-Mosaikvirus (*siehe S. 237*) auftreten.

KÜRBIS (WINTER) **Atlantic Giant, Baby Bear, Ghost Rider, Jack o'Lantern, Rouge Vif d'Étampes, Triple Treat, Blue Ballet, Buttercup, Crown Prince, Early Butternut, Orange Kabocha, Little Gem, Queensland Blue, Sweet Dumpling, Türkenturban, Uchi Kuri (auch bekannt als Red Kuri)**

(oben) **Echter Mehltau** zeigt sich manchmal im Spätsommer und Herbst als weißer Belag auf den Blättern. Regelmäßiges Gießen und gute Luftzirkulation können vorbeugend wirken.

(unten) **Für den Wintervorrat** lagert man Kürbisse auf Regalen, die mit Stroh ausgelegt sind, an einem nicht zu trockenen, aber gut belüfteten Platz. Wenn die Schalen gut gehärtet sind, halten sie sich etwa sechs Monate lang, manchmal auch länger.

(im Uhrzeigersinn von oben links)
Atlantic Giant, Rouge Vif d'Étampes, Sweet Dumpling, Queensland Blue

9. Mehrjährige Gemüse

Die meisten Gemüsearten werden einjährig kultiviert, darum müssen sie jedes Jahr wieder gesät oder gepflanzt werden. In diesem Kapitel lernen Sie die langlebigeren Arten kennen. Wenn sie einmal gepflanzt sind, können sie an ihrem Platz bleiben. Im Herbst stirbt ihr Laub ab, aber im folgenden Frühling treiben sie wieder aus. Spargelpflanzen können bis zwanzig Jahre auf diese Weise Erträge bringen. Andere sind nicht so langlebig. Nach drei oder vier Jahren sollte man Artischocken und Rhabarber ausgraben, teilen und junge Teile des Ballens wieder einpflanzen.

Rhabarber, Kardonen und Meerkohl lassen sich auch treiben. Dazu deckt man sie ab, sodass die Triebe hell bleiben und weniger sauer bzw. bitter schmecken.

Eine Artischocke trägt jedes Jahr herrliche und dekorative Blütenstände in vielen Nuancen, von hellgrün bis leuchtend violett.

1 **Spargel** kann man aus Samen ziehen. Die Kultur ist aber einfacher und der Erfolg zuverlässiger, wenn man Jungpflanzen kauft.

2 **Artischocken** sind große, distelähnliche Pflanzen, die manchmal schlicht wegen ihres schönen Aussehens kultiviert werden.

3 **Kardonen** sehen Artischocken ähnlich, aber man isst nicht die Blüten, sondern die gebleichten Sprosse und Blattstiele.

4 **Topinambur** bildet unregelmäßige Knollen zwischen den Wurzeln, ähnlich der Kartoffel, und hat einen nussigen Geschmack.

5 **Knollenziest** ähnelt Topinambur, die Knollen sind aber knackiger und saftiger. Man kann sie frisch von der Pflanze, aber auch gedünstet essen.

6 **Meerkohl** gibt es eher selten zu sehen und sieht offenem, blaugrauen Kohl ähnlich. Essbar sind die jungen Blätter und Stiele sowie die cremefarbenen Blütenstände.

7 **Rhabarber** kann man besonders früh ernten, wenn man ihn treibt, sodass er zarte, helle Stiele bildet.

1

2

6

7

Spargel

Der Spargelanbau ist ein Vorhaben, für das man Geduld braucht. Erwarten Sie in den ersten zwei Jahren nach der Pflanzung keine nennenswerten Erträge. Dann wird es aber besser. Spargel ist eine mehrjährige Staude, die Jahr für Jahr austreibt. Wenn er sich einmal etabliert hat, kann man ihn 20 Jahre lang ernten. In dieser Zeit werden die Pflanzen im Herbst über dem Boden abgeschnitten und regelmäßig gedüngt und gemulcht. Frisch geernteter Spargel ist ein Hochgenuss – er schmeckt ganz anders als Spargel aus dem Laden. Man kann Spargel aus Samen ziehen, aber für den sicheren Erfolg empfiehlt es sich, Pflanzen zu kaufen. Versuchen Sie, einjährige, männliche F1-Hybriden zu bekommen. Weibliche Pflanzen bilden zwischen dem Laub Früchte und sind weniger ertragreich.

Damit sich der Anbau lohnt, muss man für eine vierköpfige Familie etwa 30 Spargelpflanzen einplanen.

JAHRESZEIT	**Frühling**	**Sommer**	**Herbst**	**Winter**
Säen/Pflanzen	■			
Auspflanzen		■		
Ernten	■			

Wo wird gepflanzt?

Wer zum ersten Mal ein Spargelbeet anlegt, sollte bedenken, dass die Pflanzen den Platz lange belegen können. Überlegen Sie sich genau, wo das Beet am besten untergebracht ist.

Wählen Sie einen windgeschützten Platz mit durchlässigem Boden und einem pH-Wert von 6,3 bis 7,5 (*siehe S. 47*). Spargel gedeiht gut in leichtem, sandigem Boden. Wer schweren Boden hat, sollte Hochbeete anlegen, um Staunässe zu vermeiden. Ehe Sie pflanzen, muss das Beet gründlich von allen mehrjährigen Unkräutern befreit werden.

Während der Hochsaison sollten Sie Spargel alle paar Tage ernten. Die Stangen dürfen höchstens fingerdick werden.

SPARGELPFLANZEN TEILEN

1 Spargel kann durch Teilung vermehrt werden. Dazu eignen sich Pflanzen, die mindestens drei oder vier Jahre alt sind. Die Wurzel ausgraben und vorsichtig in Teile reißen oder schneiden.

2 Die beiden Teilstücke können nun wieder in einen vorbereiteten Pflanzgraben gesetzt werden.

(oben) **Bei der Ernte** die Stangen mit einem scharfen Messer etwa 2,5 cm über der Erdoberfläche schräg abschneiden.

(unten) **Im Herbst**, wenn sich das Laub gelb färbt, werden die Triebe etwa 2,5 cm über dem Boden abgeschnitten.

Wann wird gepflanzt?

Jungpflanzen setzt man im zeitigen Frühling ins Beet. Wer seine Pflanzen aus Samen selbst ziehen will, beginnt mit der Aussaat im Vorfrühling im Haus oder Gewächshaus und pflanzt sie im Frühsommer aus. Alternativ kann direkt ins Freiland gesät werden, wenn Boden und Witterung warm genug sind.

Wie wird gesät?

Die Samen im Haus etwa 2,5 cm tief in Pflanzkästen mit frischem Aussaat- oder Universalsubstrat legen und bei einer Temperatur von 13–16 °C aufstellen. Die Jungpflanzen im Frühsommer abhärten und auspflanzen.

Im mittleren oder späten Frühling, wenn der Boden wärmer und trockener wird, kann direkt ins Beet gesät werden. Eine frühere Aussaat bringt keinen Gewinn. Wenn der Boden kalt ist, keimen die Samen nicht.

Wie wird gepflanzt?

Spargelpflanzen setzt man in Einzel- oder Doppelreihen in vorbereitete Gräben. Jeden Graben 30 cm breit und 20 cm tief ausheben. Für Doppelreihen sollte die Breite 45 cm betragen. Zwischen den Beeten einen Meter breite Wege einplanen. Auf den Grund jeden Grabens eine dünne Schicht verrotteten Stallmist oder Kompost streuen, dann in der Mitte einen 10 cm hohen Erdwall aufhäufen. Die Pflanzen in Abständen von 30–45 cm auf die Erdwälle setzen, sodass die Wurzeln herabhängen. Mit Erde auffüllen und angießen.

Regelmäßige Pflege

Neu gesetzte Pflanzen regelmäßig gießen und frei von Unkraut halten. Eine 5 cm dicke Mulchschicht aus verrottetem Stallmist oder Kompost hält den Boden feucht. Auf ältere Beete im Frühling und nochmals nach der letzten Ernte etwas Universaldünger streuen. Im Herbst sollten die Beete mit einer Schicht Kompost oder verrottetem Stallmist gemulcht werden.

Spargel bildet reichlich farnartig gefiedertes Laub, das bis zwei Meter hoch werden kann. In windigen Lagen sollte es gestützt und angebunden werden. Im Herbst die Triebe knapp über dem Boden abschneiden.

Ernte

Junge Pflanzen im ersten Standjahr nicht beernten. Auch im zweiten Jahr noch sparsam ernten, damit sie sich in Ruhe etablieren können. Danach kann vom mittleren Frühling an etwa sechs bis acht Wochen lang geerntet werden. Die Stangen in Abständen von wenigen Tagen schneiden, wenn sie 13–18 cm lang und höchstens daumendick sind.

Was schiefgehen kann

Schädlinge

Bei feuchtem Wetter sollten die zarten Stangen vor Schneckenfraß geschützt werden (*siehe S. 330–331*).

Erwachsene Spargelkäfer sind schwarz und rot mit gelben Punkten. Sie und ihre grauen Larven fressen Laub und Stangen. Entdeckt man sie frühzeitig, kann man sie absammeln. Andernfalls ist eine Spritzung mit Pyrethrum möglich – vorzugsweise in der Dämmerung, um keine Bienen zu schädigen.

Krankheiten

Die größte Gefahr ist der Violette Wurzeltöter (*siehe S. 329*). Im schlimmsten Fall muss man die Pflanzen ausgraben, vernichten und an einem anderen Platz ein neues Beet anlegen. Bei Feuchtigkeit kann auch Stängelgrund- und Wurzelfäule (*siehe S. 327*) auftreten.

Empfohlene Sorten

Beachten Sie grundsätzlich, dass Sie für eine gute Ernte mindestens 30 Spargelpflanzen setzen sollten.

Backlim, Connover's Colossal, Dariana, Franklim, Giant Mammoth, Gijnlim, Limbras, Lucullus

(links) **Backlim**
(rechts) **Connover's Colossal**

Artischocken

Artischocken sind stattliche, distelartige Pflanzen, die nicht nur zum Essen, sondern auch allein wegen ihres dekorativen Aussehens kultiviert werden. Über den Sommer bildet eine ausgewachsene Pflanze etwa ein Dutzend großer Blütenstände in Grün oder Violett. Die Blüten erntet man, um die fleischigen äußeren Blätter oder das Herz zu essen. Erntet man die Blüten jung, wenn sie nicht größer als Golfbälle sind, kann man sie gekocht im Ganzen verzehren.

Es ist möglich, Artischocken aus Samen zu ziehen, aber der Erfolg ist etwas unberechenbar. Besser ist es, von einer älteren Pflanze bewurzelte Seitentriebe abzutrennen. Die ersten »Ableger« kann man kaufen oder sich von einem anderen Gärtner geben lassen, später ist es leicht, eigenen Nachwuchs heranzuziehen.

JAHRESZEIT	**Frühling**	**Sommer**	**Herbst**	**Winter**
Säen/Pflanzen	■			
Auspflanzen		■		
Ernten		■	■	

Wo wird gepflanzt?

Artischocken mögen weder Hitze noch Frost oder starken Wind. Ideal ist ein geschützter Platz in mildem Klima. Der Boden muss sehr nährstoffreich sein. Der pH-Wert sollte bei 6,5 liegen (*siehe S.47*).

Wann wird gepflanzt?

Jungpflanzen, die von älteren Exemplaren abgenommen wurden, pflanzt man im Frühling aus. Ausgesät wird im Vorfrühling unter Schutz, damit die Sämlinge im Frühsommer ins Beet können.

Wie wird gesät?

Die Samen in Pflanzkästen oder Schalen mit frischem Anzucht- oder Universalsubstrat legen und bei einer Temperatur von mindestens 15 °C aufstellen. Wenn die Sämlinge 10 cm groß sind, werden sie in Einzeltöpfe pikiert. Im Frühsommer abhärten, dann auspflanzen.

Die Hauptblüte an der obersten Triebspitze einer Pflanze wird immer zuerst geerntet.

Zur Vermehrung kann man von älteren Pflanzen im Frühling Seitentriebe mit einem kleinen Stück Wurzel abtrennen und einpflanzen.

WINTER-VORBEREITUNGEN

1 Abgestorbene Stängel abschneiden, gelbes und braunes Laub entfernen.

2 Den Boden mit der Grabgabel auflockern, damit er nicht verdichtet wird. Kompost oder verrotteten Stallmist als Mulch um die Pflanze verteilen. Die Pflanzen dick mit Stroh abdecken.

Ableger auspflanzen

Bewurzelte Seitentriebe oder Ausläufer 5 cm tief und in Abständen von 90 cm pflanzen. Angießen und die Blätter auf 13 cm kürzen. Wenn noch mit Nachtfrost zu rechnen ist, die Pflanzen mit Vlies abdecken.

Regelmäßige Pflege

Junge Pflanzen keinesfalls austrocknen lassen und frei von Unkraut halten. So barbarisch es klingen mag: Im ersten Jahr sollte man die Hauptblüte entfernen, sobald sie sich bildet. Dadurch wird das Wachstum angeregt und die Ernte fällt im Folgejahr einfach besser aus.

Damit die Pflanzen den Winter überstehen, werden sie angehäufelt und mit Stroh oder Reisig abgedeckt. Im Frühling abdecken und nährstoffreichen, organischen Mulch ausbringen oder dem Gießwasser einen kaliumreichen Flüssigdünger zusetzen.

Vom dritten oder vierten Jahr an lassen die Erträge nach. Teilen Sie nun Seitentriebe ab, um rechtzeitig für Nachwuchs zu sorgen.

Ernte

Die größte, an der Triebspitze sitzende Blüte wird mit einem kurzen Stück des Stängels zuerst abgeschnitten – sobald sie rund und füllig aussieht und bevor die graugrünen Schuppen sich öffnen. Die folgenden Blüten im gleichen Reifestadium ernten. Eine ausgewachsene Pflanze liefert etwa 10–12 Artischocken und manchmal eine zweite Ernte kleinerer Blütenstände im Frühherbst.

Ehe sich die Blätter öffnen, werden die Artischocken geerntet. Dabei immer an der Spitze der Pflanze beginnen.

(links) **Violetta di Chioggia**
(rechts) **Green Globe**

Was schiefgehen kann

Die meisten Probleme haben mit Wasser zu tun. Bei Wassermangel im Sommer bleiben die Artischocken enttäuschend klein. Bei zu viel Feuchtigkeit im Winter droht Fäulnis durch Staunässe. Ansonsten sind Artischocken relativ unproblematisch. Gelegentlich treten Schnecken (*siehe S. 330–331*), Ohrwürmer oder Blattläuse (*siehe S. 332*) auf.

Empfohlene Sorten

Green Globe, Gros Vert de Laon, Purple Globe, Violetto di Chioggia

Kardonen

Kardonen und Artischocken sind eng verwandt und sehen sich recht ähnlich. Beides sind hohe, auffällige Pflanzen mit stark gezackten, silbrig-blauen Blättern, und beide tragen große, stachelige Blütenstände mit violetten, distelartigen Blüten. Von der heutzutage selten verkauften Kardone (auch Cardi genannt) isst man aber Stängel und Blattstiele. Sie müssen gebleicht werden, sonst schmecken sie bitter. Dazu wickelt man die Stängel in den Wochen vor der Ernte ein, damit sie kein Licht bekommen. Kardonen sind ein ungewöhnliches Gemüse, das sich vor allem für experimentierfreudige Gärtner empfiehlt. Aber selbst wenn sie Ihnen nicht schmecken sollten: Sie sehen im Garten recht attraktiv aus.

JAHRESZEIT	Frühling	Sommer	Herbst	Winter
Säen/Pflanzen	■			
Auspflanzen	■	■		
Ernten			■	

Die Stiele einpacken, um sie vor Licht zu schützen. Dadurch werden sie gebleicht und schmecken weniger bitter.

Wo wird gepflanzt?

Kardonen bevorzugen einen geschützten, sonnigen Platz mit fruchtbarem Boden, der mit reichlich Kompost oder verrottetem Stallmist angereichert ist. Pflanzen, die gegessen werden sollen, kultiviert man einjährig und reißt die Wurzeln nach der Ernte aus. Lässt man sie stehen, blühen sie und werden so groß wie Artischocken. Das kann in einem kleinen Garten zu dicht aussehen.

Wann wird gepflanzt?

Man sät Kardonen im Haus im zeitigen oder mittleren Frühling und pflanzt die Sämlinge im Spätfrühling oder Frühsommer aus. Die Vermehrung durch »Ableger« ist, wie bei Artischocken, ebenfalls möglich, aber diese Pflanzen blühen meist im ersten Jahr und ihre Stiele sind nicht essbar.

Wie wird gesät und gepflanzt?

Die Samen im Haus in Pflanzkästen oder Schalen säen und bei mindestens 10–15 °C aufstellen. Die Sämlinge pikieren, wenn sie 10 cm hoch sind. Sind sie 25 cm hoch, werden sie abgehärtet und in vorbereitete Gräben im Freien gepflanzt.

Regelmäßige Pflege

Die Pflanzen dürfen nicht austrocknen. Jede Pflanze mit einem stabilen Stab stützen. Im Frühherbst die Stängel mit Bindfaden zu einem lockeren Bündel zusammenschnüren und in festes Packpapier oder schwarze Folie wickeln. Etwas anhäufeln, damit auch unten kein Licht an die Stängel kommt.

Ernte

Das Bleichen nimmt etwa sechs bis acht Wochen in Anspruch. Danach die ganzen Pflanzen aus der Erde ziehen, die oberen Blätter und die Wurzeln abschneiden. Harte, äußere Stängel entfernen. Was übrig bleibt, sieht ähnlich wie Bleichsellerie aus.

Was schiefgehen kann

Es können dieselben Krankheiten und Schädlinge auftreten wie bei Artischocken (*siehe S. 261*).

Empfohlene Sorten

Gigante di Romagna, Plein Blanc Inerme

(oben) **Kardonen-Blätter** sehen schön aus, sind aber nicht essbar. Wenn man die gebleichten Stiele erntet, schneidet man die Blätter ab.

(unten) **Ab dem zweiten Jahr** nach der Aussaat bildet die Pflanze Blüten. Sie sind nicht essbar, zeigen aber an, dass die Blattstiele nun ungenießbar hart und faserig werden.

Topinambur

Topinambur ist eng mit der Sonnenblume verwandt – das erkennt man leicht an den hohen Stielen mit den leuchtend gelben Blüten. Geerntet werden die knubbeligen Knollen, die sich unter der Erde zwischen den Wurzeln entwickeln – ganz ähnlich wie Kartoffeln.

Nachwuchs zieht man nicht aus Samen, sondern aus eben diesen Knollen, die man kaufen oder von der Vorjahresernte aufbewahren kann. Topinambur ist eine Staude. Bleibt versehentlich im Herbst eine Knolle im Boden, wächst im nächsten Jahr daraus eine neue Pflanze.

JAHRESZEIT	Frühling	Sommer	Herbst	Winter
Pflanzen	■			
Ernten			■	■

Wo wird gepflanzt?

Topinambur ist ein anspruchsloses Gemüse und wächst fast überall. Nur in saurem oder staunassem Boden gedeiht sie nicht.

Weil die Pflanzen bis 3 m hoch werden, pflanzt man sie oft an den Rand des Gemüsegartens, damit sie empfindlicheren Sorten Windschutz geben.

Wann wird gepflanzt?

Die Knollen können in die Erde gelegt werden, wenn sich der Boden genug erwärmt hat, um ihn zu bearbeiten.

Fuseau

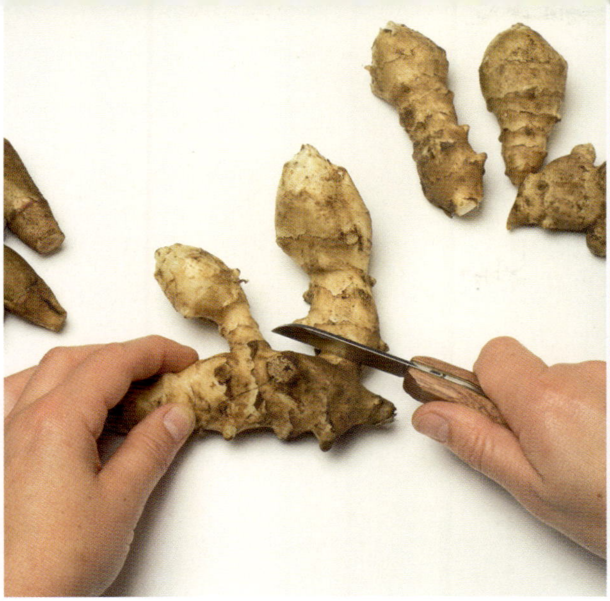

(links) **Die Knollen** vor der Pflanzung teilen. Jede sollte höchsten so groß wie ein Hühnerei sein.

(oben) **Ab Mitte Herbst** kann man jederzeit so viele Knollen ausgraben, wie man gerade zubereiten will.

Wie wird gepflanzt?

Eine Rille von 10–15 cm Tiefe und der gewünschten Länge ziehen und die Knollen in Abständen von 30–45 cm hineinlegen. Die Hauptknospe sollte nach oben zeigen. Mit Erde bedecken.

Regelmäßige Pflege

Wenn die Pflanzen etwa 30 cm hoch sind, werden die Stiele 15 cm hoch angehäufelt, um die Standfestigkeit zu verbessern. Später sollten sie gestützt werden. Im Hoch- oder Spätsommer auf eineinhalb Meter kappen. Die Blüten entfernen, damit sie der Pflanze keine Kraft entziehen. Wenn im Herbst die Blätter gelb werden, die Stiele knapp über dem Boden abschneiden.

Ernte

Sofern es nicht sehr kalt ist, können die Knollen bis zum Verbrauch im Boden bleiben. Man gräbt sie aus wie Kartoffeln. Es sollten keine Knollen im Boden bleiben, es sei denn, dort sollen im nächsten Jahr neue Pflanzen wachsen.

Was schiefgehen kann

Besonders lästig sind Schnecken, (*siehe S. 330–331*), die Knollen und Blätter anfressen.

Sclerotinia ist ein Pilz, der einen flaumigweißen Belag erzeugt und die Fäulnis von Stängeln und Blättern nach sich ziehen kann. Er tritt bei feucht-kühlen Bedingungen auf. Befallene Pflanzen entfernen und vernichten, denn kurieren kann man sie nicht.

Empfohlene Sorten

Manche Knollen haben eine sehr unregelmäßige Oberfläche. Glatte Sorten wie 'Fuseau' lassen sich besser zum Verzehr vorbereiten.

Dwarf Sunray, Fuseau

Knollenziest

Knollenziest bildet unterirdische Knollen, die dem Topinambur ähneln, aber kleiner sind. Sie schmecken auch ähnlich, sind vielleicht nur etwas knackiger und saftiger, und man kann sie frisch aus der Erde geerntet oder gekocht essen. Die Pflanzen gehören interessanterweise zur Familie der Minzen und sind völlig unkompliziert. Man sät sie nicht, sondern pflanzt Knollen.

JAHRESZEIT	Frühling	Sommer	Herbst	Winter
Pflanzen	■			
Ernten			■	■

Wo, wann und wie wird gepflanzt?

An einem offenen Platz mit leichtem, fruchtbarem Boden im mittleren Frühling (wenn sich der Boden erwärmt hat) die Knollen mit dem Ende nach oben in flache Rillen von 4–8 cm Tiefe legen. Der Abstand beträgt 30 cm. Vorsichtig mit Erde bedecken.

Regelmäßige Pflege

Regelmäßig gießen und jäten. Blüten ausknipsen, sobald sie sich zeigen, damit die Pflanze ihre Kraft zur Knollenbildung einsetzt. Die Erde um die Stiele anhäufeln, damit die Knollen kein Licht bekommen.

Ernte

Ab Herbst etwas Erde beiseite schieben, um die Knollen zu begutachten. Sind sie groß genug, können sie ausgegraben werden. Weil die Knollen recht schnell austrocknen, sollte man sie erst kurz vor dem Verbrauch aus dem Boden heben.

Was schiefgehen kann

Zu rechnen ist manchmal mit Schnecken (*siehe S .330–331*), eventuell mit Wurzelläusen (*siehe S. 336*).

(oben) **Alle Minzegewächse** neigen zum Wuchern. Im Kübel lässt sich Knollenziest aber gut bändigen.

(unten) **Das Auswaschen** der Knollen ist mühsam – vielleicht ein Grund, warum Knollenziest seltener kultiviert wird als Topinambur.

Meerkohl

Meerkohl ähnelt einem lockeren, blau-grauen Kohlkopf und er gehört auch zur gleichen Pflanzenfamilie. Die jungen Blätter und Stiele sowie die cremeweißen Blüten kann man frisch essen. Alternativ treibt man die Pflanzen über Winter wie Rhabarber und erntet die Stiele, die dann aber gekocht werden, im zeitigen Frühling.

JAHRESZEIT	**Frühling**	**Sommer**	**Herbst**	**Winter**
Säen/Pflanzen	■			
Ernten	■			■

Wo, wann und wie wird gepflanzt?

Die Anzucht aus Samen ist schwierig, darum pflanzt man am besten Wurzelstecklinge. Der Standort sollte sonnig sein, der Boden nährstoffreich, aber leicht und sandig. Die Stecklinge im zeitigen Frühling mit mindestens 60 cm Abstand pflanzen. Im Sommer reichlich gießen und Blütenstiele abschneiden.

Treiben

Ehe der Winter einbricht, alle abgestorbenen Blätter entfernen und die Pflanze mit einer Schicht Stroh oder Reisig abdecken. Darüber einen Treibtopf stülpen. Genauso eignet sich ein umgedrehter Kasten oder Eimer oder ein Blumentopf von mindestens 38 cm Höhe. Wichtig ist die Lichtundurchlässigkeit. Ringsum Laub, Kompost oder Mist verteilen, um die Pflanze warm zu halten. Zwei bis drei Monate abgedeckt lassen.

Ernte

Die gebleichten Stiele schneiden, wenn sie 15–20 cm hoch sind. Im Spätfrühling die Treibtöpfe entfernen. Die Pflanzen mit Mulch und Dünger versorgen, damit sie sich für die nächste Saison regenerieren.

Was schiefgehen kann

Wie bei allen Kohlgewächsen kann die Kohlhernie auftreten (*siehe S. 78*). Erdflöhe befallen manchmal die jungen Blätter (*siehe S. 334*).

(oben) **Wurzelstecklinge** im Herbst schneiden, über Winter in Sand lagern und im Frühling, wenn sich Knospen bilden, pflanzen.

(Mitte) **Zum Treiben** im Frühwinter lichtundurchlässige Hauben über die Pflanzen stülpen.

(unten) **Im Frühling** die zarten jungen Triebe ernten.

Rhabarber

Hat eine Rhabarberpflanze sich einmal etabliert, braucht sie kaum Zuwendung. Im Sommer bewässern, im Frühling und Herbst düngen und im Winter vor starkem Frost schützen – das genügt. Rhabarber wird früh im Jahr geerntet – vor allem, wenn man ihn treibt, sodass die Stiele zart und blass werden.

Rhabarber macht sich breit. Im Hochsommer, wenn die Blätter ausgewachsen sind, kann eine Pflanze zwei Meter Durchmesser erreichen. Für eine Durchschnittsfamilie braucht man also höchstens zwei oder drei Pflanzen. Teilt man die Staude regelmäßig und setzt junge Wurzelstücke ein, kann man jahrelang ernten.

JAHRESZEIT	**Frühling**	**Sommer**	**Herbst**	**Winter**
Säen/Pflanzen	■		■	■
Auspflanzen	■			
Ernten	■	■		

Wo wird gepflanzt?

Rhabarber wächst am besten an einem offenen Standort in einem Boden, der im Sommer Feuchtigkeit speichert, aber im Winter nicht staunass ist. Vor dem erstmaligen Pflanzen reichlich Kompost oder Mist untergraben.

Wann wird gepflanzt?

Rhabarber legt von Mitte Herbst bis zum Vorfrühling eine Winterruhe ein. Am besten teilt man ihn in dieser Zeit. Nur junge, gesunde Teilstücke wieder einpflanzen.

Traditionelle Treibtöpfe aus Ton haben einen Deckel, den man abnehmen kann, um zu schauen, wie hoch die Stiele schon sind.

RHABARBER TREIBEN

Getriebener Rhabarber ist einige Wochen früher erntereif als offen kultivierter. Die Pflanze wird mit einem lichtundurchlässigen Gefäß abgedeckt, sodass die jungen Triebe kein Licht bekommen.

1 Während der Winterruhe sollte die Pflanze einige Male kräftigem Frost ausgesetzt sein.

2 Ehe sich die ersten Triebe zeigen, die Pflanze mit Stroh bedecken und einen Treibtopf oder umgedrehten Eimer darüber stülpen, damit kein Licht an die Pflanze gelangt.

3 Etwa vier Wochen später können die zarten, rosafarbenen Stiele geerntet werden.

(oben) **Im Herbst Mulch** rings um die Pflanzen verteilen, um das Wachstum im folgenden Jahr anzuregen.

(unten) **Erntereif** ist Rhabarber, wenn die äußeren Stiele etwa 30 cm lang sind. Fest anfassen und am Stängelgrund abdrehen.

Wie wird gesät?

Es ist schwierig, Rhabarber aus Samen zu ziehen. Wer es versuchen will, sät im Vorfrühling im Haus in Töpfe oder Pflanzkästen und pflanzt die Sämlinge im Spätfrühling aus. Alternativ im Spätfrühling in ein Saatbeet im Freien säen. Sämlinge bei zu engem Stand ausdünnen und im Herbst an ihren endgültigen Platz pflanzen.

Stauden richtig teilen

Zur Vermehrung kann man Rhabarber ausgraben und den Wurzelballen teilen. Am besten erledigt man das im Winter, wenn alle Blätter abgestorben sind und die Pflanze eine Ruhephase einlegt.

Teilstücke einpflanzen

Teilstücke in Abständen von 90 cm einpflanzen. Dabei soll die Triebspitze gerade aus dem Boden schauen. Gräbt man sie komplett ein, besteht Gefahr, dass sie durch zu viel Feuchtigkeit zu faulen beginnt.

Regelmäßige Pflege

Im Sommer reichlich gießen und regelmäßig jäten. Eine organische Mulchschicht reduziert die Verdunstung von Bodenfeuchtigkeit. Blütenstiele und gelbe Blätter entfernen. Im Herbst Mulch um die Pflanze verteilen, aber die Wachstumsknospe frei lassen, damit sie Frost bekommt. Rhabarber braucht Minusgrade, weil sie den Austrieb im folgenden Jahr anregen.

Ernte

Geerntet wird vom Frühling bis in den Frühsommer. Danach werden die Stiele zäh und faserig.

Frisch gesetzte Pflanzen im ersten Jahr gar nicht oder nur sparsam beernten. Geben Sie ihnen ein Jahr Zeit, um sich zu etablieren.

Timperley Early

Was schiefgehen kann

Schnecken (*siehe S. 330–331*) fressen manchmal junge Knospen an, Blattläuse (*siehe S. 332*) befallen gelegentlich junge Blätter.

Stängelgrundfäule und Hallimasch (ein Pilz) können Rhabarber schädigen. Einige bakterielle und pilzliche Krankheiten können Wurzelfäule und daraus folgendes Absterben der Pflanze verursachen. Schneidet man befallene Teile rechtzeitig ab und vernichtet sie, lässt sich die Pflanze manchmal retten.

VORSICHT: Rhabarberblätter nicht essen, sie sind giftig.

Empfohlene Sorten

Barkers All Season, Cawood Delight, Early Champagne, Timperley Early, Victoria

10. Kräuter

Kräuter dürfen in keinem Gemüse- oder Küchengarten fehlen. Sie duften herrlich, sind ganz einfach zu kultivieren und in der Küche sind sie ständige und unersetzliche Begleiter. Außerdem haben sie viele Anwendungsbereiche in der Kosmetik und sogar in der Heilkunde. Manche sind praktisch und alltagstauglich, andere sagenumwoben, symbolträchtig und mit geheimnisvollen Geschichten verbunden. Kräuter locken nützliche Insekten an, andere vertreiben Schädlinge. Brauchen Sie noch mehr Argumente?

Ob Sie einen großen, klassischen Kräutergarten (*siehe S. 24*) anlegen wollen, einfach einige Kräuter zwischen die Gartenblumen pflanzen oder ein paar Töpfe auf den Balkon stellen: Kräuter sind unkompliziert. Wenn sie sich etabliert haben, brauchen sie kaum Pflege. Es reicht, sie gelegentlich zurückzuschneiden, damit sie buschig bleiben. Ansonsten muss man sie nur gießen, pflücken und genießen, denn frisch aus dem Garten schmecken sie unvergleichlich gut.

Eine Gruppe verschiedener Kräuter im Beetvordergrund – so kann ein hübscher, natürlicher Kräutergarten aussehen.

RHU

1 **Basilikum** ist beliebt in Salaten, grünen Saucen, Pesto und aromatisierten Ölen.

2 **Lorbeer** ist ein immergrüner Strauch, der keinen starken Frost verträgt.

3 **Kerbel** hat fiedriges Laub. Sein feiner Geschmack liegt zwischen Petersilie und Anis.

4 **Schnittlauch** gehört zur Familie der Zwiebelgewächse – das merkt man an seinem würzigen Geschmack.

5 **Koriander** wird besonders für asiatisch beeinflusste Speisen verwendet.

6 **Dill** hat Blätter mit mild-würzigem Geschmack. Das Aroma der Samen ist etwas intensiver.

7 **Kräuter-Fenchel** ist von den Wurzeln bis zu Blüten und Samenständen essbar.

8 **Meerrettich-Wurzeln** haben einen scharfen Geschmack. Ein Klassiker zu Rindfleisch und Lachs.

9 **Zitronenmelisse** hat ein zartes, frisches Aroma. Sie schmeckt ähnlich wie Zitronenverbene.

10 **Zitronengras** wird in den Küchen Südostasiens häufig verwendet.

11 **Liebstöckel** sieht aus wie glattblättrige Petersilie und schmeckt leicht nach Sellerie.

12 **Majoran** schmeckt in Kartoffelgerichten, Oregano ist der mediterrane Verwandte.

13 **Minze** neigt zum Wuchern, darum pflanzt man sie am besten in Kübel.

14 **Petersilie** gibt es glattblättrig und gekräuselt.

15 **Rosmarin** ist ein immergrüner Strauch mit fantastischem Aroma.

16 **Salbei** steht einem Blumenbeet ebenso gut wie einem Kräutergarten.

17 **Bohnenkraut** hat zarte Blätter und wunderschöne Blüten.

18 **Sauerampfer** schmeckt scharf-säuerlich und ist vielseitig verwendbar.

19 **Estragon** hat länglich-schmale, grüne Blätter und einen milden Geschmack.

20 **Thymian** ist ein immergrüner Strauch mit winzigen aromatischen Blättern.

Basilikum

Basilikum hat einen kräftig-pikanten Geschmack und wird für Salate, Saucen und Pesto und zum Aromatisieren von Essig und Öl verwendet. Im Mittelmeerraum gilt Basilikum als klassischer Tomaten-Begleiter. Basilikum braucht viel Sonne. Im kühl-gemäßigten Klima sind die Sommer für die Freilandkultur oft zu kurz, aber die Blätter gedeihen auch gut auf einer sonnigen Fensterbank.

Die bekannteste Art hat mittelgroße, leuchtend grüne Blätter. Es gibt aber auch großblättrige Sorten, andere mit winzigen Blättern (griechisches Basilikum), sowie rotblättrige Varianten und Sorten mit ungewöhnlichen Aromen, etwa Zitronenbasilikum oder Zimtbasilikum.

Anbau

Gesät wird ab dem mittleren Frühling in einem warmen Raum. Erst auspflanzen oder ins Freiland säen, wenn keine Frostgefahr mehr besteht. Regelmäßig, aber sparsam gießen, und zwar morgens. Bei nächtlicher Feuchtigkeit können die Pflanzen faulen.

Ernte und Lagerung

Junge Blätter pflücken und die Triebspitzen ausknipsen, um die Verzweigung anzuregen. Die Blätter kühl, aber nicht im Kühlschrank aufbewahren. Nicht trocknen oder einfrieren, sondern frisch verwerten oder in Olivenöl konservieren.

(Gegenüber, im Uhrzeigersinn von oben links) **Rotblättriges Basilikum, Gewöhnliches Basilikum, Zimtbasilikum, Basilikum 'African Blue'**

(rechts) **Großblättriges Basilikum**

EINEN KRÄUTERGARTEN ANLEGEN

Alle Kräuter schmecken am besten ganz frisch geerntet. Daher ist der beste Platz für einen Kräutergarten in der Nähe der Küchentür. Wer jedes Mal bis ans Ende des Gartens laufen muss, wenn er ein paar Halme Schnittlauch oder eine Handvoll Minze braucht, lässt das vielleicht bald ganz sein. Einen günstigen Platz zu suchen lohnt sich.

1 Den Boden mit reichlich verrottetem Kompost oder Mist aufbereiten. Ziegelsteine in den Boden einbetten, um Bereiche abzugrenzen und ins Beet treten zu können, ohne den Boden zu verdichten.

2 Selbst gezogene oder gekaufte Jungpflanzen ins Beet setzen, vorsichtig andrücken und großzügig angießen.

3 Manche Kräuter können auch in ihren Töpfen bleiben, vor allem, wenn es hübsche Tontöpfe sind. Der kleine Lorbeerstrauch wird die umgebenden Pflanzen bald überragen und einen schönen Blickfang in der Mitte des Kräuterbeets abgeben.

4 Anfangs mag der Kräutergarten etwas leer aussehen, aber überfüllen Sie die Bereiche nicht. Kräuter breiten sich gern hemmungslos aus, wenn sie gute Bedingungen haben.

Lorbeer

Lorbeer ist eine immergrüne Pflanze, die strauchig wächst, aber auch Baumgröße erreichen kann. Die Pflanzen vertragen Formschnitt sehr gut. Da Lorbeer aus dem Mittelmeerraum stammt, überleben junge Pflanzen kalte Winter meist nicht. Darum pflanzt man sie besser in Kübel und überwintert sie im Haus oder Gewächshaus.

Lorbeerblätter sind zu hart, um sie roh zu essen. Sie werden als Würzzutat mitgekocht und nach dem Kochvorgang herausgenommen. Neben Petersilie und Thymian gehört Lorbeer in ein sogenanntes *bouquet garni* für Suppen und Eintöpfe.

Anbau

Es ist schwierig, Lorbeer aus Samen zu ziehen. Einfacher ist die Vermehrung durch Stecklinge (*siehe S. 294*) oder Senker, aber am besten kauft man eine Pflanze. An einen sonnigen, geschützten Platz mit fruchtbarem Boden pflanzen oder in einen großen Kübel mit Universalsubstrat setzen.

Regelmäßig gießen und zwei- bis dreimal im Jahr düngen. Im Sommer in Form schneiden.

Ernte und Lagerung

Die Blätter können ganzjährig gepflückt werden. Man verwertet sie frisch, kann sie aber auch trocknen.

Kerbel

Kerbel hat feine, farnartige Blätter, deren Geschmack in etwa zwischen Anis und Petersilie liegt. Man verwendet Kerbel für Salate und verschiedene gegarte Gerichte, vor allem Omelettes und andere Eierspeisen. Gartenkerbel ist mit dem wilden Wiesenkerbel verwandt, wird ähnlich groß, breitet sich aber nicht so aggressiv aus. In heißen, trockenen Sommern geht er schnell in Saat. Der Prozess lässt sich durch reichliches Gießen und einen Standort im Halbschatten aber verzögern.

Anbau

Gesät werden vom zeitigen oder mittleren Frühling an in monatlichen Abständen bis in den Frühherbst kleine Samenportionen. Die Samen dünn streuen und mit etwas Erde bedecken. Nach etwa drei Wochen zeigen sich die Sämlinge.

Die Sämlinge bei zu engem Stand auf 15–25 cm verziehen. Blüten entfernen, sobald sie sich zeigen – es sei denn, die Pflanzen sollen sich selbst aussäen. Mit Folientunneln oder Frühbeetkästen lässt sich die Ernte bis in den Spätherbst und Winter verlängern.

Ernte und Lagerung

Am besten schmecken die jungen Blätter vor der Blütenbildung. Man kann sie einfrieren und trocknen, aber frisch ist das Aroma natürlich stärker.

(oben) **Blühender Schnittlauch** (unten) **Schnittknoblauch**

Schnittlauch

Schnittlauch gehört zur Familie der Zwiebelgewächse. Er hat einen zarten, milden Zwiebelgeschmack. Die schlanken, hohlen Halme werden etwa so hoch wie Frühlingszwiebeln und bilden dichte Horste, die fast wie Grasbüschel aussehen. Schnittlauch wird zum Würzen und Garnieren verwendet, vor allem für Salate. Im Sommer trägt er Blüten in Rosa oder Violett, die ebenfalls essbar sind. Chinesischer Schnittlauch, der auch als Schnittknoblauch bekannt ist, hat ein mildes Knoblaucharoma und weiße Blüten.

KRÄUTER VERMEHREN DURCH TEILUNG

Mehrjährige Kräuter wie Minze, Thymian, Fenchel und Schnittlauch kann man gut vermehren, indem man die Stauden teilt.

1 An einem Herbsttag, an dem der Boden nicht zu feucht ist, vorsichtig den Wurzelballen einer älteren Pflanze ausgraben.

2 Die Wurzeln vorsichtig auseinander reißen, um die Pflanze zu teilen. Die Teilstücke wieder einpflanzen. Zum Schluss die Blätter auf eine Höhe von 5 cm kappen.

Anbau

Schnittlauch kann man aus Samen ziehen oder durch Teilung größerer Horste vermehren. Gesät wird im Frühling in Töpfe oder Pflanzkästen oder, wenn der Boden warm genug ist, direkt ins Freiland an einen warmen, sonnigen Platz mit feuchtem, fruchtbarem Boden. Ältere Horste teilt man im Herbst und pflanzt die Teilstücke ins Beet oder in Töpfe. Schnittlauch ist mehrjährig und verträgt mittleren Frost recht gut.

Ernte und Lagerung

Schnittlauch hält sich nicht lange, darum erntet man nur so viel, wie gleich verwertet wird. Regelmäßiger Schnitt – selbst bis knapp über dem Boden – regt den Neuaustrieb an.

Koriander

Koriander ist mit der Petersilie verwandt und seine unteren Blätter sehen auch aus wie die der glattblättrigen Petersilie. Sie haben ein kräftiges Aroma und werden vor allem im Mittelmeerraum, im Nahen Osten, in Asien und in Mittel- und Südamerika als Würzkraut verwendet. Die feineren, oberen Blätter benutzt man nicht, weil sie anders schmecken. Aber auch die kugelrunden Samen werden gern als Gewürz verwendet. Die Sorten 'Cilantro' und 'Leisure' werden hauptsächlich wegen der Blätter kultiviert, 'Moroccan' zur Gewinnung der Samen.

Anbau

Vom zeitigen Frühling an bis in den Spätsommer monatlich in Reihen mit 30 cm Abstand säen. Die Sämlinge auf 15 cm ausdünnen. Regelmäßig gießen, um die Samenbildung zu verhindern. Am Ende des Jahres Folientunnel aufstellen, um die Ernte zu verlängern oder um die Herbstaussaat zu überwintern.

Ernte und Lagerung

Die unteren Blätter ernten, dann treibt die Pflanze neu aus. Die Samen einsammeln, wenn sie sich braun färben, ehe sie zu Boden fallen. Sie werden getrocknet als Gewürz verwendet.

(links) **Koriander**

(rechts) **Wenn man ihm erlaubt zu blühen**, kann Koriander bis zu einem Meter hoch werden.

Dill

Dill ist ein einjähriges Kraut mit zarten, fiedrigen Blättern und flachen Dolden winziger, gelbgrüner Blüten. Er kann bis zu eineinviertel Meter hoch werden. Blätter und Samen schmecken nach Anis, die Blätter sind jedoch milder. Blätter und Samen werden zum Würzen von Suppen, Saucen, Salaten, Eingemachtem und Fischgerichten verwendet, vor allem in der skandinavischen Küche sind sie sehr beliebt. In Aussehen und Geschmack ähnelt Dill dem Fenchel. Setzen Sie die Pflanzen nicht zu nah zusammen, sonst kann es zur Kreuzbestäubung kommen.

Anbau

Dill mag nicht umgepflanzt werden, darum sät man ihn immer direkt ins Freiland an einen offenen, sonnigen Platz mit feuchtem, fruchtbarem Boden. Vom mittleren Frühling bis zum Hochsommer alle paar Wochen kleine Portionen säen. Die Sämlinge auf 15 cm verziehen. Regelmäßig gießen und nie austrocknen lassen, denn Dill schießt vor allem bei heißem Wetter schnell in Saat.

Ernte und Lagerung

Die jungen Blätter regelmäßig pflücken, um die Blütenbildung so lange wie möglich hinauszuzögern. Selbst im Kühlschrank welken sie schnell, darum sollten sie möglichst gleich verwertet werden. Man kann sie auch einfrieren.

Wer Samen zum Kochen und Einmachen sammeln will, schneidet die Blütenstände ab, sobald sie sich braun färben, hängt sie kopfüber über ein Stück Papier oder ein Tuch oder steckt sie in Papiertüten. Wenn die Samen abgefallen sind, Reste von trockenen Stängeln und Hülsen aussortieren.

Schneidet man die Blüten nicht ab, säen sich die Pflanzen meist selbst aus.

Fenchel

Fenchel ist mit Dill verwandt, im Gegensatz zu letzterem aber mehrjährig. Fenchel ist mit bis zu zwei Meter Höhe erheblich größer, hat grünes oder bronzefarbenes Laub und gelbe Blüten. Essbar ist die ganze Pflanze – von den Blüten bis zu den Wurzeln. Verwertet werden aber vorwiegend die nach Anis schmeckenden Blätter und Samen als Würze für Fisch- und Fleischgerichte, Brot, Käse und indische Gewürzmischungen. Das Würzkraut Fenchel ist übrigens nicht identisch mit dem Gemüsefenchel.

Anbau

Fenchel bevorzugt einen sonnigen Platz mit durchlässigem Boden. Vom mittleren Frühling an direkt ins Freiland säen und die Sämlinge auf Abstände von 45–60 cm verziehen. Wenn sie sich etabliert haben, breiten sie sich schnell aus. Die Blütenstände entfernen und die Pflanze im Frühsommer auf eine Höhe von 30 cm stutzen, um den Neuaustrieb anzuregen und frische Blätter ernten zu können.

Im Herbst die Pflanzen knapp über dem Boden abschneiden. Alle Blütenstände und Samen sorgfältig entfernen, sofern sich die Pflanzen nicht selbst aussäen sollen.

Wer Fenchel vermehren will, kann jetzt die Stauden ausgraben, teilen und die einzelnen Stücke separat wieder einpflanzen (*siehe S. 280*).

Ernte und Lagerung

Die Blätter regelmäßig ernten und frisch verwerten oder zum Aromatisieren von Essig und Öl verwenden. Die Samen kann man trocknen und lagern.

(oben) **Die Samenstände abschneiden**, wenn sie sich braun färben, und auf Papier ausbreiten, um die Samen zu sammeln. Später Reste von Stielen und Hüllen aussortieren.

(Mitte) **Blühender Fenchel**

(unten) **Bronzefarbener Fenchel 'Purpureum'**

Meerrettich

Im Gegensatz zu anderen Kräutern wird Meerrettich hauptsächlich wegen der Wurzeln kultiviert, die man schält und reibt. Sie haben ein scharfes Aroma, das in die Nase steigt. Meerrettichsauce oder -sahne ist eine klassische Beilage zu Tafelspitz und Räucherfisch. Selbst gemacht aus frisch geriebenem Meerrettich stellt sie jedes gekaufte Produkt in den Schatten. Meerrettich ist eine unkomplizierte Staude. Hat er sich einmal etabliert, breitet er sich stark aus. Weil die Blätter nicht sonderlich attraktiv sind, sollte man sich genau überlegen, wohin man ihn pflanzt.

Anbau

Meerrettich kann man aus Samen ziehen, meist wird er aber im Herbst durch Teilung älterer Pflanzen oder im Frühling durch Wurzelstecklinge vermehrt. Ein Wurzelsteckling sollte 15 cm lang sein und senkrecht gepflanzt werden, sodass sein oberes Ende 5 cm aus der Erde schaut.

Ernte und Lagerung

Die jungen Blätter kann man vom Frühling an pflücken und für Salate verwenden, hauptsächlich wird Meerrettich aber wegen der Wurzeln kultiviert. Man kann sie jederzeit nach Bedarf ausgraben, im Herbst ist der Geschmack am intensivsten.

(links) **Eine Meerrettichpflanze** kann bis 60 cm hoch werden. Die Blätter ähneln denen von Sauerampfer. Die Pflanze ist mit den Kohlgewächsen verwandt.

(rechts) **Die langen Pfahlwurzeln** haben eine gelbliche Schale und ein weißes Inneres. Sie werden zur Verwendung fein gerieben.

Zitronenmelisse

Die Blätter der Zitronenmelisse sehen aus wie eine Kreuzung zwischen Minze und Brennnessel. Der Geschmack erinnert an Zitronenverbene, ist aber milder. Die Blätter werden für süße und herzhafte Gerichte verwendet und eignen sich auch zum Würzen von Salaten. Meist bereitet man aber herrlich erfrischenden Kräutertee aus ihnen zu.

Zitronenmelisse ist eine winterharte Staude, die bis 1,5 m hoch werden kann. Die Standardform hat grüne Blätter, es gibt aber auch Blätter mit gelben oder violetten Farbnuancen.

Anbau

Zitronenmelisse wächst fast überall, sofern der Boden einigermaßen nährstoffreich ist und nicht austrocknet. Nur pralle Mittagssonne verträgt sie nicht gut.

Im Frühling direkt ins Freiland säen und später die Sämlinge auf Abstände von 60 cm auslichten. Im Frühling oder Herbst kann man auch ältere Pflanzen teilen oder Wurzelstecklinge nehmen.

Ernte und Lagerung

Die Blätter nach Bedarf ernten. Man kann sie einfrieren, aber frisch schmecken sie viel besser. Im Frühsommer, bevor die Pflanze blüht, wird sie kräftig zurückgeschnitten.

(oben) **Zartgrüne Zitronenmelisse**
(unten) **Gelbgefleckte Zitronenmelisse**

Zitronengras

Zitronengras ist ein hohes Gras, das aus den tropischen und subtropischen Regionen Asiens stammt. Die Wurzeln und Stängel enthalten ein ätherisches Öl mit intensivem Zitronenduft. Die Stängel sind zu hart, um sie im Ganzen zu essen, darum zerdrückt man sie oder schneidet sie in sehr feine Stücke. Zitronengras ist eine Standardzutat der südostasiatischen Küche, wird aber auch in der Karibik verwendet. Die mehrjährige Pflanze verträgt keinen Frost. In Nord- und Mitteleuropa pflanzt man sie am besten in Kübel und überwintert sie im Haus.

Anbau

In milden Regionen im zeitigen Frühling ins Freiland säen und die Saat vor Frost schützen. In kühlen Gegenden unter Dach in Töpfe säen. Die Samen keimen langsam und die Pflanzen brauchen feuchte Luft und eine Mindesttemperatur von 13 °C, um gut zu gedeihen.

Ernte und Lagerung

Die Stängel knapp über dem Boden abschneiden und die Blätter entfernen. Zitronengras kann man gut einfrieren.

(oben) **Küchenfertige** Zitronengras-Stängel ohne Blätter und Wurzeln.

(rechts) **Die blaugrünen Blätter** ausgewachsener Pflanzen können bis 1,5 m hoch werden.

Liebstöckel

Liebstöckel ist eine mehrjährige Staude, die schon ein oder zwei Jahre nach der Aussaat zwei Meter hoch werden kann. Überlegen Sie genau, wohin Sie sie pflanzen – sie wird sich schnell in den Beetvordergrund schieben. Die Blätter ähneln denen der glattblättrigen Petersilie.

Liebstöckel schmeckt leicht nach Sellerie. Man verwendet sie für Suppen, Eintöpfe und Salate, aber auch für kalte Cocktails oder Kräutertee. Samen, Stängel und Wurzeln sind ebenfalls essbar.

Anbau

Gesät wird im mittleren Frühling in fruchtbaren, feuchten Boden im Freiland. Wer Samen einer vorhandenen Pflanze verwendet, sät im Spätsommer und schützt die jungen Sämlinge mit Folientunneln oder Frühbeetkästen vor Frost.

Weil Liebstöckel eine Staude ist, kann man auch im Frühling den Wurzelballen ausgraben, teilen und die einzelnen Stücke wieder einpflanzen (*siehe S. 280*).

Ernte und Lagerung

Die jungen Blätter regelmäßig nach Bedarf pflücken. Schneidet man die Pflanze vor der Blüte im Frühsommer stark zurück, treibt sie noch einmal frische, junge Blätter aus.

Die Stiele sind hohl. Säubert man sie und befreit sie von den Blättern, kann man sie wie Trinkhalme verwenden – zum Beispiel, um einer eisgekühlten Bloody Mary ein wunderbar frisches Selleriearoma zu geben.

Majoran und Oregano

Diese Pflanzenfamilie umfasst verschiedene Arten und Sorten. Französischer Majoran ist eine buschig wachsende Staude von etwa 60 cm Höhe mit Blüten in Weiß, Rosa oder Violett. Die Blätter lassen sich gut trocknen. Gewöhnlicher Majoran ist etwas kleiner, nicht ganz so attraktiv, dafür aber aromatischer. Wilder Majoran, der als Oregano bekannt ist, hat ein noch intensiveres Aroma. Alle werden in der Küche des Mittelmeerraums verwendet, typischerweise für Pizza. Majoran gilt bei uns als klassische Zutat für Eintopf.

Anbau

Majoran und Oregano brauchen Sonne und Wärme. Im Frühling in Töpfe oder ins Freiland säen und etwas Geduld haben, denn sie keimen unregelmäßig. Die Sämlinge in Abständen von 20 cm auspflanzen oder entsprechend ausdünnen.

Alternativ ältere Pflanzen im Herbst teilen oder im Sommer durch Stecklinge vermehren. Im Winter die Pflanzen vor Frost schützen, Majoran verträgt Kälte ganz gut.

Ernte und Lagerung

Die Blätter ernten, ehe sich die Blüten öffnen – vor allem, wenn sie getrocknet oder eingefroren werden sollen. Im Herbst die ganze Pflanze um zwei Drittel zurückschneiden.

(links) **Oregano** (rechts) **Goldgelber Majoran**

Minze

Minze wuchert heftig. Es ist schwieriger, sie im Zaum zu halten, als sie zum Wachsen anzuregen. Hätte sie nicht so ein herrliches Aroma, würde man sie als Unkraut klassifizieren. Aber sie ist als Gewürz unverzichtbar. Die Blätter werden frisch für Salate verwendet, außerdem als Gewürz für Gemüse, Saucen, Suppen, Getränke, Süßigkeiten und Desserts.

Es gibt zahllose verschiedene Sorten. Apfelminze wird für englische Minzsauce geschätzt, Pfefferminze ergibt erfrischenden Tee. Ingwerminze hat goldgrün gefärbte Blätter und das Laub der Zitronenminze ist dunkel-violett und grün. Manche Arten werden bis zu einem Meter hoch.

Anbau

Minze kann man im Frühling aus Samen in Töpfen oder im Freiland ziehen, allerdings ist Saatgut nur von relativ wenigen Sorten zu bekommen. Das Sortenangebot bei Jungpflanzen ist meist breiter. Alle Arten und Sorten lassen sich leicht durch Teilung oder Stecklinge vermehren. Minze verträgt Sonne und Halbschatten, braucht aber feuchten Boden. Damit sie sich nicht unkontrolliert ausbreitet, pflanzt man sie am besten in ein Hochbeet oder einen Kübel, der auch in den Boden eingesenkt werden kann. Das Substrat alle paar Jahre auswechseln.

Ernte und Lagerung

Die Blätter im Sommer und Frühherbst ernten. Vor der Blüte die Pflanzen zurückschneiden. Minze verwendet man am besten frisch. Man kann sie einfrieren, aber nicht sehr gut trocknen.

(Gegenüber, im Uhrzeigersinn von oben links)
Pfefferminze, Ingwerminze, Krause Minze, Apfelminze

(rechts) **Diese Ananasminze** wächst in einem Kübel, damit sie nicht den ganzen Garten erobert.

Petersilie

Petersilie, eins der bekanntesten Küchenkräuter, gibt es in zwei Formen: gekräuselt und glattblättrig. Glattblättrige Petersilie hat ein kräftigeres Aroma, die gekräuselte ist dekorativer. Petersilie ist eine winterharte, zweijährige Pflanze. Im ersten Jahr bildet sie Blätter, Blüten dagegen erst im zweiten Jahr. Weil die Blüten keinen besonderen Nährwert haben, ist es sinnvoll, sie einjährig zu kultivieren und jedes Jahr frisch auszusäen. Die Blätter bis in den Herbst hinein ernten und mit Folientunneln vor Frost schützen, im Frühling alte Pflanzen aber ausgraben.

Anbau

Petersiliensamen sind für ihre langsame Keimung berüchtigt. Man kann ihnen auf die Sprünge helfen, indem man sie über Nacht in lauwarmem Wasser einweicht. Unter Dach in Schalen oder Pflanzkästen säen und später auspflanzen. Alternativ ab dem mittleren Frühling, wenn sich der Boden erwärmt hat, ins Freiland säen und die Sämlinge später auf Abstände von 25 cm ausdünnen.

Ernte und Lagerung

Die Blätter nach Bedarf ernten. Je mehr man schneidet, desto mehr wachsen nach. Wer noch einmal im Spätsommer sät, kann bis in den Herbst hinein ernten. Petersilie hält sich im Kühlschrank einige Tage, man kann sie auch einfrieren und trocknen.

(links) **Glattblättrige Petersilie** (rechts) **Gekräuselte Petersilie**

Rosmarin

Rosmarin ist ein immergrüner Strauch mit silbriggrünen, sehr schmalen Blättern und Blüten in hell- oder dunkelblau, violett, rosa oder weiß. Sie hat ein markantes, würziges Aroma und wird traditionell für gebackene und gegrillte Fleisch- und Gemüsegerichte verwendet. Weil die meisten Sorten buschig wachsen, eignet sich Rosmarin für niedrige Hecken und verträgt auch Formschnitt sehr gut. Allerdings ist sie nicht ganz frostresistent. Milde Winter übersteht sie aber mit Abdeckung.

Aufrechte Pflanzen in Kübeln kann man zu Kugeln, Hochstämmchen oder Kegeln stutzen. Kriechende Formen wie 'Prostratus' sehen besser aus, wenn man sie über den Kübelrand oder eine Mauer hängen lässt oder in Ampeln pflanzt.

Anbau

Die Aussaat von Rosmarin ist schwierig. Kaufen Sie lieber Jungpflanzen oder ziehen Sie im Spätsommer Nachwuchs aus Stecklingen heran. Rosmarin braucht viel Wärme und Sonne, aber nur wenig Wasser. Die Sträucher im Frühling schneiden und im Winter besser ins Haus nehmen.

Ernte und Lagerung

Die Blätter können ganzjährig gepflückt werden, wenngleich sich das Wachstum im Winter natürlich verlangsamt. Weil Rosmarin jederzeit verfügbar ist, braucht man ihn nicht einzufrieren oder zu trocknen.

(oben) **Rosmarin-Nadeln**

(Mitte) **Blühender Rosmarin**

(unten) **Sorten wie 'Miss Jessop's Upright'** sind sehr schnittverträglich und eignen sich gut für niedrige Hecken.

Salbei

Salbei ist ein attraktiver, immergrüner Strauch, der im Blumenbeet eine ebenso gute Figur macht wie im Kräutergarten. Neben dem Gewöhnlichen Salbei gibt es viele interessante Varianten, etwa 'Purpurea' mit violetten Blättern, 'Tricolor' mit grünen Blattflächen, rosa Sprenkeln und weißen Rändern, 'Icterina' mit goldgelb gemusterten Laub und Ananassalbei – mit Ananasaroma.

Salbeiblätter sind sehr aromatisch. Sie werden für Fleischgerichte, Füllungen, Saucen und Würzessig verwendet. Man kann sie auch in Teig tunken und frittieren.

(oben) **Blattstecklinge** sorgfältig beschneiden und in Töpfe mit Substrat stecken, dann wurzeln sie recht schnell.

(unten) **Die Triebspitzen** auskneifen, damit die Pflanze schön buschig bleibt.

Anbau

Salbei kann man im Frühling aus Samen ziehen, ungewöhnlichere Sorten kauft man aber besser als Jungpflanzen. Im Sommer lässt er sich leicht durch halb verholzte Stecklinge vermehren. Im Herbst gelingt die Vermehrung durch sogenannte Risslinge, Stiele, an denen ein kleines Stück des vorjährigen Holzes hängt. Die Töpfe im Haus oder Gewächshaus aufstellen, bis die Stecklinge bewurzelt sind, dann auspflanzen.

Salbei schätzt einen warmen, sonnigen Platz mit durchlässigem Boden und gedeiht auch gut in Kübeln. Ältere Pflanzen im Frühling kräftig zurückschneiden und während des Sommers die Triebspitzen ausknipsen, damit sie kompakt bleiben. Wenn die Pflanze zu stark verholzt und staksig aussieht, ersetzt man sie am besten durch eine jüngere.

Ernte und Lagerung

Weil Salbei immergrün ist, kann man ganzjährig Blätter ernten – sofern die Pflanze nicht einem nass-kalten Winter zum Opfer fällt.

Die Blätter halten sich in Plastikbeuteln einige Tage im Kühlschrank. Müssen sie länger aufbewahrt werden, kann man sie auf Papier oder einem Tuch ausbreiten und trocknen. Anschließend in luftdicht schließenden Gefäßen an einem dunklen Platz aufbewahren.

(im Uhrzeigersinn von oben links)
Gewöhnlicher Salbei, Purpurea, Icterina, Tricolor

Bohnenkraut

Bohnenkraut ist ein kleiner, immergrüner Strauch mit winzigen, schmalen, grünen Blättern. Er sieht fast aus wie Thymian und schmeckt auch ähnlich, vielleicht etwas weniger süßlich. Man unterscheidet zwischen Sommer- und Winterbohnenkraut. Sommerbohnenkraut ist einjährig und mild im Geschmack. Mehrjähriges Winterbohnenkraut hat eine längere Wachstumssaison, dichteres Laub und einen deutlich intensiveren Geschmack. Harte Winter übersteht es nicht ohne Schutz.

Anbau

Winterbohnenkraut im Frühling säen. Ältere Pflanzen im Frühling teilen oder im Sommer oder Frühherbst durch Stecklinge vermehren. Sommerbohnenkraut vom mittleren Frühling bis zum Spätsommer säen. Beide brauchen durchlässigen Boden und viel Sonne.

Ernte und Lagerung

Die Blätter ernten, ehe die Pflanze blüht und frisch verwenden. Nach der Blüte verlieren sie ihr Aroma. Dann schneidet man die Pflanze stark zurück, damit sie neu austreibt. Die Triebe können über Kopf zum Trocknen aufgehängt werden.

(oben) **Winterbohnenkraut**
(unten) **Sommerbohnenkraut**

Sauerampfer

Zwei verschiedene Ampferarten werden als Küchenkraut verwendet. Gewöhnlicher Sauerampfer ist die höhere, deren länglich-breite Blätter dem wilden Ampfer ähneln. Französischer Sauerampfer ist niedriger und hat kleinere, schildförmige Blätter. Beide haben einen frisch-säuerlichen, etwas scharfen Geschmack. Die jungen Blätter werden für Suppen, Saucen und gemischte Salate verwendet

Anbau

Vom späten Frühling an ins Freiland säen oder ältere Pflanzen teilen. Sauerampfer fühlt sich im Halbschatten wohl und muss regelmäßig gegossen werden. Bei Wassermangel schießt er schnell in Saat. Falls das geschieht, die Pflanze knapp über dem Boden abschneiden. Sie treibt nach einer Weile wieder aus.

Ernte und Lagerung

Die Blätter nach Bedarf ernten und frisch verwenden. Sie halten sich nicht lange, aber die Pflanze bildet den Sommer über laufend neues Laub.

(oben) **Sauerampfer mit länglichen Blättern**
(unten) **Schildförmiger Sauerampfer**

Estragon

Als Würzkraut sollte man Französischen Estragon wählen. Er unterscheidet sich vom Russischen Estragon, der frosttoleranter ist und größer wird, aber nicht so gut schmeckt. Beide tragen länglich-schmale, grüne Blätter. Die des Französischen Estragon schmecken pfeffrig mit einem Anklang an Anis. Estragon wird für Geflügel-, Fisch- und Eiergerichte verwendet, aber auch zum Aromatisieren von Weinessig, Mayonnaise und für Saucen wie Béarnaise und Hollandaise. Neben Petersilie und Kerbel gehört er auch in die klassische französische Mischung *fines herbes*.

Anbau

Saatgut vom Französischen Estragon ist schwierig zu bekommen, darum sollte man Jungpflanzen kaufen oder vorhandene Pflanzen durch Teilung oder Stecklinge im Sommer vermehren. Er braucht einen geschützten, sonnigen Platz mit fruchtbarem, durchlässigem Boden. Fühlt er sich wohl, breitet er sich meist aus. Er ist mehrjährig, sollte in kalten Wintern aber mit Stroh oder Pilzkompost vor Frost geschützt werden.

Ernte und Lagerung

Jederzeit zwischen Spätfrühling und Frühherbst Stiele schneiden und die Blätter abstreifen. Die Blätter können eingefroren werden, aber frisch schmecken sie natürlich viel besser.

(links) **Ein großer Erdbeertopf** eignet sich auch für Kräuter sehr gut. Neben einer Erdbeerpflanze wachsen hier Estragon und Rosmarin im oberen Teil, während goldgelber Majoran und Thymian aus den Seitenöffnungen quellen.

(rechts) **Französischer Estragon**

Thymian

Die meisten Thymiansorten sind immergrüne Stauden mit winzigen, aromatischen Blättern. Die Familie umfasst aber zahllose verschiedene Arten und Sorten. Gewöhnlicher Thymian, der in der Küche vorwiegend verwendet wird, wächst aufrecht. Andere Formen haben gefleckte Blätter und Blüten in Rosa, Violett oder Weiß. Es gibt auch einige hängende oder kriechende Sorten. Neben Petersilie und Lorbeer ist Thymian eine Hauptzutat des klassischen *bouquet garni*.

KRÄUTER TROCKNEN

1 Am Vormittag, wenn der Tau getrocknet ist, einige Kräuterzweige schneiden, bündeln und kopfüber an einen warmen, dunklen, belüfteten Platz hängen.

2 Die getrockneten Blätter abstreifen, luftdicht aufbewahren.

Anbau

Die Anzucht aus Samen ist angesichts des großen Angebots an Jungpflanzen verschiedener ungewöhnlicher Arten eigentlich unnötig. Außerdem lassen sich die Pflanzen durch Teilung, Stecklinge oder Senker leicht vermehren. Thymian braucht einen warmen, sonnigen, durchlässigen Standort – ähnlich den Bedingungen im Mittelmeerraum, aus dem er stammt. Nach der Blüte sollte man die Pflanzen kräftig zurückschneiden, damit sie kompakt und buschig bleiben.

Ernte und Lagerung

Zweige mit Blättern und Blüten können den ganzen Sommer über geerntet werden. Geizen Sie nicht, denn das regelmäßige Ernten regt den Neuaustrieb an und die Pflanzen bleiben buschig.

Thymianblätter werden am besten frisch verwendet, sie halten sich aber im Kühlschrank in einem Plastikbeutel einige Tage. Wie Majoran und Oregano lässt sich Thymian auch gut trocknen. Ganze Zweige mit Blättern kann man in Flaschen oder Gläsern mit Essig oder Öl einlegen.

(im Uhrzeigersinn von oben links)

Zitronenthymian, Gewöhnlicher Thymian

Manche Sorten breiten sich aus und bilden dabei neue Wurzeln. Wenn Sie Unkonventionelles mögen: Samen in Pflasterfugen säen – sie werden bald besiedelt.

11. Der Gemüse-Jahresplaner

Ein großer Teil des Erfolgs beim Gemüseanbau liegt darin, die richtige Arbeit zur rechten Zeit zu erledigen. Sät oder pflanzt man zu früh, keimen die Samen vielleicht nicht oder die zarten Sämlinge fallen dem Frost zum Opfer. Sät man dagegen zu spät, hat das Gemüse vielleicht nicht genug Zeit zum Ausreifen, ehe die Wachstumsperiode vorüber ist. Vor allem Gartenneulinge finden den richtigen Zeitpunkt noch nicht so leicht. Dabei ist das alles gar nicht so geheimnisvoll. Wer einen Schrebergarten hat oder sonstige nahe Nachbarschaft mit Gemüseliebhabern, kann einfach über den Zaun schauen und von erfahrenen Nachbarn lernen. Die genaue Lage Ihres Gartens spielt nämlich eine große Rolle, auch unser Gemüse-Planer kann daher nur eine erste Richtlinie sein. Gemüseanbau ist keine exakte Wissenschaft, sondern unterliegt vielen Einflüssen: der Region, in der Sie leben, aber auch dem Mikroklima des Gartens und dem Wetter, das von Jahr zu Jahr verschieden ist. Starre Regeln gibt es nicht, sondern nur Empfehlungen.

Sommerliche Ernte: Auberginen, Paprika, Zucchini und Fenchel.

Mittwinter
JANUAR

(oben) **Rhabarber** treibt man an, indem man Tontöpfe über die Pflanzen stülpt.

(unten) **Kartoffeln** keimen lassen, um sie im frühen oder mittleren Frühling zu pflanzen.

Bodenbearbeitung

- Sollte in einem milden Winter der Boden nicht gefroren sein, können Sie die Beete umgraben.
- Kompost oder verrotteten Stallmist auf den Gemüsebeeten verteilen.
- Einige Flächen mit schwarzer Mulchfolie abdecken, damit sich der Boden schneller erwärmt.

Aussaat

- Im Haus oder im geheizten Gewächshaus können Sie schon **Zwiebeln** aussäen.

Routinepflege

- **Rhabarber**, der unter Schutzabdeckung wächst, antreiben, wenn sich die ersten Blättchen zeigen.

Ernte

Unsere Angaben gelten für einen milden Winter, strengen Frost überstehen nur Kohl- und Porree-Sorten sowie manches Wurzelgemüse, z. B. Winterrettich.

- Wintersorten von **Kopf-Kohl**, **Rosenkohl**, **Grünkohl** und **Porree** ernten.
- Eventuell noch Wurzelgemüse wie **Pastinaken**, **Knollensellerie** und **Winterrettich** ernten.
- Wintersalate wie **Feldsalat** oder **Komatsuna** schneiden.

Sonstige Arbeiten

- **Pflanzkartoffeln** kaufen und ankeimen lassen.
- **Steckzwiebeln** und **-schalotten** kaufen.
- Saatgut bestellen.

Spätwinter
FEBRUAR

Bodenbearbeitung
- Die letzten Beete umgraben.
- Kompost und verrotteten Stallmist auf den Gemüsebeeten verteilen.
- Saatbeete glatt harken und Folientunnel aufstellen, um den Boden zu erwärmen.

Aussaat
- Im Haus oder im geheizten Gewächshaus **Zwiebeln**, **Salat**, **Tomaten**, **Porree**, **Erbsen** und **Artischocken** säen. **Dicke Bohnen**, **frühe Kohlsorten**, **Spinat** und **Radieschen** brauchen keine Heizung zum Säen.

Pflanzung
- Eventuell **Topinambur** pflanzen und mit Vlies oder Folientunneln abdecken (nur bei milderen Temperaturen).

Routinepflege
- In Kübeln mit mehrjährigen **Kräutern** (Lorbeer, Rosmarin, Thymian, Salbei) die oberste Substratschicht erneuern, aber noch nicht nach draußen stellen.

Ernte
- Wintersorten von **Kopf-Kohl**, **Rosenkohl**, **Grünkohl**, **Brokkoli**, **Porree** und den letzten **Rosenkohl** ernten.
- Die letzten Wurzelgemüse wie **Pastinaken** und **Knollensellerie** ernten.

Sonstige Arbeiten
- **Pflanzkartoffeln** ankeimen lassen.
- **Steckzwiebeln** und **-schalotten** kaufen.
- **Saatgut** bestellen.

(links) **Saatbeete** mit schwarzer Folie abdecken, damit sich der Boden möglichst früh erwärmt.

(rechts) **Aussaat** für die frühe Ernte im Haus oder Gewächshaus.

Vorfrühling
MÄRZ

Bodenbearbeitung
- Die Gemüsebeete harken, um Erdklumpen zu zerkleinern. Nassen Boden nicht betreten, sonst wird er zu stark verdichtet.
- An milden Tagen Sämlinge, die im Haus gezogen wurden, an einen geschützten Platz im Freien stellen, um sie langsam abzuhärten.

Aussaat
Um die Wachstumsperiode möglichst voll auszunutzen, kann jetzt mit der Aussaat begonnen werden. Luft und Boden sind aber meist noch kalt. Im Freiland – in Beete oder Töpfe – nur säen, wenn die Jungpflanzen mit Folientunneln, Frühbeetkästen oder Vlies geschützt werden können.
- Im Haus oder im geheizten Gewächshaus (nur bei milder Witterung und ungefrorenem Boden) **Salat**, **Tomaten**, **Auberginen**, **Paprika**, **Gurken**, **Stangensellerie**, **Knollensellerie**, **Gemüsefenchel**, **Erbsen**, **Mais** und **Süßkartoffeln** aussäen.
- Im Freien mit geeignetem Schutz können Sie bei geeigneter Großwetterlage schon versuchen, **Dicke Bohnen**, **Rotkohl**, **Sommer-Blumenkohl**, **Spinat**, **Grünkohl**, **Rosenkohl**, **Zwiebeln**, **Porree**, **Karotten**, **Rüben**, **Erbsen**, **Rettich**, **Radieschen**, **Salat** und **Spargel** auszusäen.

Pflanzung
- Die ersten **Frühkartoffeln und Steckzwiebeln** und **-schalotten** im Freien in die Erde bringen. Abdecken mit Folie.
- **Spargel** und **Artischocken-Ableger** pflanzen. Abdecken.
- Sämlinge von **Sommer-Blumenkohl** auspflanzen und mit Tunneln oder Vlies schützen.

Routinepflege
- Unkrautsämlinge mit der Hacke beseitigen, sobald sie sich zeigen.
- Alte Triebe von **mehrjährigen Kräutern** wie Rosmarin, Thymian und Salbei abschneiden. Schnittlauch teilen.

Ernte
Leider ist das meist der Monat mit den wenigsten frischen Produkten aus heimischer Produktion.
- **Porree**, **Brokkoli** und der letzte **Grünkohl** kann eventuell geerntet werden.
- Den ersten im Gewächshaus gezogenen **Salat** schneiden.

Sonstige Arbeiten
- **Dicke Bohnen** und andere junge Sämlinge schon jetzt vor Schnecken schützen.

Pflanzkartoffeln werden aufrecht in die Erde gesetzt. Das Ende mit den meisten Keimansätzen zeigt nach oben.

Frühling

APRIL

Bodenbearbeitung

▪ Wenn der Boden weich ist, Pflanzenstützen, Stangenzelte und lose Stangen für **Erbsen** und **Bohnen** aufstellen.

Aussaat

Der Boden erwärmt sich langsam, aber es ist noch mit Nachtfrost oder Schnee zu rechnen. Die Aussaat im Freiland ist riskant, darum sollte man Samen und junge Sämlinge mit Vlies, Folie oder Tunneln schützen – vor allem nachts.

▪ Im Haus oder im geheizten Gewächshaus die gleichen Arten wie im Vormonat vorziehen, zusätzlich **Buschbohnen**, **Stangenbohnen**, **Zucchini** und **Kürbisse**.

▪ Im Freiland (unter Schutz) **Mangold**, **Neuseeländer Spinat**, **Kohl** für Sommer- und Herbsternte, **Knollensellerie**, **Steckrüben**, **Gurken** und **Gartenkresse** säen.

Pflanzung

▪ Die zweiten **Frühkartoffeln** pflanzen.

▪ Sämlinge von **Auberginen**, **Porree**, **Zwiebeln** und frühem **Kohl** auspflanzen, aber vor Frost schützen.

▪ Letzte Gelegenheit zum Stecken von **Zwiebeln** und zum Pflanzen von **Topinambur** und **Artischocken**.

Routinepflege

▪ Die ersten **Frühkartoffeln** anhäufeln.

▪ Sämlinge gießen und bei Bedarf verziehen.

▪ Regelmäßig hacken, um Unkraut zu unterbinden.

Ernte

▪ Am Monatsende ist normalerweise der erste **Spargel** erntereif.

▪ Bei milder Witterung den ersten **Frühlings-Kohl** ernten.

▪ Ende des Monats können schon **Porree**, **Frühlings-Blumenkohl**, **Spinat**, **Mangold** und **Neuseeländer Spinat** geerntet werden.

Sonstige Arbeiten

▪ In Kübeln die oberste Substratschicht erneuern oder die Pflanzen umtopfen.

(oben) **Stangenzelte** für kletternde Pflanzen aufstellen.
(Mitte) **Folientunnel** schützen junge Sämlinge.
(unten) **Unkraut** mit der Hacke entfernen

Spätfrühling

MAI

(oben) **Eine Plastikflasche als Schutzglocke.**
(unten) **Tomaten-Jungpflanzen in Kübel setzen.**

Bodenbearbeitung

- Die letzten Beete für die Aussaat und Pflanzung im Frühsommer vorbereiten.

Aussaat

Trotz höherer Temperaturen und längerer Tage mit mehr Sonnenschein kann regional noch Nachtfrost vorkommen. Zarte Sämlinge und junge Pflanzen bei Frostgefahr mit Folientunneln oder Vlies schützen.

- Im Freiland **Buschbohnen**, **Stangenbohnen**, **Kohl** und **Karotten** für die Winterernte, **Rote Bete**, **Mais**, **asiatische Blattsalate** und **einjährige Kräuter** säen und bei Bedarf vor Frost schützen. Folgesaaten der im Vormonat gesäten Arten legen.

Pflanzung

- Im Haus und im Freiland unter Folie gezogene Jungpflanzen abhärten und ins Beet pflanzen, z. B. **Tomaten**, **Paprika**, **Chili-Schoten**, **Stangensellerie**, **Knollensellerie**, **Rosenkohl**, **Rotkohl** usw.
- Die letzten **Kartoffeln** pflanzen.
- **Süßkartoffeln** in aufgehäufte Erdwälle oder Substratsäcke pflanzen.
- **Kräuter** als Jungpflanzen kaufen und in Kübel pflanzen.

Routinepflege

- Regelmäßig jäten und gießen – vor allem Pflanzen in Kübeln und Substratsäcken.
- **Erbsen** an Stützen oder Reiser anbinden.
- Triebspitzen von **Dicken Bohnen** auskneifen, um Blattlausbefall zu vermeiden.
- **Kartoffeln** anhäufeln.

Ernte

- **Spargel** kann bis Juni geerntet werden.
- **Knoblauch** und **Artischocken** können eventuell erstmals geerntet werden. Auch im Haus oder unter Folie gezogene Salatgemüse sind erntereif, z. B. **Kopfsalat**, **Rauke**, **Radieschen** und junge **Erbsentriebe**.
- **Rhabarber** ernten. Getriebene Pflanzen sind früher erntereif.
- Weiterhin frühen **Kohl** und **Blumenkohl**, **Spinat**, **Mangold** und **Neuseeländer Spinat** ernten.

Sonstige Arbeiten

- **Gemüse** in Kübeln und Substratsäcken düngen.
- Kreuzblütler wie **Kohl**, **Blumenkohl** und **Rosenkohl** mit Manschetten vor der Kleinen Kohlfliege schützen.
- **Karotten** durch Barrieren vor der Möhrenfliege schützen.

(oben) **Stangenbohnen** werden direkt ins Freiland gesät, wenn keine Frostgefahr mehr besteht.

(unten) **Kartoffeln** anhäufeln, um die anschwellenden Knollen vor Licht zu schützen.

Frühsommer

JUNI

Aussaat

Hoch-Zeit für den Gemüsebauer: Jetzt muss nicht mehr mit Frost gerechnet werden. Die letzten Samen und Jungpflanzen der Arten, die im Sommer und Herbst geerntet werden sollen, in die Erde bringen.

- Im Freiland **Zucchini**, **Kürbis**, **Gemüsefenchel** und **Chicoree** sowie alle noch nicht gesäten Gemüsearten säen.
- **Spargel** säen, falls neue Pflanzen fürs nächste Jahr herangezogen werden sollen.

Pflanzung

- **Zucchini**, **Mais** und alle anderen im Haus oder unter Schutz herangezogenen Gemüse an ihren endgültigen Platz auspflanzen.
- Aus Samen gezogene **Kräuter** auspflanzen.

Routinepflege

- Regelmäßig jäten und vor allem Kübelpflanzen häufig gießen.
- Zu dicht stehende Sämlinge verziehen.
- Rings um die Pflanzen organischen Mulch auflegen, um die Verdunstung zu reduzieren.
- **Stangenbohnen** an ihre Stützen binden.

Ernte

- Je nach Wetter **Erbsen**, **Dicke Bohnen**, **Frühlingszwiebeln** sowie frühen **Kohl** und **Blumenkohl** ernten.
- Die ersten **Frühkartoffeln**, **Zwiebeln**, **Rüben**, **Karotten** und **Roten Bete** ernten.
- Weiterhin **Rhabarber**, **Knoblauch** und **Artischocken** sowie unter Folie oder Vlies gezogenen **Salat** ernten.

Sonstige Arbeiten

- **Kohl** und andere Kreuzblütler mit Netzen vor Vögeln und Schmetterlingen (Gefahr durch deren Raupen) schützen.
- **Spargel** nach der Ernte mit einem Universaldünger versorgen, aber das Grün erst im Herbst abschneiden.

(oben) **Sämlinge** auspflanzen.
(Mitte) **Regelmäßig gießen**, damit Sämlinge nicht vertrocknen.
(unten) Die ersten **Rüben** ernten.

Dichte Zweige schützen Kohl vor Vögeln.

Hochsommer
JULI

Aussaat

- Um statt einer Ernteschwemme über längere Zeit kleine Ertragsmengen zu haben, im Freiland Folgesaaten legen. Das gilt vor allem für **Salate, Radieschen, Busch-** und **Stangenbohnen** sowie **Spinat.**

Pflanzung

- Die letzten im Frühling und Sommer gezogenen Sämlinge auspflanzen.

Routinepflege

- Regelmäßig jäten und vor allem Kübelpflanzen häufig gießen.
- Seitentriebe und Triebspitzen von **Freilandtomaten** ausgeizen (abknipsen oder abschneiden). Die Pflanzen mit Tomatendünger versorgen.
- Die Triebspitzen von **Stangenbohnen** abknipsen, wenn sie das Ende der Bohnenstangen erreicht haben.
- **Rosenkohl** und andere Kohlarten anhäufeln, falls sie keinen festen Stand haben.
- Krause **Endivien** vor der Ernte bleichen.

Seitentriebe, die in den Blattachseln von Tomaten erscheinen, werden ausgeknipst.

Ernte

- Sie können jetzt die ersten **Busch-** und **Stangenbohnen** ernten, außerdem **Stangensellerie, Rotkohl, Zucchini, Freilandtomaten, Salat, Auberginen, Paprika.**
- Weiterhin **Erbsen, Dicke Bohnen, Spinat, Blumenkohl** und **Sommerkohl** ernten.
- Die zweiten **Frühkartoffeln** und die ersten **Kartoffeln** der Haupternte ausgraben.
- Weiterhin **Zwiebeln, Schalotten, Knoblauch, Karotten, Rüben** und **Rote Bete** ernten.

Sonstige Arbeiten

- Abgeerntete **Erbsen** und **Dicke Bohnen** abschneiden, aber die Wurzeln nicht ausreißen. Sie geben Stickstoff an den Boden ab.
- Zur Vorbeugung gegen Krautfäule **Kartoffeln** und **Tomaten** mit einem Fungizid auf Kupferbasis spritzen.
- Von mehrjährigen **Kräutern**, die vermehrt werden sollen, Stecklinge schneiden.

Rosmarin-Stecklinge schneiden und in Töpfe pflanzen, damit sie Wurzeln bilden.

Spätsommer

AUGUST

Bodenbearbeitung

- Auf abgeerntete Beete, die frei bleiben sollen, Gründüngerpflanzen säen.

Aussaat

- Im Freiland **Kohl** für das Frühjahr säen. Folgesaaten von **Spinat**, **Feldsalat**, **Gartenkresse** und **asiatischen Blattsalaten** legen.

Routinepflege

- Regelmäßig jäten und vor allem Pflanzen in Kübeln und Substratsäcken häufig gießen.
- Mulch um die Pflanzen ausstreuen, um die Verdunstung zu reduzieren.
- **Salat** und andere Pflanzen, die in Saat geschossen sind, ausreißen.

Ernte

- Der erste **Mais** und die ersten **Freilandgurken** sind reif.
- Weiterhin werden **Busch-** und **Stangenbohnen**, **Stangensellerie**, **Rotkohl**, **Zucchini**, **Erbsen**, **Dicke Bohnen**, **Spinat**, **Sommerkohl**, **Blumenkohl**, **Freilandtomaten**, **Salat**, **Auberginen**, und **Paprika** geerntet.
- Die **Kartoffeln** der Haupternte ausgraben. **Zwiebeln**, **Schalotten**, **Knoblauch**, **Karotten**, **Rüben** und **Rote Bete** ernten.

Sonstige Arbeiten

- Verwelkte Blüten von **Kräutern** entfernen.

(oben) Die **Karotten** der Haupternte aufziehen. Lange Karotten mit einer Grabgabel ausgraben.

(unten) **Zucchini** können während der Hochsaison täglich geerntet werden.

Frühherbst
SEPTEMBER

Bodenbearbeitung
- Kompostsilos ausleeren, um Platz für den Grünabfall der laufenden Saison zu schaffen.

Aussaat
- Letzte Gelegenheit, um im Freiland **Spinat** und **asiatische Blattsalate** zu säen.

Pflanzung
- Überwinternde Sämlinge von **Kohl** für die Frühlingsernte werden ausgepflanzt.

Routinepflege
- Welkes Laub entfernen. Abgeerntete Pflanzen aus den Beeten beseitigen.

Ernte
- In diesem Monat endet die Saison für **Blumenkohl**, **Zwiebeln** und **Rhabarber**.
- Weiterhin geerntet werden **Busch-** und **Stangenbohnen**, **Zucchini**, **Erbsen**, **Spinat**, **Sommerkohl** und **Blumenkohl**, **Porree**, **Mais**, **Freilandtomaten**, **Kopfsalat**, **Chicoree** und andere **Salate**, **Auberginen**, **Paprika** und **Gurken**.
- Erste Ernte von **Gemüsefenchel**, **Pastinaken**, **Steckrüben**, **Knollensellerie**.
- Weiterhin Haupternte von **Kartoffeln**, **Karotten**, **Rüben** und **Roten Beten**.

Sonstige Arbeiten
- Das Laub von **Spargel** abschneiden, sobald es sich gelb verfärbt.
- **Kürbisse** in die Sonne legen, damit sich die Schale verfestigt.
- Vor dem Ausgraben von **Kartoffeln** das Laub abschneiden.

Kürbisse legt man in die Sonne, damit sich ihre Schale verfestigt und sie sich lange halten. Bei anhaltend nassem Wetter holt man sie ins Haus und lagert sie auf Regalen, die mit Stroh ausgelegt sind.

(oben) **Gründünger** untergraben, um den Boden mit Nährstoffen zu versorgen.

(unten) **Chicoree** ausgraben, um ihn zu treiben und zu bleichen.

Herbst

OKTOBER

Bodenbearbeitung

- Überwinternde Gründüngerpflanzen säen.
- Im Spätsommer gesäten Gründünger untergraben.

Aussaat

- Im Freiland **Blumenkohl** für die Frühsommerernte im nächsten Jahr säen.

Pflanzung

- **Knoblauch** fürs nächste Jahr stecken.
- **Rhabarber** teilen und die Teilstücke neu einpflanzen.

Routinepflege

- Abgeerntete Pflanzen restlos von den Beeten beseitigen.
- Pflanzenstützen und Bohnenstangen einlagern.
- Gelbe oder kranke Blätter von **Kohl** und **Rosenkohl** entfernen.

Ernte

- Wenn noch kein Frost aufgetreten ist, können noch **Erbsen**, **Tomaten**, **Gurken**, **Mais**, **Busch**- und **Stangenbohnen**, **Auberginen**, **Paprika** und **Süßkartoffeln** geerntet werden.
- Vor dem ersten Frost sollten alle **Zucchini** und **Kürbisse** geerntet sein.
- Weiterhin **Spinat**, **Mangold**, **Herbstkohl**, **Porree**, **Gemüsefenchel**, **Salate** und **Chicoree** ernten.
- Weiterhin Wurzelgemüse wie **Kartoffeln**, **Karotten**, **Rüben**, **Pastinaken**, **Steckrüben**, **Knollensellerie** und **Rote Bete** ernten.

Sonstige Arbeiten

- **Topinambur-Pflanzen** knapp über dem Boden abschneiden.
- **Chicoree** zum Treiben und Bleichen ausgraben.

Spätherbst
NOVEMBER

Bodenbearbeitung
- In den Boden abgeräumter Gemüsebeete Kompost oder verrotteten Stallmist einarbeiten.

Aussaat
- Im Freiland **Dicke Bohnen** für die Ernte des nächsten Jahres legen. Sie überwintern bei nicht allzu harten Wintern ganz gut. In milden Gegenden kann man auch **Erbsen** in Frühbeeten oder Folientunneln säen.

Pflanzung
- Falls noch nicht geschehen, **Knoblauch** pflanzen und **Rhabarber** teilen.

Rhabarber wird geteilt, indem man ältere Pflanzen mit einem Spaten durchsticht und die Teilstücke wieder einpflanzt.

Routinepflege
- Weiterhin abgeerntete Pflanzen von den Beeten beseitigen.

Ernte
- Den ersten **Winterkohl**, **Grünkohl**, **Rosenkohl** und **Winterrettich** ernten.
- Weiterhin Ernte von **Mangold**, **Porree** und eventuell **Gemüsefenchel**.

Sonstige Arbeiten
- Kübel mit frostempfindlichen **Kräutern** jetzt an einen geschützten Platz räumen.

Frostempfindliche Kräuter in Kübeln werden ins Haus oder in einen Schuppen gestellt, wo sie vor Kälte und Wind geschützt sind.

Frühwinter
DEZEMBER

Bodenbearbeitung
- Abgeerntete Gemüsebeete umgraben, dabei Kompost oder verrotteten Stallmist unterarbeiten.

Routinepflege
- Abgeerntete Gemüsepflanzen restlos von den Beeten entfernen.
- Den pH-Wert des Bodens testen und bei Bedarf Kalk streuen.

Ernte
- Ernte von **Herbst-** und **Winterkohl**, **Rosenkohl**, **Porree**, **Grünkohl** und **Winterrettich**.
- **Topinambur** und Wurzelgemüse wie **Karotten**, **Rüben**, **Pastinaken**, **Steckrüben** und **Knollensellerie** ausgraben.
- **Feldsalat** und **Komatsuna** ernten. **Gartenkresse**, **Mitsuna** und **Mibuna** können in Ausnahmefällen manchmal noch geerntet werden.

Sonstige Arbeiten
- Im Herbst geerntetes und eingelagertes Gemüse regelmäßig kontrollieren. Was fault, auf den Kompost werfen.

(oben) Den **Boden umgraben** und dabei Kompost oder verrotteten Stallmist unterarbeiten, um ihn mit Nährstoffen anzureichern.

(unten) Alle **abgeernteten Pflanzen** von den Beeten entfernen und auf den Kompost werfen. Sie verrotten über den Winter.

12. Der Gemüse-Doktor

Von Zeit zu Zeit fühlt sich Gemüseanbau ein bisschen wie ein Kampf ums Überleben an. Scharen von Schädlingen und Parasiten fallen über die Pflanzen her, Krankheiten breiten sich aus und die Pflänzchen, die man so liebevoll gehegt und gepflegt hat, scheinen dahinzusiechen. Was ein Arzt zu einem kränklichen Menschen sagen wird, gilt absolut auch für Pflanzen: Dass man durch richtige Ernährung und eine gesunde Lebensweise vielen Krankheiten vorbeugen kann. Kräftige, gesunde Pflanzen werden nicht so leicht krank und können Angriffen durch Schädlinge besser widerstehen. Es mag wie ein Klischee klingen, aber Vorbeugung ist wirklich die beste Medizin.

Natürlich müssen Pflanzen, die von Krankheiten oder Parasiten befallen sind, behandelt werden. In diesem Kapitel finden Sie Tipps zu den wirksamsten Methoden. Manche sind biologisch, andere nicht. Entscheiden Sie selbst, wie konsequent Sie in Sachen Chemiefreiheit sein wollen.

Alle Pflanzen brauchen Wasser – aber nicht zu viel, sonst werden sie buchstäblich ertränkt. Auf das Fingerspitzengefühl für die richtige Menge kommt es an.

Mangelerscheinungen

Menschen leiden bei starkem Vitaminmangel an Krankheiten wie Skorbut oder Rachitis. Auch Pflanzen, denen wichtige Nährstoffe fehlen, wachsen kümmerlich und zeigen andere Mangelerscheinungen. Manche der Symptome sehen denen von Krankheiten sehr ähnlich. Generell enthalten die meisten Böden die Mineralien und Spurenelemente, die Pflanzen zum gesunden Wachstum brauchen. Gelegentlich treten aber chemische Störungen auf, die dazu führen, dass die Pflanzen diese Stoffe nicht in ausreichendem Maß aufnehmen können – etwa weil der Boden zu sauer oder zu basisch ist (*siehe S. 47*) oder weil er zu viel Dünger enthält.

Wichtige Nährstoffe

Die drei wichtigsten Elemente für gesundes Pflanzenwachstum sind Stickstoff (N), Phosphor (P) und Kalium (K). Kleinere Mengen Kalzium und Magnesium werden ebenfalls benötigt. All diese Nährstoffe müssen dem Boden unter Umständen zugeführt werden.

Kalziummangel

Gefährdet sind die folgenden Gemüsearten:

Symptome

Kohl und andere Kreuzblütler: Braunfärbung der inneren Blätter.
Karotten: verfärbte Flecken, Risse und Krater in den Wurzeln.
Stangensellerie: Schwarzfärbung der inneren Blätter.
Salat: Blattränder sehen aus wie versengt.
Kartoffeln: Eingerollte Blätter, lange, dürre Triebe.
Tomaten/Paprika: *siehe S. 326*.

Vorbeugung und Bekämpfung

Saurer Boden enthält oft wenig Kalzium. Aus trockenem Boden können Pflanzen Kalzium schlecht aufnehmen. Regelmäßig gießen und Mulch auflegen, um die Verdunstung zu verringern. Kalk streuen, um den pH-Wert anzuheben (*siehe S. 47*).

Magnesiummangel

Befällt Kartoffeln, Tomaten, Salat, Kohl und andere Kreuzblütler.

Symptome

Bei Magnesiummangel produzieren die Blätter nicht ausreichend Chlorophyll. Dadurch färben sich die Blätter zwischen den Adern und an den Rändern gelb. Später kann sich die Verfärbung zu rot, violett oder braun ändern.

Vorbeugung und Behandlung

Bei starkem Regen wird Magnesium aus leichten Böden oft weggespült. Auch in sauren Böden oder in Beeten, auf denen Kaliumdünger angewendet wurde, kann Magnesium knapp sein. Verteilen Sie Magnesiumsulfat auf dem Boden oder setzen Sie es als Blattdünger ein.

Stickstoffmangel

Kann alle Gemüsearten befallen – ausgenommen Erbsen und Bohnen, die Stickstoff aus der Luft aufnehmen können.

Symptome

Durch eingeschränkte Chlorophyllbildung werden die Blätter blassgrün oder gelb, manchmal auch rosa, rot oder violett. Ältere Blätter an der Basis der Pflanze sind oft am stärksten betroffen. Die Pflanzen bleiben ungewöhnlich klein.

Vorbeugung und Behandlung

Betroffen sind vor allem Kübelsubstrate oder Beete mit leichtem Boden, der wenig organische Substanz enthält. Starker Regen verschlimmert das Problem. Arbeiten Sie reichlich Kompost, verrotteten Stallmist oder andere organische Substanz unter. Zusätzlich kann ein Stickstoffdünger gegeben werden. Säen sie Gründüngerpflanzen (*siehe S. 50*), die Stickstoff aus der Luft aufnehmen und an den Boden abgeben. Pflanzen Sie Erbsen und Bohnen, die auf stickstoffarmem Boden gedeihen.

Phosphormangel

Kann alle Gemüsearten befallen.

Symptome

Phosphor regt das Wachstum von Trieben und Wurzeln an. Ohne Phosphor wachsen Pflanzen nur schwach und bilden wenig Blüten und Früchte. Die Blätter können sich gelblich, blaugrün oder violett verfärben und vorzeitig abfallen.

Vorbeugung und Behandlung

Phosphormangel tritt selten auf. Am ehesten kommt er auf sauren Böden und schweren, lehmigen oder torfigen Böden nach längeren Regenperioden vor. Verteilen Sie Dünger mit hohem Phosphorgehalt oder organisches Knochenmehl.

Kaliummangel

Befällt viele Gemüsearten, vor allem Kartoffeln und Tomaten.

Symptome

Kalium unterstützt Pflanzen bei der Wasseraufnahme und der Fotosynthese. Fehlt dieses Mineral, rollen sich die Blätter ein, färben sich gelb und entwickeln braune Ränder und violett-braune Flecken auf der Unterseite. Es werden wenige Blüten gebildet, die Früchte bleiben klein und die Pflanzen sind anfälliger für Krankheiten. Tomaten reifen oft ungleichmäßig.

Vorbeugung und Behandlung

Mit Kaliummangel ist hauptsächlich auf leichtem, sandigem Boden mit geringem Tongehalt zu rechnen. Abhilfe schafft ein kaliumreicher Dünger. Auch verrottete Farnzweige oder Echter Beinwell (Blätter) regulieren den Kaliumgehalt des Bodens.

(von oben) **Magnesiummangel, Phosphormangel, Kaliummangel, Stickstoffmangel**

Spurenelemente

Ebenso wichtig wie die auf den vorigen Seiten genannten Mineralstoffe sind die Spurenelemente, obwohl die Pflanzen von ihnen nur geringe Mengen brauchen. Mangelerscheinungen ziehen Probleme nach sich, sind aber manchmal schwierig zu diagnostizieren.

Bormangel

Befällt Wurzelgemüse, Kohl, Blumenkohl, Stangensellerie, Salat und Mais.

Symptome

Rote Bete: raue, wie abgestorben wirkende Flecken auf der Außenseite, eventuell Fäulnis von der Mitte aus.
Kohl: verkrüppelte Blätter, hohler Strunk.
Karotten: Wurzeln reißen auf, Kern wird grau, Blätter färben sich gelb oder rosa.
Blumenkohl: braune Flecken auf den Köpfen. Strunk und Stiele der Röschen werden holzig.
Stangensellerie: Stängel reißen auf und färben sich innen rot oder braun.
Salat: bildet kein Herz.
Radieschen: Außenhaut platzt, Fleisch wird holzig.
Rüben und Steckrüben: von innen ausgehende Braunfärbung, manchmal in konzentrischen Ringen.
Mais: ungleichmäßige Kornbildung.

Vorbeugung und Behandlung

Bor kann durch starken Regen aus leichten Böden ausgeschwemmt werden. Meist geringe Konzentration in trockenen oder frisch gekalkten Böden. Vor Aussaat oder Pflanzung eine Mischung aus Borax und Sand in den Boden einharken.

Kupfermangel

Befällt alle Gemüsearten.

Symptome

Kupfermangel ist schwierig zu erkennen. Die Blätter können sich gelb oder blaugrün färben, manchmal sterben die Pflanzen ab.

Vorbeugung und Behandlung

Kupfermangel tritt selten auf, allenfalls auf torfigen und anderen sauren Böden. Einen Universaldünger verwenden.

(von oben) **Kupfermangel, Bormangel, Manganmangel, Molybdänmangel**

Eisenmangel

Befällt alle Gemüsearten.

Symptome

Eine Braun- oder Gelbfärbung der Blätter beginnt an den Rändern und breitet sich dann zwischen den Adern aus. Junge Blätter sind am stärksten betroffen.

Vorbeugung und Behandlung

Boden mit akutem Eisenmangel findet man selten. In stark alkalischem oder frisch gekalktem Boden haben Pflanzen aber Schwierigkeiten, Eisen aufzunehmen. Senken Sie den pH-Wert ab, indem Sie vor der Aussaat oder Pflanzung Schwefel, Aluminiumsulfat oder Eisensulfat streuen. Auch ein Mulch aus Kiefernnadeln oder gehäckselter Koniferenrinde ist wirksam. Alternativ kann Eisendünger gegeben werden, der das Mineral in einer für Pflanzen verwertbaren Form enthält.

Manganmangel

Befällt viele Pflanzen, vor allem Bohnen und Erbsen, Rote Bete, Pastinaken, Zwiebeln, Kartoffeln und Spinat.

Symptome

Blätter verfärben sich zwischen den Adern gelb oder zeigen braune Sprenkel oder Flecken. Junge Blätter sind am stärksten betroffen.

Vorbeugung und Behandlung

Tritt vorwiegend auf saurem, torfigem Boden oder auf magerem, sandigem Boden mit schlechter Dränage auf. Das Beet kalken und die Pflanzen mit einer Mangansulfat-Lösung spritzen.

Molybdänmangel

Befällt Blumenkohl, Brokkoli und andere Kreuzblütler.

Symptome

Die Blätter vergilben und sind dünn, schmal und faserig. Die Pflanzen entwickeln gar keine oder nur kleine Köpfe. Bei Kohl wird Molybdänmangel als »Klemmherzigkeit« bezeichnet.

Vorbeugung und Behandlung

Saure Böden können die Aufnahme des Minerals unterbinden, das für die Stickstoffverwertung gebraucht wird. Dadurch treten Wachstumsstörungen auf. Den pH-Wert durch Kalk erhöhen oder an dem Standort keine Kohlgewächse pflanzen. Betroffene Pflanzen und Böden mit Salpeter- oder Natrium-Molybdat-Lösung spritzen.

WÄSSERN – MIT FINGERSPITZENGEFÜHL

Zu wenig Wasser führt dazu, dass Pflanzen »verhungern«, weil sie keine Bodennährstoffe aufnehmen können. Sie wachsen langsam, die Blätter hängen, die Widerstandskraft gegen Krankheiten und Schädlinge sinkt.

Zu viel Wasser »ertränkt« Pflanzen im buchstäblichen Sinn. Die Wurzeln stellen ihre Arbeit ein, weil sie keine Luft bekommen und beginnen zu faulen. Das Laub welkt und die Pflanzen werden anfällig für Krankheiten. Übermäßig viel Wasser nach längerer Trockenheit kann das Wachstum so beschleunigen, dass die Früchte platzen. Hohe Feuchtigkeit lockt überdies Schnecken an.

Krankheiten

Die meisten Pflanzenkrankheiten werden durch Pilze, Viren oder Bakterien verursacht. Pilzkrankheiten sind besonders verbreitet, bakterielle Krankheiten kommen am seltensten vor. In allen drei Fällen dringen die Erreger in die Pflanze ein und lösen verschiedene Symptome aus. Manche sind sofort äußerlich sichtbar – etwa verfärbte Blätter oder Flecken auf jungem Laub – und lassen sich rechtzeitig behandeln. Bei schwerem Befall oder fortgeschrittener Ausbreitung des Erregers stagniert das Wachstum und die Pflanzen können absterben.

So breiten sich Krankheiten aus

Wer seine Pflanzen wirkungsvoll vor Krankheiten schützen will, sollte wissen, wie sich die Erreger ausbreiten. Pilzinfektionen werden normalerweise durch Sporen von einer Pflanze auf die nächste übertragen. Auch Speisepilze vermehren sich durch Sporen, die durch den Wind oder durch Regen- oder Gießwasser verbreitet werden können.

Ähnlich verhält es sich mit Bakterien, die aber außerdem auch von Insekten und anderen Tieren übertragen werden können. Viren verbreiten sich durch infizierten Pflanzensaft, der häufig von Insekten und anderen Tieren transportiert wird. Gerät infizierter Saft an Gartenwerkzeuge wie die Rosenschere, kann man beim Stutzen von Pflanzen oder beim Schneiden von Stecklingen die Krankheit im Garten verbreiten. Manchmal werden Viren auch durch infizierte Samen von einer Generation zur nächsten vererbt.

Krankenpflege

Manche Pilzkrankheiten lassen sich mit Hilfe von Fungiziden bekämpfen oder zumindest verhindern. Im Handel findet man zwei Typen von Produkten: Kontaktfungizide und systemische Fungizide.

Kontaktfungizide werden auf die Pflanzen gespritzt oder gestreut. Sie töten alle keimenden Sporen ab, mit denen sie in Berührung kommen. Gegen älteren, bereits etablierten Pilzbefall sind sie aber wirkungslos.

Systemische Fungizide werden von der Pflanze aufgenommen und durch den Saft in alle Teile transportiert. Sie töten Pilze ab, die im inneren Pflanzengewebe leben. Bitte mit aller Vorsicht ausbringen, Fungizide sind stark wirksame Gifte.

Ist eine Pflanze von einem Virus befallen, gibt es keine Behandlungsmöglichkeiten. Die Pflanze muss aus dem Beet entfernt und vernichtet werden. Dann sollten die Standortbedingungen, die den Befall begünstigt haben, verbessert werden.

Bei bakteriellen Krankheiten kommt es auf schnelles Handeln an. Erkennt man die Krankheit früh genug und entfernt alle befallenen Pflanzenteile, kann man die Pflanze oft retten. In jedem Fall sollten Sie auf Vorbeugung setzen.

(ganz links) **Fruchtfolge** ist auch in einem winzigen Beet sinnvoll.

(links) **Neue oder sterilisierte** Töpfe und frisches Anzuchtsubstrat verwenden, um Sämlinge vor der Krankheiten zu bewahren.

SCHUTZ VOR KRANKHEITEN

Zwei Faktoren begünstigen die Ausbreitung von Krankheiten mehr als andere: Der erste sind offene Verletzungen oder beschädigtes Gewebe an Blättern oder Stielen von Pflanzen, durch die Erreger besonders leicht eindringen können. Der zweite Faktor ist eine hohe Luftfeuchtigkeit mit schlechter Luftzirkulation. Die meisten Erreger vermehren sich in stehender, feuchtwarmer Luft besonders rasch.

Hier einige Tipps, wie Sie Ihre Pflanzen gesund erhalten können:

- Nicht zu eng pflanzen. Achten Sie auf ausreichend Platz, damit die Luft zirkulieren kann.
- Regelmäßig jäten, gießen und düngen. Starke Pflanzen sind widerstandsfähiger gegen Krankheitserreger.
- Wenn erkrankte Pflanzen, vor allem solche mit Viruskrankheiten, behandelt werden, die Werkzeuge vor und nach der Arbeit desinfizieren.
- Zum Aussäen und Umpflanzen immer saubere Schalen und Töpfe verwenden.
- Für Aussaat und Pflanzung frisches Substrat verwenden.
- Das Auffangen von Regenwasser ist ökologisch sinnvoll, aber in Regentonnen können sich Krankheitserreger ansiedeln. Empfindliche Sämlinge und Jungpflanzen lieber mit Leitungswasser gießen.
- Am Saisonende alle Pflanzenreste von den Beeten entfernen. Infizierte Pflanzenteile keinesfalls auf den Kompost geben, sondern verbrennen oder in die Mülltonne werfen.
- Einen Fruchtfolgeplan aufstellen (*siehe S. 20–21*), damit sich keine Krankheitserreger im Boden anreichern können.

Bakterielle Blattfleckenkrankheit

Befällt verschiedene Gemüsearten, vor allem Kreuzblütler und Gurken.

Symptome

Die Blätter zeigen graue oder braune Sprenkel oder Flecken aus totem Blattgewebe, oft mit gelbem Rand.

Ursachen und Behandlung

Bakterien, die oft durch Verletzungen eindringen, greifen das Blattgewebe an. Sie werden durch Regen- oder Gießwasser verbreitet. Befallene Blätter entfernen und vernichten. Beim Gießen nur den Boden benetzen, nicht die Blätter.

Krautfäule *siehe* Kartoffeln (*S. 109*) *und* Tomaten (*S. 226*)

Blütenendfäule *siehe* Tomaten (*S. 226*)

Botrytis *siehe* Salat (*S. 188*)

Schokoladenfleckenkrankheit *siehe* Dicke Bohnen (*S. 177*)

Kohlhernie *siehe* Kohl (*S. 78*)

Wurzelhalsfäule *siehe* Rhabarber (*S. 271*)

Gurken-Mosaikvirus *siehe* Gurken (*S. 237*)

Umfallkrankheit

Befällt junge Sämlinge.

Symptome

Wurzeln und Stängel werden dunkel und faulen. Die Sämlinge kippen um und sterben ab. Manche Samen keimen gar nicht.

Ursachen

Pilze im Substrat breiten sich bei Feuchtigkeit und schlechter Luftzirkulation schnell aus. Ist die Krankheit ausgebrochen, gibt es kein Gegenmittel. Zur Vermeidung nicht zu dicht säen, frisches Substrat verwenden und Töpfe und Schalen peinlich sauber halten. Für gute Belüftung sorgen und nicht zu stark gießen. Auch Spritzungen mit einem Fungizid auf Kupferbasis können wirksam sein.

(von oben) **Bakterielle Blattflecken, Blütenendfäule, Schokoladenfleckenkrankheit, Kohlhernie**

Falscher Mehltau

Befällt viele Gemüsesorten, vor allem Salat, Zwiebeln, Wurzelgemüse sowie Kohl und andere Kreuzblütler.

Symptome

Auf den Blattoberseiten zeigen sich braune Flecken, auf den Unterseiten ein weißer, wolliger Belag. Die Blätter sterben ab.

Ursachen und Behandlung

Der Erreger ist ein Pilz. Befallene Blätter vernichten, die Pflanzen mit einem Fungizid behandeln. Zur Vorbeugung dünn säen, auf gute Luftzirkulation achten und nicht zu stark gießen.

Stängelgrund- und Wurzelfäule

Befällt Spargel, Stangensellerie, Tomaten, Gurken, Zucchini, Erbsen und Bohnen.

Symptome

Ist die Pflanzenbasis befallen, färbt sie sich dunkel, das Gewebe schrumpft und stirbt ab. Blätter und Stängel welken, werden gelb oder braun und sterben ebenfalls ab. Befallene Wurzeln faulen.

Ursachen und Behandlung

Der Erreger ist ein Pilz, der im Boden und in stehendem Wasser lebt. Erkrankte Pflanzen sind nicht zu retten. Sie müssen mitsamt ihrer Erde, in der sie stehen, vernichtet werden. Zur Vorbeugung frische Komposterde und saubere Aussaatkästen verwenden. Einhalten der Fruchtfolge ist ebenfalls sinnvoll.

Pilzliche Blattfleckenkrankheiten

Befällt vor allem Rote Bete, Knollen- und Stangensellerie.

Symptome

Die Blätter zeigen Flecken von abgestorbenem Gewebe, oft in Form konzentrischer brauner oder grauer Kreise. Die Flecken breiten sich aus, vereinigen sich und nehmen große Teile der Blätter ein.

Ursachen und Behandlung

Verschiedene Pilze greifen Blattgewebe an, manche bevorzugen bestimmte Gemüsesorten. Wird der Befall frühzeitig erkannt, sind die Pflanzen meist zu retten. Befallene Blätter entfernen und vernichten. Vor allem im Herbst gründlich aufräumen, weil die Sporen den Winter überleben können. Wer möchte, kann auch ein geeignetes Fungizid einsetzen.

(von oben) **Gurken-Mosaikvirus, Umfallkrankheit, Stängelgrund- und Wurzelfäule, pilzliche Blattfleckenkrankheit**

(von oben) **Gelbfleckenkrankheit, Hallimasch-Wucher, Porreerost, Zwiebelfäule**

Grauschimmel *siehe* Salat (*S. 188*)

Gelbfleckigkeit

Befällt Busch- und Stangenbohnen.

Symptome

Die Blätter zeigen dunkle Flecken mit leuchtend gelbem Rand. Dann färben sie sich zwischen den Blattadern gelb. Wenn sich die Flecken ausbreiten, sterben die Blätter ab. Befallene Hülsen zeigen graue Flecken.

Ursachen und Behandlung

Verursacher sind Bakterien, die ruhend in den Samen vorkommen. Sie werden durch Regen- oder Gießwasser verbreitet. Befallene Pflanzen einschließlich der Samen müssen sofort entfernt und vernichtet werden. Beim Gießen von Pflanzen, die keine Anzeichen von Befall zeigen, nicht die Blätter benetzen.

Hallimasch-Pilz *siehe* Rhabarber (*S. 271*)

Porreerost *siehe* Porree (*S. 155*)

Zwiebelhalsfäule *siehe* Zwiebeln (*S. 144*)

Wurzelfäule der Pastinake *siehe* Pastinaken (*S. 124*)

Brennfleckenkrankheit *siehe* Erbsen (*S. 164*)

Kraut- und Knollenfäule *siehe* Kartoffeln (*S. 109*)

Kartoffelschorf *siehe* Kartoffeln (*S. 109*)

Kartoffelpulverschorf *siehe* Kartoffeln (*S. 109*)

Echter Mehltau

Befällt viele verschiedene Gemüsearten.

Symptome

Die Blattober- und oft auch Unterseiten tragen einen weißen, pulverigen Belag, der sich blass violett färben kann. Die Blätter werden gelb und fallen ab. Das Wachstum wird gebremst, die Pflanze kann absterben.

Ursachen und Behandlung
Die Pilze fühlen sich in trockenem Boden wohl. Ihre Sporen werden durch Wind und Spritzwasser verbreitet. Befallene Blätter entfernen, die Pflanze mit einem systemischen Fungizid behandeln. Dünn säen, auf gute Luftzirkulation achten, regelmäßig gießen.

Rhizoctonia (Wurzeltöterkrankheit) *siehe* Gemüsefenchel (*S. 139*)

Rost *siehe* Porreerost (*S. 155*)

Sclerotinia-Fäule *siehe* Topinambur (*S. 265*)

Kraut- und Braunfäule *siehe* Tomaten (*S. 226*)

Geisterflecken *siehe* Tomaten (*S. 226*)

Violetter Wurzeltöter
Befällt Spargel, Stangensellerie und Wurzelgemüse wie Karotten, Rote Bete, Pastinaken und Kartoffeln.

Symptome
Wurzeln und Knollen sind von zahlreichen violetten Fäden überzogen. Die Wurzeln können faulen. Oberirdische Pflanzenteile verfärben sich. Eingeschränktes Wachstum.

Ursachen und Behandlung
Der Pilz kann jahrelang in warmen, nassen, sauren Böden überdauern. Befallene Pflanzen samt Substrat oder Erde entfernen und vernichten. Neuinfektion durch Fruchtfolge vermeiden.

Weißrost
Befällt Kohl und andere Kreuzblütler.

Symptome
Kalkige oder weiß glänzende Flecken oder Blasen auf den Blattunterseiten und gelblich-braune Flecken auf den Oberseiten.

Ursachen und Behandlung
Der Pilz gedeiht bei hoher Luftfeuchtigkeit. Befallene Pflanzen vernichten. Resistente Sorten wählen.

(von oben) **Pastinaken-Wurzelfäule, Kraut- und Knollenfäule, Mehltau, Sclerotinia-Fäule**

Schädlinge und Parasiten

Gegen Insekten, Vögel und Säugetiere im Garten ist nichts einzuwenden – es sei denn, man baut Gemüse an. Dann gilt es zu verhindern, dass die Gartengäste die Ernte schädigen oder fressen. Vögel und Mäuse machen sich gern über Saatgut von Erbsen, Bohnen und Mais her, junge Sämlinge sind durch Schnecken, Raupen und Schnakenlarven bedroht. Vögel und Raupen fressen Löcher in frische, grüne Blätter. Größere Pflanzen können von Blattläusen befallen werden, die Pflanzensaft saugen und ein klebriges Sekret ausscheiden. Wurzelgemüse sind durch Wurzelfliegen, Käfer und Drahtwürmer bedroht. Lernen Sie die Feinde Ihres Anbaus kennen. Je mehr Sie über Lebenszyklen, Ernährungsgewohnheiten und Verhalten wissen, desto besser wird die Bekämpfung gelingen – ohne gesundheitsschädliche Chemikalien.

Schnecken

Sie hinterlassen eine verräterische, silbrige Schleimspur und sind der Schrecken vieler Gärtner. Nachts und nach Regenfällen sind sie besonders aktiv. Sie fressen Löcher in Blätter und Stängel und können in einer Nacht eine ganze Reihe Sämlinge vernichten. Fraßlöcher in Selleriestangen führen zu fleckigen Verfärbungen durch Fäulnis. Selbst in Kartoffeln fressen sie Löcher.

Umweltfreundliche Bekämpfung

Eine einfache, absolut sichere und chemiefreie Lösung für das Schneckenproblem gibt es nicht. Ganz wird man sie nicht aus dem Gemüsebeet verbannen können, also muss man sich auf Schadensbegrenzung konzentrieren. Schneckenkorn ist wirkungsvoll, kann aber anderen Tieren – auch Haustieren – schaden. Es gibt aber Alternativen, von denen einige mehr Erfolg versprechen als andere.

Barrieren

Umgeben Sie Pflanzen mit einer Barriere aus einem Material, das selbst die hungrigsten Schnecken nicht überqueren mögen. Spitzer Splitt lohnt einen Versuch, ebenso zerbröselte Eierschalen, Kleie oder Kupferstreifen.

Nematoden

Phasmarhabditis hermaphrodita ist ein parasitischer Nematode, der sich im Körper von Schnecken (vorwiegend Nacktschnecken) ansiedelt, wenn diese sich ins Erdreich eingraben. Er löst eine tödliche, bakterielle Infektion aus. Besonders wirkungsvoll ist die Anwendung im Frühling und Herbst sowie bei feuchtwarmen Bedingungen.

Die Anti-Schnecken-Checkliste

- Regelmäßig jäten, Gras kurz halten und Pflanzenreste beseitigen, um Schnecken wenig Verstecke zu bieten.
- Lieber morgens als abends gießen, damit der Boden abends nicht feucht ist.
- Abends möglichst viele Schnecken absammeln.
- Gezielt »Köderpflanzen« wie Salat oder Beinwell setzen, um die Schnecken wegzulocken.
- Empfindliche Sämlinge mit Tunneln oder improvisierten Einzelglocken aus abgeschnittenen Plastikflaschen schützen.
- Kupferband auf die Ränder von Töpfen und Kübeln kleben.
- Regelmäßig hacken, um Schnecken und ihre Eier an die Oberfläche zu bringen, wo Vögel und Igel sie finden.
- Orangen- oder Grapefruitschalen kopfüber auslegen. Die Schnecken sammeln sich darunter und können dann vernichtet werden.

(ganz links) **Eine Barriere** aus grobem Sand kann einen Sämling vor Schnecken schützen.

(links) **Eine Falle** aus einem Becher, der in den Boden eingesenkt und zur Hälfte mit Bier gefüllt wird, ist schnell gemacht. Die Schnecken fallen nachts hinein und können am Morgen herausgenommen und vernichtet werden.

INSEKTIZIDE

Bei allem Bemühen, den Garten ökologisch zu bestellen, kann der Befall durch Schädlinge oder Parasiten so stark sein, dass biologische Maßnahmen keine Wirkung zeigen und nur noch der Griff zu einem Insektizid Abhilfe schafft. Es gibt Produkte mit unterschiedlicher Wirkweise. Kontaktinsektizide töten Insekten, die mit dem Spritzmittel oder Pulver in Berührung kommen.

Systemische Insektizide wirken nicht so direkt. Sie werden von der Pflanze aufgenommen, lagern sich in deren Saft ab und töten diejenigen Schädlinge, die diesen Pflanzensaft saugen.

Alle Insektizide sind Chemikalien, aber einige sind umweltfreundlicher als andere. Arsen, Blausäure und Quecksilber findet man heute in keinem Gartenschuppen mehr, auch gefährliche Produkte wie DDT sind längst nicht mehr erhältlich. Moderne Insektizide wirken sehr gezielt gegen bestimmte Schädlingsarten. Zu den »biologischen« Insektiziden gehören Produkte, die aus Pflanzenextrakten hergestellt werden, beispielsweise Tubawurzel, Pyrethrum und Seifenlaugen.

Beachten Sie beim Umgang mit Insektiziden:

- Handschuhe und bei Bedarf Atemschutzmaske und Schutzbrille tragen.
- Die Herstelleranweisungen genau beachten.
- Früh morgens oder am Abend spritzen, wenn Bienen und andere nützliche Insekten weniger aktiv – und dadurch weniger gefährdet – sind.
- Kontaktinsektizide auf die gesamte Pflanze aufbringen – auch auf die Blattunterseiten.
- Insektizide nur einsetzen, wenn keine andere Behandlung angeschlagen hat.
- Nicht bei windigem Wetter spritzen.
- Eine Spritze, die für Insektizide benutzt wurde, nicht für Dünger oder Herbizide verwenden.
- Nicht mehr Spritzlösung ansetzen, als gebraucht wird.
- Frisch gespritztes Gemüse nicht essen.

Blattläuse

Blattläuse sind meist schwarz oder grün, es gibt jedoch Hunderte verschiedener Arten, darunter Läuse in Gelb, Rosa, weißlichem Grau oder Braun. Die meisten sind etwa 2 mm lang, einige werden 5–6 mm groß. Manche haben Flügel, andere nicht. Blattläuse vermehren sich den ganzen Sommer lang, manchmal explosionsartig.

Schadbild

Manche Blattlausarten bevorzugen bestimmte Gemüsesorten, andere sind weniger wählerisch. Bei starkem Befall wird das Wachstum gehemmt und die Blätter rollen sich ein oder verkrüppeln. Blattläuse scheiden einen zuckerhaltigen, klebrigen Honigtau aus, der an den Blättern haftet und den Befall mit Pilzen begünstigt. Weil Blattläuse Pflanzensaft saugen, können sie Viruserkrankungen von einer Pflanze auf die nächste übertragen.

Behandlung

Befallene Pflanzen mit einem geeigneten Insektizid spritzen. Es gibt Produkte, die gezielt gegen Blattläuse wirken, aber Nützlingen nicht schaden. Auch die Behandlung mit biologischen Mitteln kann Erfolg bringen. Marienkäfer, Schwebfliegen und andere Insekten sind natürliche Feinde der Blattläuse (*siehe S. 338–339*). *Siehe auch* Schwarze Bohnenblattlaus (*S. 333*), Salatwurzellaus (*S. 188*), Mehlige Kohlblattlaus (*S. 77*) und Wurzelläuse (*S. 336*).

Spargelkäfer *siehe* Spargel (*S. 257*)

Vögel

Im Gemüse- oder Küchengarten können Tauben, Krähen, Elstern, Eichelhäher und Amseln Schaden anrichten.

Schadbild

Tauben können die Blätter von Erbsen, Bohnen, Kohl und anderen Kreuzblütlern an- oder abfressen. Vor allem Eichelhäher machen sich gern über Schoten von Erbsen und Dicken Bohnen her. Amseln picken frisch gelegte Erbsen- und Bohnensamen und Steckzwiebeln aus dem Boden. Manchmal reißen Vögel auch Sämlinge aus.

Behandlung

Vogelscheuchen, Spiegel, alte CDs, Drähte oder flatternde Bänder, Windmühlen und selbst Attrappen von Katzen oder Raubvögeln: All diese Hausmittel mögen vorübergehenden Erfolg bringen – nachhaltigen Schutz bieten nur Netze.

(von oben) **Grüne Blattläuse, Spargelkäfer, Amsel, Schwarze Bohnenblattlaus**

Schwarze Bohnenblattlaus

Diese schwarzen Blattläuse werden etwa 2 mm groß. Sie sitzen massenweise an jungen Triebspitzen und frischen Blättern von Dicken Bohnen, Artischocken und Kardonen-Pflanzen.

Schadbild

Das zarte Gewebe der jungen Triebspritzen zieht diese saugenden Schädlinge an. Die Blätter verkrüppeln und die Schoten bilden sich nicht normal aus.

Behandlung

Von ausgewachsenen Pflanzen die Triebspitzen ausknipsen und vernichten. Befallene Pflanzen mit einem geeigneten Insektizid spritzen. Die Behandlung mit biologischen Insektiziden ist ebenfalls möglich. Marienkäfer und Schwebfliegen sind natürliche Feinde der Läuse.

Kohlweißling/Kohleule *siehe* Kohl (*S. 77*)

Kleine Kohlfliege *siehe* Kohl (*S. 77*)

Möhrenfliege *siehe* Karotten (*S. 120–121*)

Raupen

Raupen auf Blättern sind leicht zu erkennen. Manche bohren sich aber auch in Pflanzen hinein oder leben im Boden und fressen die Wurzeln.

Schadbild

Raupen fressen Pflanzengewebe. Im günstigsten Fall bleibt es bei einigen Löchern in den Blättern, in schweren Fällen stirbt die Pflanze ab.

Behandlung

Beim Absammeln von Hand sollte man auch die Blattunterseiten kontrollieren. Nachtaktive Raupen sind bei Dunkelheit mit einer Taschenlampe leichter zu finden. Stark befallene Pflanzen können mit einem geeigneten Insektizid gespritzt werden. Auch biologische Insektizide zeigen meist Wirkung. Siehe auch Kohlweißling/Kohleule (*S. 77*), Erdraupe (*S. 334*) und Erbsenwickler (*S. 164*).

Sellerie-Blattminierfliege *siehe* Sellerie (*S. 133*)

Kartoffelkäfer *siehe* Kartoffeln (*S. 109*)

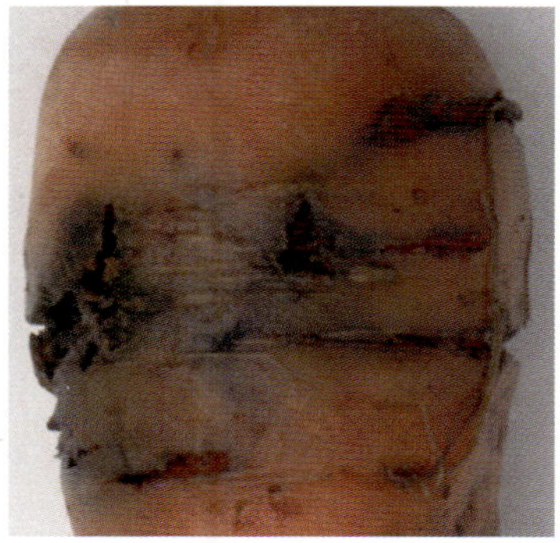

(von oben) **Raupen des Kohlweißlings, Schadbild der Möhrenfliege, Sellerie-Blattminierfliege, Kartoffelkäfer**

Erdraupe

Schaden verursachen die beige-bräunlichen Raupen dieses Falters. Sie sind etwa 4,5 cm lang und leben im Boden.

Schadbild

Die Raupen fressen bodennahe Blätter, Stängel und Wurzeln junger Pflanzen. Besonders gefährdet sind Kohl, Porree, Sellerie und Salate.

Behandlung

Nachts kommen die Raupen an die Erdoberfläche und sind mit einer Taschenlampe gut zu erkennen. Suchen Sie den Boden auf kürzlich befallene Pflanzen ab. Die Pflanzen oder den Boden mit einem geeigneten Insektizid behandeln. Regelmäßig jäten.

Erdflöhe

Die schwarz glänzenden Insekten sind zu klein, um sie mit bloßem Auge zu sehen. Abgesehen von Pflanzenschäden ist ein deutliches Zeichen für Befall, dass sie in Schwärmen aufhüpfen, wenn sie gestört werden. Sie überwintern in Pflanzenabfällen und legen im Frühling Eier. Daher tritt Befall meist im Sommer auf.

Schadbild

Erdflöhe fressen kleine, runde Löcher in Blätter. Diese sind zwar hässlich, töten die Pflanzen aber meist nicht ab. Nur Sämlinge überleben starken Befall selten. Besonders bedroht sind asiatische Blattsalate, Kohl, Meerkohl, Kartoffeln und andere Wurzelgemüse.

Behandlung

Den Aussaatzeitpunkt so wählen, dass die Sämlinge schnell heranwachsen. Regelmäßig gießen. Mit feinem Netz oder Vlies abdecken. Falls nötig, ein biologisches oder chemisches Insektizid einsetzen.

Zwerg-Zikaden

Diese Insekten leben zwischen den Blättern, ernähren sich von Pflanzensaft und springen in die Luft, wenn sie gestört werden. Es gibt Tausende von Arten, doch die problematischen sind meist gelb oder grün und 2–3 mm lang.

Schadbild

Zwerg-Zikaden saugen an den Blattunterseiten. Dadurch entstehen helle, marmorierte Flecken. Zu den gefährdeten Gemüsearten gehören Tomaten, Auberginen, Paprika sowie Bohnen, Salat, Kar-

(von oben) **Erdraupe, Schadbild des Erdflohs, Kartoffelzikade, Larven der Schnake**

toffeln und Kräuter wie Salbei, Minze, Oregano, Basilikum, Rosmarin und Thymian.

Behandlung
Bei starkem Befall ein geeignetes Insektizid spritzen. Auch biologische Behandlung mit Pyrethrum ist möglich. Marienkäfer, Schwebfliegen und Spinnen sind natürliche Feinde.

Schnakenlarven
Gemüseschädlinge sind die graubraunen, etwa 4,5 cm langen Larven der Schnaken. Sie haben keine Beine und keinen erkennbaren Kopf. Sie leben im Boden.

Schadbild
Sie fressen Stängel und Wurzeln. Die Pflanzen welken und sterben ab. Besonders bedroht sind Salat, Kohl und Sämlinge anderer Kreuzblütler.

Behandlung
Die Larven sind gegen die meisten Insektizide resistent, aber Stare, Amseln und Drosseln fressen sie sehr gern. Wirksam ist die Bekämpfung mit Nematoden. Die Art *Steinernema feltiae* infiziert die Larven mit einer bakteriellen Krankheit, an der sie sterben.

Salatwurzellaus *siehe* Salat (*S. 188*)

Mehlige Kohlblattlaus *siehe* Kohl (*S. 77*)

Schmierläuse
Die weiblichen Insekten sind abgeflacht, cremeweiß und etwa 5 mm lang. Sie saugen Pflanzensaft und scheiden eine faserig-wachsartige Substanz aus, die ihnen als Schutz dient.

Schadbild
Die Insekten können Pflanzen schwächen und das Wachstum hemmen. In gemäßigten Gebieten treten sie fast nur in Gewächshäusern auf, wo sie Tomaten, Auberginen, Paprika und Gurken befallen.

Behandlung
Man kann sie mit einem Pinsel und Methylalkohol betupfen oder mit insektizider Seifenlauge spritzen. Alternative: im Hochsommer die Marienkäferart *Cryptolaemus montrouzieri* mit ihnen bekannt machen. Die Käfer fressen die Schmierläuse und ihre Eier.

(von oben) **Schmierläuse, Maus, Zwiebelthripse, Raupe des Erbsenwicklers**

(von oben) **Schadbild der Roten Spinnmilbe, Wurzelläuse, Nacktschnecke**

Mäuse

Haus-, Wald- und Feldmäuse gelten alle als Schädlinge.

Schadbild

Mäuse lieben Erbsen, Bohnen und Mais. Sie graben die Samen aus und fressen sie, sobald sie keimen – manchmal auch schon früher.

Behandlung

Fallen sind wirkungsvoller als Beetabdeckungen aus Netzdraht.

Zwiebelfliege *siehe* Zwiebeln (*S. 144*)

Zwiebelthrips *siehe* Zwiebeln (*S. 144*)

Gemeiner Erbsen-/Bohnenkäfer *siehe* Dicke Bohnen (*S. 177*)

Erbsenblattlaus, Erbsenwickler, Erbsenblasenfuß *siehe* Erbsen (*S. 164*)

Kartoffelzysten-Nematoden *siehe* Kartoffeln (*S. 109*)

Rote Spinnmilbe

Die winzigen, achtbeinigen Milben sind gelblich-grün und färben sich im Herbst und Winter rötlich. An stark befallenen Pflanzen ist ein feines Gespinst zu sehen.

Schadbild

Die Blätter tragen matte, hellgelbe Sprenkel, werden braun und können absterben. In gemäßigten Regionen treten Spinnmilben allenfalls in heißen, trockenen Sommern auf. Im Gewächshaus können sie Tomaten, Auberginen, Paprika und Gurken befallen.

Behandlung

Regelmäßig mit insektizider Seife spritzen. Vom Spätfrühling bis zum Frühherbst im Gewächshaus die Raubmilbe *Phytoseiulus persimilis* aussetzen, die Spinnmilben und deren Eier frisst.

Wurzelläuse

Die 2–3 mm langen Wurzelläuse sind beige-bräunlich und manchmal mit einer weißlich-pulvrigen Ausscheidung überzogen.

Schadbild

Sie schwächen die Pflanzen und lassen sie, vor allem bei warmem Wetter, welken (*siehe S. 337*). Unterschiedliche Arten befallen

Busch- und Stangenbohnen, Karotten und Pastinaken, Salate, Topinambur und Knollenziest.

Behandlung

Wegen der unterirdischen Lebensweise sind Wurzelläuse schwieriger zu bekämpfen als Blattläuse. Den Boden mit einem geeigneten Insektizid benetzen und die Fruchtfolge einhalten.

Schnecken *siehe S. 330–331*

Weiße Fliege

Erwachsene Tiere sind etwa 2 mm lang, haben weiße Flügel und fliegen auf, wenn sie gestört werden. Sie legen auf den Blattunterseiten Eier ab. Aus diesen schlüpfen kleine, schuppige Larven, die Pflanzensaft saugen. Sie scheiden Honigtau aus, auf dem sich ein schwärzlicher Pilz ansiedelt.

Schadbild

Weiße Fliegen befallen Kohl, Rosenkohl und andere Kreuzblütler sowie Zucchini und Süßkartoffeln. Im Gewächshaus sind auch Tomaten, Gurken, Paprika, Auberginen und Okra bedroht. In heißen Sommern treten die Schädlinge unter Glas und im Freien auf. Bei schwerem Befall stagniert das Wachstum.

Behandlung

Bei starkem Befall mit einem biologischen oder chemischen Insektizid spritzen. Gewächshaus-Arten der Weißen Fliege können resistent sein. Gelbe Klebefallen oder die Raubwespe *Encarsia formosa* können Erfolg bringen.

Drahtwürmer

Drahtwürmer sind die Larven der Schnellkäfer. Ihr orangebrauner Körper ist etwa 2,5 cm lang. Sie leben im Boden.

Schadbild

Wie die Erdraupe fressen Drahtwürmer Stängel und Wurzeln junger Pflanzen, die dann welken und absterben. Besonders gefährdet sind Salate. Auch Kartoffeln, Rüben, Karotten und andere Wurzelgemüse können befallen werden.

Behandlung

Drahtwürmer sind gegen die meisten Insektizide resistent. Erntereifes Wurzelgemüse ausgraben, ehe Schaden entstehen kann. Liegt bereits Befall vor, den Boden nach Drahtwürmern absuchen und diese vernichten.

(von oben) **Weinbergschnecke, Weiße Fliege, Drahtwürmer**

Natürliche Verbündete

Selbstverständlich sind nicht alle Insekten, Vögel und Kleinsäuger Schädlinge. Viele sind sogar ausgesprochen nützlich und können bei der Bekämpfung von Schädlingen und Krankheiten sehr hilfreich sein.

In jedem Nutzgarten stellen sich von Natur aus Schädlinge und Nützlinge ein. Wenn das Verhältnis ausgewogen ist, halten die »Guten« die für den Gemüsegärtner »Schlechten« unter Kontrolle. Marienkäfer und Schwebfliegen fressen Blattläuse. Tausendfüßler, Frösche, Kröten, Igel und Vögel fressen Schnecken. So hält sich Schädlingsbefall normalerweise in Grenzen und es entstehen bei einem guten Gleichgewicht keine unlösbaren Probleme.

Hand in Hand mit der Natur

Zwei Faktoren können das natürliche Gleichgewicht stören. Einer sind Chemikalien. Insektizide, Fungizide und Unkrautgifte stellen für Kleinlebewesen eine Gefahr dar. Bei übermäßigem Einsatz tötet man nicht nur Schädlinge ab, sondern auch Nützlinge. Der zweite Faktor heißt Monokultur. Ein Beet, auf dem nur eine Pflanzenart wächst, ist anfälliger als eines mit verschiedenen Gemüsesorten und blühenden Stauden.

(im Uhrzeigersinn von oben links)

Schwebfliegen legen ihre Eier in Blattlauskolonien. Wenn die Larven schlüpfen, fressen sie die Blattläuse.

Regenwürmer graben Tunnel ins Erdreich. Dabei belüften sie den Boden und räumen organische Substanz wie Dung sowie abgestorbenen Pflanzenteile nach unten.

Florfliegen lassen sich mit einem Kasten zum Überwintern und vielen Blütenpflanzen anlocken. Alternativ kann man Eier kaufen und aussetzen. Die Larven fressen Blattläuse.

Marienkäfer (unten Mitte) und ihre Larven (unten rechts) sind großartige Blattlausvertilger.

Hummeln und Bienen lieben bunte Blüten und sorgen durch Bestäubung für Nachwuchs.

Biologische Schädlingsbekämpfung

Wer bestimmte Schädlinge gezielt bekämpfen will, könnte deren natürliche Feinde einsetzen. Dabei handelt es sich meist um Nematoden (winzige Fadenwürmer), Raubmilben, Raubwespen oder sogar lebende Bakterien. Sie können im Gewächshaus und im Freiland in den Boden oder auf befallene Pflanzen gegeben werden.

Encarsia formosa beispielsweise ist eine winzige Raubwespe, die ihre Eier in die Larven der Weißen Fliege legt. Wenn die Jungen schlüpfen, fressen sie die Larven. *Phytoseiulus persimilis* ist eine Raubmilbe, die sich von den Eiern der Roten Spinnmilbe ernährt. Und *Bacillus thuringiensis* ist ein Bakterium, das man auf Blätter spritzt, um darauf fressende Raupen mit einer tödlichen Krankheit zu infizieren. Die meisten dieser Produkte sind auch im Gärtner-Versandhandel erhältlich.

NÜTZLINGE EINLADEN

Es gibt viele Möglichkeiten, dafür zu sorgen, dass sich Nützlinge in Ihrem Garten wohl fühlen.

- Pflanzen Sie verschiedene Gemüse-, Obst- und Blumenarten.
- Lassen Sie eine oder zwei Ecken am Rand des Gartens etwas verwildern.
- Anstelle eines Maschendrahtzauns empfiehlt sich eine Hecke, die Igeln und anderen Nützlingen Schutz und Tarnung gibt.
- Setzen Sie Pestizide und Unkrautvernichtungsmittel nur ein, wenn es gar nicht anders geht.
- Bieten Sie nützlichen Käfern und Ohrwürmern eine Nistgelegenheit. Ein Stapel dickerer Äste und etwas Stroh oder Grasschnitt genügt.
- Verteilen Sie organischen Mulch auf dem Boden. So wird die Verdunstung reduziert und Nützlinge finden reichlich Lebensraum.
- Bringen Sie Nistkästen für Vögel und Fledermäuse an. Auch Überwinterungskästen für Nutzinsekten sind sinnvoll.
- Legen Sie einen Teich an. Selbst ein Miniteich lockt Kröten und Frösche an, die Schnecken vertilgen.

Hilfreiche Pflanzen

Nicht nur Tiere, sondern auch Pflanzen können Verbündete des Gärtners sein. Es hat mindestens zwei deutliche Vorteile, verschiedene blühende Pflanzen in den Gemüsegarten zu setzen.

Erstens locken die Blüten verschiedene nützliche Insekten an und zwar sowohl Schädlingsvertilger als auch Bestäuber. Bienen fliegen auf viele farbige Blüten. Und Tagetes locken Schwebfliegen an, die Blattläuse fressen.

Zweitens kann man Pflanzen, über die sich Schädlinge bevorzugt hermachen, auch als »Bauernopfer« betrachten. Blattläuse finden Kapuzinerkresse unwiderstehlich. Sät man sie neben Dicke Bohnen, bleiben diese vor Läusebefall eher verschont. Man könnte auch einige Salatköpfe als »Köder« pflanzen, um Schnecken anzuziehen und damit von der eigenen Ernte wegzulocken.

(gegenüber, im Uhrzeigersinn von oben links)
Kapuzinerkresse lockt Blattläuse an und kann die Schädlinge von Dicken Bohnen und anderem Gemüse fernhalten.

Tagetes haben einen Geruch, den Weiße Fliegen gar nicht mögen. Die kleinen Blumen können beispielsweise Tomaten vor Befall schützen.

Die Sumpfblume (*Limnanthes douglasii*) lockt Bienen und Schwebfliegen an.

Basilikum hat große Anziehungskraft auf Weiße Fliegen und eignet sich darum als »Opferpflanze« für das Gewächshaus.

Register

Kursiv gedruckte Seitenzahlen verweisen auf Abbildungen, **fett** gedruckte auf Pflanzenporträts.

A

B

I

J

K

L

M

T

Dank des Autors

Vielen Dank dem Team von Dorling Kindersley, vor allem Katie Dock und Rachael Smith. Dank an Jo Whittingham für ihre Hilfe und ihren guten Rat und an meine Gartennachbarin in den Royal Paddocks Allotments in Hampton Wick Barbara Wood, die mich so großzügig an ihrem Wissen (und ihren Pflanzen) teilhaben ließ.

Dank des Verlags

Dorling Kindersley dankt Zia Allaway für die Mitarbeit im Lektorat, Michèle Clarke für das Zusammenstellen des Registers und den folgenden Personen und Institutionen für die freundliche Genehmigung zur Verwendung von Bildmaterial:

(o = oben, u = unten, l = links, r = rechts, m = Mitte)

2–3 GAP Photos Ltd: Rob Whitworth/RHS Hampton Court Flower Show/Designer: Paul Stone. **6 Airedale Publishing. 12 Modeste Herwig:** (ul). **15 Garden World Images:** F Davis (m). **16 Airedale Publishing. 20 Airedale Publishing:** (ul). **28 Andrew Lawson:** RHS Chelsea Flower Show 1999/Designer: Sir Terence Conran. **30 The Garden Collection:** Liz Eddison/ RHS Chelsea Flower Show/ Designer: Sir Terence Conran (u). **31 The Garden Collection:** Liz Eddison/RHS Tatton Park Show 2004/Designers: Jo Chapstick und Nicky Saddington (o). Liz Eddison (u). **33 Garden World Images:** D Bevan. **35 Garden World Images:** John Swithinbank (ol). **Derek St Romaine:** (or). **36 The Garden Collection:** Liz Eddison/RHS Hampton Court Flower Show 2002/Designer: Cherry Burton (ul). **39 Airedale Publishing. 42 Courtesy of www.wolf-garten.com** (ol). **Airedale Publishing:** (ur). **53 Airedale Publishing:** (u). **58 Airedale Publishing:** (ur). **68 Airedale Publishing:** (ul). **72 Garden World Images:** F Davis (m). **D T Brown Seeds** (u). **73 Photos Horticultural:** (ur). **78 Le Scanff-Mayer. 79 Garden Picture Library:** Jacqui Hurst (ul); Howard Rice (or). **Photos Horticultural:** (ol) (ur). **80 Garden World Images:** F Davis. **81 D T Brown Seeds. 89 GAP Photos Ltd:** Michael Howes (ol). **Garden World Images:** (ul). **93 Jo Whitworth:** (ur). **94 Garden Picture Library:** James Guilliam. **97 Garden World Images:** (ul). **98 Airedale Publishing. 99 Jo Whitworth:** RHS Gardens, Rosemoor. **101 Garden Picture Library:** Howard Rice (ul). **Sutton Seeds** (ur). **103 Airedale Publishing. 104 Airedale Publishing:** (om); **Mr Fothergill's Seeds** (or). **Sutton Seeds** (umr). **105 Thompson und Morgan** (oml) (omr) & (ul). **110 Airedale Publishing:** (or). **111 GAP Photos Ltd:** Jonathan Buckley (u). **Garden Picture Library:** Chris Burrows (o). **112 GAP Photos Ltd:** Jonathan Buckley. **113 Airedale Publishing. 117 Airedale Publishing:** (or). **121 Mr Fothergill's Seeds** (ul) (al). **125 Garden World Images:** A Bagett (ur). **Sutton Seeds** (ul). **126 GAP Photos Ltd:** Jonathan Buckley (ul). **Garden Picture Library:** Howard Rice (ur). **129 Garden World Images:** C Wheeler (o). **Photos Horticultural:** (u). **136 Thompson und Morgan. 137 Garden World Images. 138 Jo Whitworth. 140 Airedale Publishing. 144 Airedale Publishing:** (o). **GAP Photos Ltd:** Geoff Kidd (u). **Garden World Images:** (m). **147 Andrew Lawson:** (u). **Photos Horticultural:** (o). **149 D T Brown Seeds** (or). **Garden World Images:** (ob). **Garden Picture Library:** Chris Burrows (u). **151 Airedale Publishing:** (ol). **152 Airedale Publishing. 155 GAP Photos Ltd:** S & O (ul). Garden World Images: (r). **158 Photos Horticultural:** HDRA (u). **159 Thompson und Morgan** (ur). **163 Garden Picture Library:** Stephen Hamilton (or). **164 Garden World Images:** Jacqui Dracup. **165 Airedale Publishing:** (or). **GAP Photos Ltd:** Jonathan Buckley (ur). **Garden Picture Library:** Christi Carter (ol); Michael Howes (ul). **166 Airedale Publishing. 169 Garden Picture Library:** David Askham (o). **Photos Horticultural:** HDRA (u). **173 GAP Photos Ltd:** Jonathan Buckley (r). **Photos Horticultural:** (l). **174 GAP Photos Ltd:** Jonathan Buckley. **177 Garden Picture Library:** David Askham (u). **178 Airedale Publishing:** (o). **179 Photos Horticultural:** (o). **Thompson und Morgan** (u). **189 FLPA:** Nigel Cattlin (or). **Garden World Images:** (ur). **The Garden Collection:** Torie Chugg (ul). **192 Garden World Images. 199 Photos Horticultural. 201 Jo Whitworth. 210 GAP Photos Ltd:** Jonathan Buckley. **211 Photos Horticultural:** (u). **216 Airedale Publishing:** (ol). **GAP Photos Ltd:** Jonathan Buckley (ur) (or). **Garden Picture Library:** Botanica (ul). **221 Photos Horticultural:** (r). **223 Sutton Seeds. 226 D T Brown Seeds** (u); **Photos Horticultural:** (o). **227 Garden Picture Library:** Michael Howes (ol). **Photos Horticultural:** (ul). **233 D T Brown Seeds** (ul); **Garden Picture Library:** Michele Lamontagne (ur). **234 Airedale Publishing. 237 D T Brown Seeds** (o). **GAP Photos Ltd:** Jonathan Buckley (u). **238 Garden Exposures Photo Library:** Andrea Jones. 239 **Photos Horticultural:** (o). **243 D T Brown Seeds** (or). **GAP Photos Ltd:** Jonathan Buckley (ol). **The Garden Collection:** Torie Chugg (ul). **248 Airedale Publishing:** (u). **249 GAP Photos Ltd:** Jonathan Buckley (or). **Garden Picture Library:** Michele Lamontagne (ur). **Garden World Images:** A Biddle (ol). **The Garden Collection:** Andrew Lawson (ul). **253 D T Brown Seeds** (cl). **Garden World Images:** P McGrath (ur). **Photos Horticultural:** (ul). **257 Airedale Publishing. 261 Airedale Publishing. 262 Photos Horticultural:** HDRA. **264 D T Brown Seeds. 266 Photos Horticultural. 267 Photos Horticultural:** (u). **268 Garden World Images:** P McGrath. **271 Garden World Images. 274 GAP Photos Ltd:** Visions (or). **282 GAP Photos Ltd:** Visions. **290 Airedale Publishing:** (ol). **295 Airedale Publishing:** (ol). **299 Garden Picture Library:** Botanica. **314 Airedale Publishing:** (u). **316 Photos Horticultural:** RHS Chelsea Flower Show 1990 Pembrokeshire Horticultural Society (ul). **319 Airedale Publishing. 321 FLPA:** Nigel Cattlin (om) (u) (um). **322 FLPA:** Nigel Cattlin (om) (um); Len McLeod (u). **Garden World Images:** D Bevan (o). **323 Garden World Images:** S Chesterman (o). **324 Photos Horticultural:** MJK (r). **326 Garden World Images:** D Bevan (o) (um). **Science Photo Library:** Nigel Cattlin (om). **327 Garden World Images:** D Bevan (um); P McGrath (o). **Garden Picture Library:** Howard Rice (om). **328 Garden World Images:** D Bevan (o). **Garden Picture Library:** Mark Winwood (om). **329 GAP Photos Ltd:** FhF Greenmedia (o). **Science Photo Library:** Clive Schaupmayer/AgstockUSA (om). **330 Airedale Publishing:** (r). **332 Science Photo Library:** mit freundlicher Genehmigung von CSL (om). **333 Garden World Images:** D Bevan (um). **Science Photo Library:** mit freundlicher Genehmigung von CSL (u). **334 Garden Picture Library:** Animals Animals/Earth Scenes (u). **Garden World Images:** D Wildridge (o). **335 GAP Photos Ltd:** J S Sira (o). **Science Photo Library:** Jack Clark/AgstockUSA (um). **336 Science Photo Library:** mit freundlicher Genehmigung von CSL (m). **337 Science Photo Library:** Dr Marlin E Rice (u). **338 Airedale Publishing:** (ol). **DK Images:** Ted Benton (ul). **341 Airedale Publishing:** (ul)

Saatgut-Anbieter

Arche Noah
Gesellschaft zur Erhaltung der Kulturpflanzenvielfalt
Obere Str. 40
A-3553 Schloß Schiltern
Tel. +43-2734-8626,
www.arche-noah.at
eMail info@arche-noah.at

BALDUR Garten GmbH
Elblinger Str. 12
D-64625 Bensheim
Tel. +49-1805-103599
www.baldur-garten.de

Bioland Hof Jeebel
Biogartenversand GbR
Jeebel 17
D-29416 Riebau
Tel. +49-39037-781
www.biogartenversand.de
eMail info@biogarten-versand.de

N. L. Chrestensen
Erfurter Samen- und Pflanzenzucht GmbH
Witterdaer Weg 6
D-99092 Erfurt
Tel. +49-361-22450
www.gartenversandhaus.de
eMail info@chrestensen.com

Dreschflegel GbR
In der Aue 31
D-37213 Witzenhausen
Tel. +49-5542-502744
www.dreschflegel-saatgut.de
eMail info@dreschflegel-saatgut.de

Ferme de Sainte Marthe
c/o Ulla Grall, Eulengasse 3
D-55288 Armsheim
Tel. +49-6734-960379
www.bio-saatgut.de
eMail ulla.grall@t-online.de

Lubera Gartenversand
Lagerstraße
CH-9470 Buchs SG Schweiz
Tel. +41-81-756 3033
www.lubera.ch
eMail info@lubera.ch

Gärtnerei Naturwuchs
Bardenhorst 15
D-33739 Bielefeld
Tel. +49-521-9881778
www.naturwuchs.de
eMail info@naturwuchs.de

Bruno Nebelung
Kiepenkerl-Pflanzenzüchtung, Kundenservice
Im Weidboden 12
D-57629 Norken
Tel. +49-2661-94052-84
www.kiepenkerl.de
eMail info@kiepenkerl.de

Gärtner Pötschke
Beuthener Str. 4
D-41561 Kaarst
Tel. +49-1805-861100
www.poetschke.de
eMail info@poetschke.de

Rühlemann's Kräuter & Duftpflanzen
Auf dem Berg 2
D-27367 Horstedt
Tel. +49-4288-928558
www.ruehlemanns.de
eMail info@ruehlemanns.de

Samenkiste
c/o Marion Minch
Kniebisstr. 12
D-76199 Karlsruhe
Tel. +49-721-881908
www.samenkiste.de
eMail info@samenkiste.de

Sperli Samenfachversand
Kirchdorferstr. 177
D-26605 Aurich
Tel. +49-4941-998935
www.samenfachversand.de
eMail office@samenfach-versand.de

Thompson & Morgan
Postfach 1069
D-36243 Niederaula
Tel. +49-40-6119 3993
www.thompson-morgan.de,
eMail tmde@thompson-morgan.com

Zaubergarten der Düfte
Cordula Felgner
Mühlstraße 3
D-99734 Nordhausen-Salza
Tel: +49-3631/971240
www.duftzaubergarten.de